文普
华化
PUHUA BOOKS

我
们
一
起
解
决
问
题

弗布克工作手册系列

采购与招标管理

职位工作手册

付　伟◎著

人民邮电出版社

北　京

图书在版编目（CIP）数据

采购与招标管理职位工作手册 / 付伟著. -- 北京：
人民邮电出版社，2023.3
（弗布克工作手册系列）
ISBN 978-7-115-60966-3

Ⅰ．①采… Ⅱ．①付… Ⅲ．①采购管理－手册 Ⅳ.
①F253.2-62

中国国家版本馆CIP数据核字(2023)第005642号

内 容 提 要

采购在企业经营管理中发挥着重要作用，做好采购工作可以帮助企业降本增效，获得更多的利润和更好的发展。

本书从组织设计、业务运营和管理提升三个层面，对采购管理的各项工作如采购与招标工作，采购与招标团队建设，采购需求计划与预算，供应商全面管理，采购与招标实施，采购谈判与合同管理，采购质量控制，采购成本控制，采购库存控制，采购风险、内控、合规与审计，采购绩效评价，采购平台的使用与管理，采购业务数据分析与应用等进行了详细介绍。本书兼具时效性、操作性与工具性，在提供相应的采购管理理论知识的同时，还提供了大量的模板与示例，为采购管理工作者提供了一套可以落地的整体化解决方案，有利于从业者提升业务水平和管理水平。

本书适合招标采购从业人员、企业中高层管理人员以及相关领域的专家学者阅读和使用。

◆ 著 付 伟
责任编辑 程珍珍
责任印制 彭志环

◆ 人民邮电出版社出版发行　　北京市丰台区成寿寺路 11 号
邮编 100164　　电子邮件 315@ptpress.com.cn
网址 https://www.ptpress.com.cn
北京天宇星印刷厂印刷

◆ 开本：787×1092　1/16
印张：13.5　　　　　　　　　　2023 年 3 月第 1 版
字数：260 千字　　　　　　　　2025 年 3 月北京第 4 次印刷

定　价：69.00 元
读者服务热线：（010）81055656　印装质量热线：（010）81055316
反盗版热线：（010）81055315

"弗布克工作手册系列"序

"弗布克工作手册系列"图书旨在提升从业者的岗位技能、细化工作任务、明确工作规范。在这套书中，作者将岗位工作**目标化、制度化、流程化、技能化、方法化、案例化、方案化**，为相关从业者提供了各种可以借鉴的范例、案例、模板、制度、流程、方法和工具，可以帮助读者提升岗位技能、高效执行工作。

技能是人的立业之本。技能人才是支撑中国制造、中国创造的重要力量。在**"技能提升"**和**"技能强企"**行动中，企业中的每个岗位都急需一套可以拿来即用、学了能用的培训教材，以便企业通过提升人员技能来提高各岗位人员的执行力和工作效能。而只有**落实到位、高效执行、规范执行、依制执行、依标执行**，才能确保企业合规运营，提高企业的运营效能，增强企业的核心竞争力。

但是，企业如果没有一套合理的**执行体系、标准体系、规范体系、制度体系**和**流程体系**，不去将每项工作通过具体的方法、方案、方式落地，那么一切管理都会浮于表面、流于形式，沦为**"表面化"**管理和**"形式化"**管理。

本系列图书通过岗位**职责清晰化、工作流程化、管理制度化、执行方案化**，使**"人事合一""岗适其人，人适其事"**。其中，通过明晰职责，让读者知道自己具体应该干什么事情，需要什么技能，需要哪些工具；通过细化执行，让读者知道自己应该怎么干，思路是什么，方案是什么，应该关注哪些关键环节和关键问题；通过制度、流程、方法、方案设计，让读者知道自己应该遵循哪些标准和程序，应该按照哪些规范去执行工作。

本系列图书具有以下三个鲜明的特点。

（1）拿来即用。本系列图书按照有思路、有规划、有方案、有方法、有工具的"五有原则"进行编写，读者可根据自己企业的实际情况，对适用的内容"拿来即用"。

（2）拿来即改。本系列图书提供的各种模板，包括但不限于制度、流程、方案、办法、细则、规范、文书、报告，读者可以根据自己企业的实际情况修改后使用。

（3）参照学习。对于不能拿来直接使用或者修改后使用的模板，读者可以将其用作自己工作的参考，学习这种设计的思路，掌握各种管理模板背后的设计思维，运用这种思维去解决工作中的实际问题。

因此，本系列图书不仅适合基层员工使用，也适合管理者使用。

北京弗布克管理咨询有限公司

2022 年 7 月

前　言

　　《采购与招标管理职位工作手册》是"弗布克工作手册系列"中的一本。本书的内容体系不仅规范，还更加贴近工作实际，融入了近年来采购与招标管理的新标准和新办法，以更加符合读者的实际工作需求，更好地实现我们"拿来即用"的承诺。

　　本书针对采购与招标团队建设，采购需求计划与预算，供应商全面管理，采购与招标实施，采购谈判与合同管理，采购质量控制，采购成本控制，采购库存控制，采购风险、内控、合规与审计，采购绩效评价，采购平台的使用与管理，采购业务数据分析与应用等具体工作，从制度、流程、方案、规范等方面进行了详细、具体的介绍，这些内容可以帮助读者在工作中做到逻辑清晰、事项清晰、执行清晰、问题清晰、结果清晰。

　　1．梳理了采购管理工作的主要事项

　　通过思维导图的形式，对采购管理工作进行概括梳理，从宏观上对采购管理工作内容进行了梳理、划分。

　　2．对具体工作和管理工作进行了区分

　　对具体工作进行了细化，强化了关键点、问题点，提供了执行方案；针对管理工作要求，提供了可以参考的流程、制度、规范。这样的区分使本书内容更加符合采购管理工作的特点。

　　3．更新、细化了相关内容

　　强化了工作技能方面的内容，细化了一些制度、规范的内容，使其更加贴近具体工作，增强了相关知识的实用性和针对性，便于读者将其应用于实际工作中。

4．提供附赠资源

本书的大部分章节都提供了二维码，读者扫描二维码，即可查看相关表单、方案和流程模板。

在实际工作中，读者可根据自己企业的实际情况和具体工作要求，参考书中介绍的范例、制度、流程、方案、方法并加以适当的修改，制定出适合自己企业的范例、制度、流程、方案与方法，不断提高采购与招标管理工作的效率。

对于书中的不足之处，敬请广大读者指正。

付伟

2023 年 2 月

目 录

第 2 章
采购与招标团队建设

第 3 章
采购需求计划与预算

第 4 章
供应商全面管理

第8章
采购成本控制

第9章
采购库存控制

第 10 章
采购风险、内控、
合规与审计

第 11 章
采购绩效评价

**第 12 章
采购平台的使用
与管理**

**第 13 章
采购业务数据
分析与应用**

第1章
采购与招标工作

1.1 采购发展趋势

1.1.1 采购数字化

飞速发展的人工智能、物联网等技术推动着采购行业进入数字化时代。采购数字化实现了供需双方信息互通、信息共享、管理模式协同。这已经成为采购行业转型发展的重要趋势。

采购数字化依托先进的数字化工具，根据采购订单自动生成采购预算和财务报表，实现了采购业务的可视化。

采购数字化强调的是供需双方的精准对接和高效协同。传统的采购对采购需求的变动不能及时做出反应，使得供应商的供货不能与企业的采购需求协同。正是出于解决采购需求的滞后性问题，采购数字化成为高效连接供需双方的工具。

采购数字化不仅能够帮助企业实现采购目标，还能够在一定程度上节约采购成本。整个采购工作都可以通过线上交易完成，大大提升了采购人员的工作效率。因此，企业要加快采购数字化转型的步伐，加入供应链的协作网络，发掘更多合格的供应商，降低采购成本，提升采购效率，管控采购风险。

1.1.2 采购数据化

采购数据化是指以采购的全流程数据为基础，实现采购业务的可视化、可分析和可追溯，实现采购需求的可预测、采购数量的可预测和市场走向的可预测。数据化驱动着企业从传统被动式采购转向主动、智能采购，从采购管理切入，提升企业竞争力。

采购数据化基于技术手段，对采购业务进行数据分析。大数据、云计算等核心技术的蓬勃发展，有利于采购数据的采集、存储、处理、分析、挖掘，从而对采购需求、销售、生产、库存量进行预测分析，实现精准采购。

企业通过对采购成本、供应商质量、采购频率、采购异常等情况进行分析，能够优化采购流程，实现采购业务管理的自动化，为决策智能化提供依据。

1.1.3 采购信息化

采购信息化是指以计算机技术为支撑，以互联网为平台，以电子数据交换技术和电子安全系统为保障，在线完成企业采购的全部流程，包括招标的发布、供应商的筛选、采购订单的下达、采购货款的支付等。

随着采购订单数据库、供应商数据库、采购分析数据库的建立，采购人员可在较短时间内查询到想要了解的信息，从而节省了工作时间，提高了工作效率。

采购信息化不仅能提高采购人员的工作效率，还能够帮助采购人员从以往的采购订单中获取价格信息，以更好地掌握和分析市场动态，降低采购成本，提高企业的经济效益。

为了有效简化采购环节、缩短采购周期、降低采购费用、提高采购效率、实现采购业务管理的高效化，企业要加快推进采购信息化转型，以提升企业的核心竞争力。

1.1.4 采购系统化

随着互联网信息技术的飞速发展，企业将采购的招标、供应链、物流以及库存等环节进行了系统化的融合，采购的各个业务高度协同，实现了物资采购、生产、存储、销售的系统化管理和数据传递。

采购系统化为采购部提供了全面的参考信息，包括物资信息、订单信息、供应商信息、资金信息、市场信息、客户信息，便于采购部做出正确的决策，从而提高了企业采购工作的质量和效率，有效降低了采购成本，提升了企业的核心竞争力。

采购系统化不仅为采购技术、企业经济效益的提高提供了更具前瞻性的信息，还能及时更新采购市场信息，提高采购信息的准确性和客观性，避免虚假信息，便于采购部开展采购业务。

采购系统化作为一项庞大的工程，需要企业的各部门协作配合，并对其进行监督。采购系统化可以使企业的采购决策更加准确、全面、客观、及时、透明，因此要加快推进采购系统化管理。

1. 1. 5 采购平台化

随着信息技术的迅猛发展,采购人员可借助采购平台或其他程序实现供应商的寻找、采购信息的收集、采购订单的下达、采购货款的支付等。数字化的采购平台会不断优化物资、市场、供应商信息和服务,提高搜索的精确度与匹配度。

采购平台的便捷性和高效性使得供需双方在交易的过程中对平台的依赖性不断增强,进一步推进了采购平台化的发展。采购平台化的发展不仅提高了采购业务的服务水平,而且拓宽了采购业务的交易渠道,促进多方共赢。

采购平台通过研发与投资将多类型的信息服务纳入自身应用中,采购人员借助采购平台获取所需的物资或服务信息,选择合适的物资购买,以此吸引更多供给方入驻。

采购平台逐渐朝着智能化和移动化升级,并不断向外延伸。目前,企业的线上平台的使用率逐步提高,采购平台的交易规模也在不断扩大。

1. 2 采购战略管理

1. 2. 1 采购战略的制定

采购战略指的是企业通过分析自身的采购需求、市场状况、竞争状况、供应商状况、采购支出和采购物资分类状况等,制定的基于现实和未来的、指导采购工作的长远规划。

1. 制定采购战略的目的

(1)集中采购

企业可通过集中各部门的采购需求,提高企业的议价能力,降低企业的采购成本,巩固与供应商之间的关系,与供应商达成更好的合作。集中采购可降低采购管理的工作量,提高工作效率,并有利于供应商实现采购服务的标准化。

(2)扩大供应商基础

企业可通过引入更多的供应商,让供应商之间进行良性竞争,帮助企业寻找更合适的物资,提高企业的采购水平。

(3)优化采购流程

企业可通过优化采购流程、简化采购环节,加强对采购的控制。

(4)物资和服务的统一

企业可通过提高物资和服务的统一性,有效降低物资存储、维护、更新换代等环节的运作成本。

2．采购战略的制定步骤

采购战略的制定需遵循一定的步骤，具体如图1-1所示。

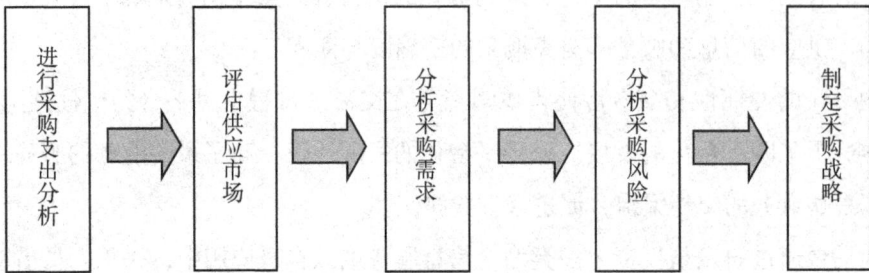

图1-1　采购战略的制定步骤

（1）进行采购支出分析

采购人员进行采购支出分析，从以往的采购订单或数据库中提取各种采购信息，对订单或数据进行分析和整理，寻找改善的机会。

（2）评估供应市场

采购人员对供应市场进行调查，评估物资潜在的商机和市场利润，判断采购需求和供应物资的市场供货率。

（3）分析采购需求

采购人员对各部门提交的采购需求进行归纳和整理，将相同或类似的需求归在一起，进行分析，挖掘要实现的采购目标。

（4）分析采购风险

采购人员分析企业采购过程中存在的风险，判定采购风险等级，提出风险应对措施，规避潜在的风险。

（5）制定采购战略

采购人员通过深入分析供应市场，收集供应商的信息，制定符合采购需求、市场情况、企业自身状况的采购战略。

1．2．2　采购战略的实施

制定采购战略后，采购人员需要按照采购战略执行相应的采购业务，以满足采购需求。采购战略的实施主要包含八个步骤，具体如图1-2所示。

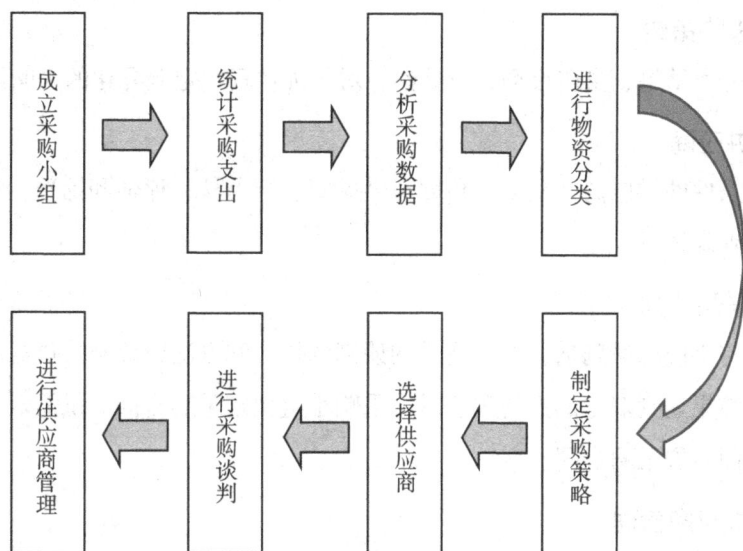

图 1-2　采购战略的实施步骤

1．成立采购小组

采购小组的成员主要包括采购主管、采购人员、供应商关系专员、谈判专员等。采购小组的主要工作内容是根据采购战略，制定相应的采购策略，分配各成员的工作，共同完成采购工作。

2．统计采购支出

采购支出是指采购过程中实际付出的金额以及拥有的总成本。采购小组要对采购支出进行统计，统计的过程中应注意避免遗漏和出错，对统计的数据进行系统分析，为采购策略的制定提供科学的依据。

3．分析采购数据

（1）分析采购需求。采购小组整理各部门的采购需求，对各部门的采购需求进行分析、识别和改善。

（2）分析供应市场。采购小组对供应市场进行分析，如分析供应市场的供求关系，分析市场竞争状况以及市场未来的发展趋势，为采购策略的制定提供依据。

4．进行物资分类

采购物资主要分为四大类：一是战略类物资，即高风险、高复杂度及高价值的物资；二是瓶颈类物资，即高风险、高复杂度且低价值的物资；三是杠杆类物资，即低风险、高复杂度且高价值的物资；四是常规类物资，即低风险、低复杂度且低价值的物资。

5. 制定采购策略

根据物资分类结果、供应市场分析结论，对每种物资制定差异化的采购策略。

6. 选择供应商

选择符合条件的供应商，从多个角度对供应商进行考核、评估和筛选，将合格的供应商纳入供应商管理体系。

7. 进行采购谈判

采购小组与供应商谈判前，要掌握采购谈判的技巧和方法，要坚持供需双方合作共赢的态度。谈判结果达到双方满意的程度后，采购小组拟定采购合同。供需双方对合同条款无异议后，共同签署采购合同。

8. 进行供应商管理

（1）进行供应商转换。供应商的配合不够或客观原因导致供应商无法合作，需要转换供应商。供应商的转换顺利与否，关系到采购战略的实施，同时还会影响企业的生产运营和物资质量。

（2）进行供应商分类。依照"ABC 分类法"将供应商分为三个类别。A 类是重要且能长期合作的供应商，B 类是一般重要且能进行短期合作的供应商，C 类是不重要并且有待改进的供应商。

（3）制定供应商差异化管理策略。根据不同的供应商类别制定不同的管理策略，对待重要的供应商要与其建立长期的战略合作伙伴关系，对待一般重要的供应商要督促其不断改进，对待不重要的供应商要评估其能力，对待不符合要求的供应商要将其剔出合格供应商名单。

1.2.3　绿色采购战略与数字化采购战略

为了更好地实施采购工作，提高采购工作效率，采购部可制定绿色采购战略和数字化采购战略，以实现可持续、科学、合理的采购。绿色采购战略与数字化采购战略的内容如下。

1. 绿色采购战略

绿色采购战略主要围绕着采购原料、物资生产的绿色化展开，主要目的在于降低能耗，减少资源浪费，使得物资可持续化生产。另外，还要注意保护周围的生态环境，建造美丽的家园。

（1）绿色采购战略的制定。企业应根据自身的发展和经营情况，制定符合国际标准、国家标准、行业标准的绿色采购战略。

（2）绿色采购战略的实施。实施绿色采购战略的主要工作内容是寻找生产绿色物资的供应商以及进行绿色采购。企业在寻找供应商的过程中，要对供应商的物资进行评估，评估其是否符合绿色生产的要求，后续的售后服务是否能够及时跟进。企业还要考虑生产部门的生产技术情况，评估其是否有能力使用绿色物资进行绿色生产。

（3）绿色采购战略的改善。某一阶段的绿色采购完成后，企业要对采购情况及生产部门的生产情况进行总结分析，判断是否实现了绿色采购，生产过程中对废料的回收再利用及无害化处理是否到位，采购成本是否控制在预算范围内，从而调整不合理的战略内容。

2．数字化采购战略

数字化采购战略是指运用大数据、人工智能、互联网等信息技术，整合企业的内外部资源，使用电子商务平台进行采购，以降低采购人员在采购各个环节中的人为差错率，提高采购效率，实现降本增效的规划。

数字化采购战略的重点在于积累核心采购数据。积累核心采购数据是采购战略数字化的标志。在整个采购流程中，采购人员的人为因素越少，数字化的程度越高。

1.3　采购管理 12 大工作模块

1.3.1　12 大工作模块

采购与招标工作主要涉及 12 大工作模块，各个工作模块都是采购与招标工作不可或缺的组成部分。采购管理 12 大工作模块如图 1-3 所示。

1.3.2　12 大工作模块描述

本小节根据采购管理的 12 大工作模块，对采购与招标工作进行详细阐述。采购管理 12 大工作模块描述如表 1-1 所示。

采购与招标工作

采购成本控制
- 采购成本分析
- 选择合适的采购方法降低采购成本
- 选择合适的采购方式降低采购成本

采购库存控制
- 库存计划
- 订货量
- 库存周转
- 呆滞品处理

采购风险、内控、合规与审计
- 采购风险
- 采购内控
- 采购合规
- 采购审计

采购绩效评价
- 采购绩效评价的导向
- 采购绩效评价体系的构建
- 采购绩效评价的方法与报告

采购平台的使用与管理
- 采购平台的使用
- 采购平台的管理

采购业务数据分析与应用
- 采购业务数据分析
- 采购业务数据应用

采购与招标团队建设
- 采购与招标团队组织建设
- 采购部目标分解、岗位职责与权限
- 招标部目标分解、岗位职责与权限

采购需求计划与预算
- 采购需求确定
- 采购策略制定
- 采购计划管理
- 采购预算管理

供应商全面管理
- 供应商开发与选择
- 供应商考核与评估
- 供应商质疑与投诉
- 供应商监督与检查
- 供应商关系维护

采购与招标实施
- 采购
- 招标
- 非招标
- 委托招标

采购谈判与合同管理
- 采购谈判过程管理
- 采购合同签订与执行

采购质量控制
- 采购质量标准制定
- 采购质量验收标准
- 采购质量改善

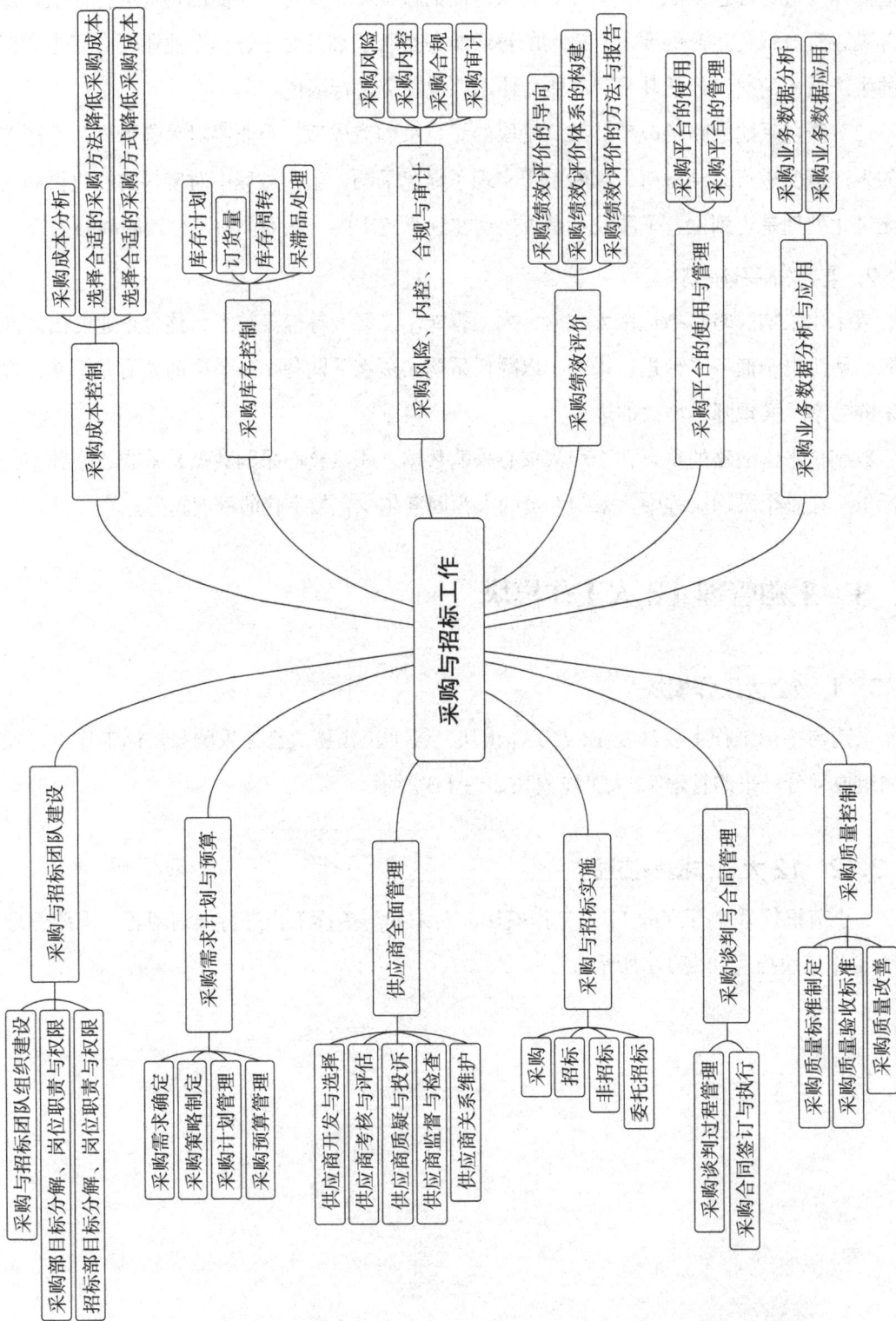

图 1-3 12 大工作模块

表 1-1　采购管理 12 大工作模块描述

12 大工作模块	描述
采购与招标团队建设	◆ 设计采购部与招标部的组织架构，并对两个部门的职能进行详细的描述 ◆ 对部门目标进行分解，描述具体的岗位职责及权限
采购需求计划与预算	◆ 对采购需求进行统计、确认和变更，根据采购需求制订采购计划 ◆ 根据采购计划编制采购预算，控制采购成本
供应商全面管理	◆ 拓宽供应商的选择渠道，对供应商进行考核与评估 ◆ 回应供应商质疑与投诉，对供应商进行监督，维护与供应商的关系
采购与招标实施	◆ 详细阐述采购的实施过程 ◆ 详细介绍招标的各种方式以及各自的管理办法
采购谈判与合同管理	◆ 介绍采购谈判的程序、技巧、内容，阐述谈判的准备工作 ◆ 熟悉采购合同如何签订、撤销、中止
采购质量控制	◆ 明晰如何制定采购质量标准和验收标准 ◆ 了解采购物资出现质量问题时应该如何改善
采购成本控制	◆ 明确采购成本都包括哪些，如何分析采购成本 ◆ 明晰如何通过不同的方法、方式降低采购成本
采购库存控制	◆ 对库存进行控制，掌握订货量的计算公式 ◆ 了解如何进行库存周转以及进行呆滞品处理
采购风险、内控、合规与审计	◆ 了解如何识别、应对采购风险，做到采购合规、合法 ◆ 熟悉采购审计的工作内容及相关的工作流程
采购绩效评价	◆ 了解采购绩效评价的内容、目标、对象，以及如何应用采购绩效 ◆ 掌握采购绩效评价的方法和工具
采购平台的使用与管理	◆ 了解如何使用采购平台及使用的注意事项 ◆ 了解如何管理采购平台及采购平台上的数据
采购业务数据分析与应用	了解采购业务数据的分析方法及流程，掌握如何利用采购业务数据进行定价、谈判、制定战略决策等

1.4　采购管理工作十大难点

1.4.1　难以确保需求计划准确性

需求计划不准确会影响后续的采购计划、生产计划及销售计划。需求计划工作是多项工作开展的前提。导致需求计划不准确的原因主要有以下两点。

1. 需求不断变动

销售市场竞争激烈，订单频繁变更，客户突然取消订单，或者突然插入急单，都会导致采购需求计划的变动。

2．产品销售波动大

在产品销售的过程中，销售订单激增，生产计划频繁变更，会导致原材料短缺，采购订单剧增；销售订单骤减，会导致成品在库堆积，半成品停滞在生产线，采购计划停滞不前。

1．4．2　难以合理评估供应商

采购过程中，多种因素导致企业难以对供应商进行合理的评估，这样不仅会影响企业长期的采购工作，还会影响采购的质量、交期、口碑以及采购的售后服务水平。难以合理评估供应商的原因主要有以下三个。

1．没有全面了解供应商

企业在选择供应商时，对供应商的了解与供应商的实际情况可能不一致，获取供应商信息的渠道比较窄，交期结束之后，也没有进行详细的实地考察，无法评估供应商的具体信息。

2．没有建立供应商评估管理体系

部分企业未建立一套行之有效的供应商管理体系，同时也没有具体的方法对供应商进行评估，导致在供应商评估方面没有明确的评估指标。

3．没有与供应商建立起战略合作伙伴关系

企业与供应商互为竞争关系，经常会只考虑短期的利益，信息不互通、不共享，无法与重要供应商共同适应供应链环境的需要，不能对供应商进行详细的评估。

1．4．3　评标专家库难以建设

评标专家库由高等院校或科研机构的专家及学者、龙头企业的管理人员等组成，为招标活动评出公开、公平、公正的结果。如何建设科学、有效的评标专家库是采购管理工作的一个难题。评标专家库难以建设的原因主要有以下两个。

1．企业实力不达标

部分企业没有相关资质或者企业经济实力不足以建立评标专家库。

2．专家评估与认定难

虽然部分专家的资格达到了评标专家的要求，但企业很难认定专家的实际业务能力，部分专家空有其名，导致评标达不到预期的效果。

1.4.4　到货时间难以预估

采购过程中，采购物资的到货时间不准确不仅会影响生产部门的生产计划，还会影响后续的销售计划，进而影响企业的经营效益和成本。采购物资到货时间难以预估的原因主要有以下四个。

1．供应商生产计划不合理

部分供应商由于生产计划安排不合理，生产员工不能及时到岗、不良产品较多、库存不足、原材料采购不及时等，很难在既定时间、按照既定质量交付，导致订单准时交付率低。

2．运输难以监管

在产品交付的运输环节，运输过程的监管存在一定困难，企业很难实现对整个运输过程的实时监控，也无法根据运输途中的意外情况实时调整、处理，导致产品在运输途中延误而不能按期交付。

3．不可抗力

灾害事件等不可抗力的发生，不仅会影响供应商的原材料采购、物资的生产加工，还会影响物流企业的发货和运输。

4．交货时间短

对于紧急采购订单或者加单，供应商备料不足，无法在短时间内为企业提供充足的物资，无法按时交货。

1.4.5　采购成本难以控制

采购成本是采购管理工作的难点之一，如何降低采购成本、提高企业的经济效益，成为采购部及整个企业都需要关注、解决的问题。采购成本难以控制的原因主要有以下两个。

1．不具备规模优势

部分企业在采购过程中，由于没有准确的采购需求计划，采购比较零散或者只是频繁地进行小规模的采购，无法获取大批量采购的优势，采购成本居高不下。

2．不具备固定的供应商

采购供应市场不稳定，没有固定合作的供应商，采购价格由供应方决定，采购方比较被动。企业无法通过谈判获得较大的价格优势，采购成本很难降低，有时还可能会升高。

1.4.6 采购质量难以把控

采购物资质量的把控直接关系到企业的生产与经营活动，要想把握好采购质量，保证采购质量的稳定与提升，就要关注采购质量把控中的难点，攻坚克难。采购质量难以把控的原因主要有以下三个。

1. 供应商监督机制不完善

没有建立完善的供应商监督机制，对供应商的原材料采购、物资生产、物资验收等环节监督不到位，不能在源头上把控采购物资的质量。

2. 物资验收标准不全面

在物资验收过程中，企业没有全面的验收标准、方法和相应的技能，或者没有按照合同约定条款进行验收，在发现不合格品时没有立即向上级汇报，造成了相应的经济损失。

3. 采购合同签订不严谨

在签订采购合同时没有明晰采购物资质量的特性要求、验收标准及出现不合格品的解决方法，在合同中约定的事项也不齐全，导致出现问题时不能有效地进行沟通和解决，给企业造成重大的损失。

1.4.7 采购绩效难以评价

企业为了强调对采购过程的监控，越来越重视对采购绩效的评价，但在实际操作中，总会遇到各种各样的问题，具体包括以下两个方面。

1. 评价指标不规范

部分企业还没有形成一整套采购绩效评价指标体系，难以全方位地评价采购工作的绩效，导致绩效评价结果不完善。

2. 评价只关注结果

绩效评价应该既关注过程也关注结果，但是目前部分企业只看重绩效评价结果，忽视了采购过程中的问题，不能从源头上把控采购过程中存在的问题。

1.4.8 紧急采购难以执行

在采购过程中，由于生产计划临时更改，物资的采购又比较紧急，这时就需要采购部执行紧急采购。如果没有合格的供应商或者找不到供应商，就会延误产品的交付，增加企业的成本。紧急采购难以执行的原因主要有以下三个。

1. 难以匹配合适的供应商

紧急采购发生后，采购人员一时无法找到合格的供应商，供应商队伍中也没有能提供物资的合格供应商，需要重新选择供应商，这样不仅会耽误交货时间，还会增加采购成本。

2．紧急采购数量多

如果紧急采购订单的数量较多，那么供应商不能在短时间内为企业提供紧急物资，造成物资不能及时入库，延误企业的生产计划。

3．紧急采购程序烦琐

部分企业在进行紧急采购时，程序复杂烦琐，审批流程缓慢，不仅延误紧急订单的下达，还影响企业的后续计划。

1．4．9　采购风险难以控制

采购过程中，各个环节都可能面临着各种潜在的风险，包括采购战略风险、时间风险、合同风险、交付风险、验收风险等，这些风险威胁着企业的发展。要想控制采购风险，还是有一定的难度的，主要难点体现在以下三个方面。

1．缺乏风险预防机制

部分企业没有建立健全的风险预防机制，尤其是缺乏对采购人员风险预防意识的培训和教育。采购人员风险防范意识不强，对采购的各个环节都没有做好风险预防措施。

2．合规体系建设不完善

在采购实践中，一些企业不断出现合规问题。合规意识的弱化、合规建设的滞后、合规体系的缺失与不完善、采购人员行为的不合规等影响了采购与招标工作的健康发展。

3．风险识别不准确

企业对面临的各种潜在风险没有进行归类分析，没有加以认识和辨别，也不清楚何种风险会给企业带来怎样的影响。因此，在采购风险发生的时候，企业识别不出是哪类风险，从而可能会做出错误的风险应对方案，造成巨大的损失。

1．4．10　采购过程难以监管

要想加强对采购风险的防范和控制，就必须加强对采购工作各个环节的监督和管理。但是在实际操作中，采购过程监管会被各种各样的因素干扰，主要影响因素包括以下两点。

1．对采购人员的监管难

采购人员是采购各个环节的执行者，也是采购活动顺利进行的关键人物。但由于采购人员是独立的个体，部分采购人员行贿受贿、贪污腐败、损害企业的行为一时难以被发现，给企业带来巨大的经济损失。

2．对采购流程监控难

采购流程监控是对采购全流程的监控。如果要对整个采购流程进行事无巨细的监控，那么需花费大量的人力、物力、财力，所以部分企业只能从采购的重点环节来监控采购活动。

1．5 采购人员应遵守的职业道德与应知的采购事项

1．5．1 采购人员应遵守的职业道德

采购人员进行采购活动时，必须要遵守既定的职业道德，做好招标、谈判、采购等各项采购工作。采购人员在采购过程中需要遵守的职业道德如表 1-2 所示。

表 1-2　采购人员应遵守的职业道德

职业道德	具体内容
爱岗敬业	爱岗敬业是做好任何一项工作的出发点，也是采购人员首先应当具备的基本职业道德。采购人员要热爱本职工作，并在本职岗位上尽心尽力、尽职尽责，全身心投入采购工作
诚实守信	诚实守信是采购人员做好采购工作的根本前提，是做人、处事、干工作的基本准则。具体来说，采购人员只有具备了言行一致、不弄虚作假、不欺上瞒下，才能在具体的采购工作中，严格地履行好自己的权利和义务
廉洁自律	采购人员要廉洁自律，自觉抵制各种违法乱纪行为。因此，采购人员应自我约束、自我规范、自我控制、自觉增强抵制不正之风的意识
客观公正	◆ 采购人员必须公平正直，不偏袒，工作中既不掺杂个人的主观意愿，也不被他人的意见左右 ◆ 在实际工作中，采购人员要严格按照规定和程序实施采购，一视同仁，不得有任何歧视性的条件和行为
坚持原则	采购人员在工作中，应严格依照规定的操作程序进行操作，不被自己主观或他人强加的意志所转移
优质服务	◆ 采购人员一定要时刻树立优质服务理念，对所有供应商都要做到态度温和、语言文明、谦虚谨慎 ◆ 采购人员在实际工作中，不以貌取人，在矛盾面前，尊重事实，要心平气和地解释，善于理解和沟通

1．5．2 采购人员应知的采购事项

采购人员开展采购工作时要遵循相关法律法规要求，按照国家的规章制度（如《中华人民共和国招标投标法》《中华人民共和国政府采购法》）办事，使采购业务合规、合法。采购人员应知的采购事项如表 1-3 所示。

表 1-3　采购人员应知的采购事项

采购事项	具体内容
招标管理	◆ 投标人不得串通投标报价，不得排挤其他投标人，损害招标人或者其他投标人的合法权益 ◆ 投标人不得与招标人串通招标，损害国家利益、社会公共利益或者他人的合法权益 ◆ 禁止投标人以向招标人或者评标委员会成员行贿的手段谋取中标 ◆ 投标人不得以低于成本的报价竞标，也不得以他人名义投标或者以其他方式弄虚作假、骗取中标
采购活动	◆ 在采购活动中，采购人员及相关人员与供应商有利害关系的，必须回避。供应商认为采购人员及相关人员与其他的供应商有利害关系的，可以申请让其回避 ◆ 采购当事人不得相互串通损害国家利益、社会公共利益和其他当事人的合法权益，不得以任何手段排斥其他供应商参与竞争 ◆ 采购过程中，采购人员不得索取他人财物，不得收受贿赂，不得为他人谋取经济利益 ◆ 采购人员不得利用职务之便，收受各种名义的手续费和回扣
采购合同	◆ 采购合同的双方当事人不得擅自变更、中止或者终止合同 ◆ 采购合同继续履行会损害国家利益和社会公共利益的，双方当事人应当变更、中止或者终止合同。有过错的一方应当承担赔偿责任，双方都有过错的，各自承担相应的责任

第2章
采购与招标团队建设

2.1 采购与招标团队组织架构

2.1.1 采购部组织架构与职能描述

采购部的组织架构可依据企业的类型、规模、经营范围和管理体制等设计，设置不同的管理层级、职能工作组，安排不同的人员。

1. 采购部组织架构

采购部组织架构如图2-1所示。

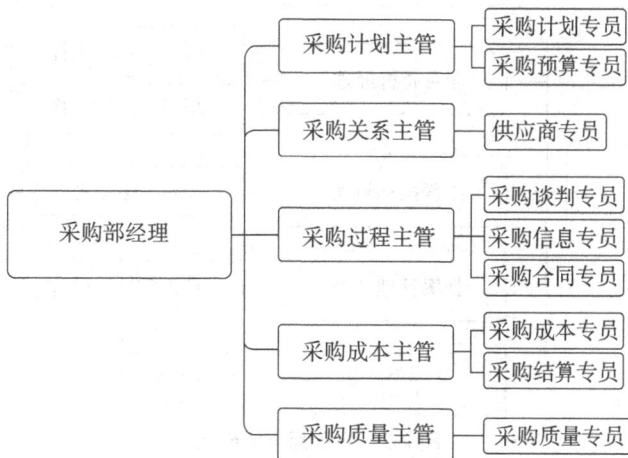

```
                                         ┌─ 采购计划专员
                      ┌─ 采购计划主管 ─────┤
                      │                  └─ 采购预算专员
                      │
                      ├─ 采购关系主管 ───── 供应商专员
                      │
                      │                  ┌─ 采购谈判专员
采购部经理 ───────────┼─ 采购过程主管 ─────┤─ 采购信息专员
                      │                  └─ 采购合同专员
                      │
                      │                  ┌─ 采购成本专员
                      ├─ 采购成本主管 ─────┤
                      │                  └─ 采购结算专员
                      │
                      └─ 采购质量主管 ───── 采购质量专员
```

图 2-1　采购部组织架构

2．采购部职能描述

采购部在企业内主要承担以下职能，具体如表 2-1 所示。

表 2-1　采购部职能

职能	具体描述
采购计划管理	在调查和分析采购需求的基础上，进行采购决策，编制采购计划与采购预算
采购关系管理	根据采购计划进行调研，选择、评审、考核供应商，完善供应商管理档案
采购过程管理	◆ 建立重要物资及常备物资的价格档案，指导采购作业与价格谈判，提高采购绩效 ◆ 组织合同评审，签订采购合同，建立采购合同分类管理制度，监督合同的执行 ◆ 监督采购合同的签订与执行，开展采购跟单与催货工作并进行交期管理，严格控制采购进度，确保供应及时 ◆ 建立采购风险控制体系，制定规避措施和应急预案，把控采购各个环节
采购成本管理	严格执行采购预算，监督采购询价、议价、订购过程费用的使用，开展成本分析
采购质量管理	对采购物资的质量进行检验、认证，确保采购物资符合企业要求

2．1．2　招标部组织架构与职能描述

招标部的组织架构可依据企业的经营范围和项目类别进行设计，设置不同的职能工作组，配备不同的人员。

1．招标部组织架构

招标部组织架构如图 2-2 所示。

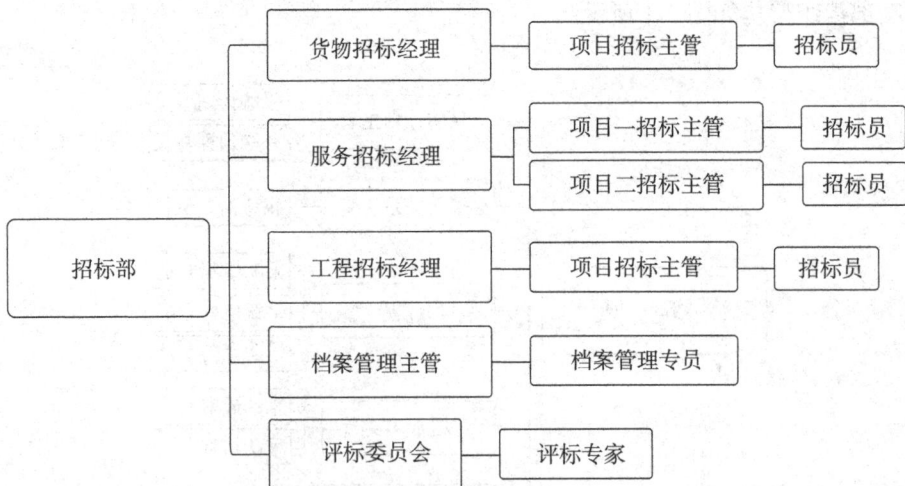

图 2-2　招标部组织架构

2．招标部职能描述

招标部在企业内主要承担的职能如表 2-2 所示。

表 2-2　招标部职能

职能	具体描述
招标管理	◆ 负责拟定并完善招标管理办法及招标工作流程 ◆ 组织供应商考察、考评活动，建立并维护供应商档案 ◆ 负责编制招标的资格预审文件及招标文件 ◆ 负责开展招标资格预审及相关的报批工作 ◆ 组织各项招标工作，负责招标文件、招标标底的审核工作，并提供招标单位综合评审意见 ◆ 招标工作完成后，进行档案的移交
财务管理	◆ 建立招标台账和成本数据库，为投资测算提供依据 ◆ 编制各类报表
部门内部管理	◆ 建立、健全部门的工作流程与制度，负责制度及流程的实施、监督及检查工作 ◆ 对部门工作人员进行专业知识培训，保证部门工作人员具备良好的业务能力 ◆ 建立并完善部门工作手册和工作资料库 ◆ 负责部门工作人员的绩效管理工作

2.1.3　供应链企业组织架构与职能描述

供应链企业的组织架构主要是围绕采购、仓储、物流一体化而设计的，不同的岗位高效协同、精细管理。

1.供应链企业组织架构

供应链企业组织架构如图 2-3 所示。

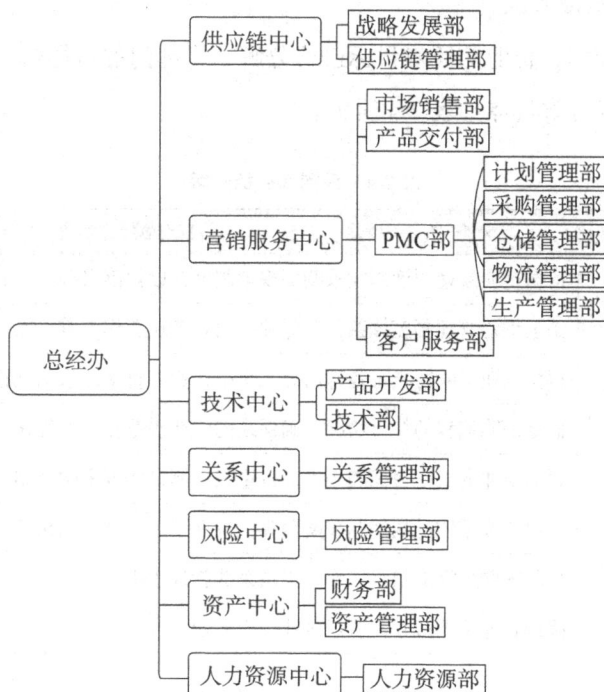

图 2-3　供应链企业组织架构

2．供应链企业职能描述

供应链企业的职能主要有四种，具体如表2-3所示。

表2-3　供应链企业职能

职能	具体描述
战略管理	负责对企业生产经营所需物资供应状况进行分析、对比、评估，掌握企业经营所需的主要物资的市场价格，了解市场发展趋势
PMC 管理	◆ 负责企业各部门所需物资的采购、仓储、物流运输及配送 ◆ 建立和优化采购、仓储、物流运输及配送流程，规范采购、仓储、物流运输及配送等操作，对相关合同及细则进行管理 ◆ 负责采购、仓储、物流运输及配送等环节成本的控制，采取积极有效的措施，降低各项成本
供应商管理	◆ 建立完善的供应商管理制度，制定供应商开发与认可程序，建立并健全供应商管理体系 ◆ 定期对供应商的服务、质量等进行评审，并实施分级管理制度，建立合作共赢的合作模式
售后服务管理	配合相关部门，做好物资退换货及补货管理，协调索赔事项，维护企业的合法权益

2．2　采购部目标分解、岗位职责与权限

2．2．1　采购部目标分解

采购部目标确定后，企业需要对目标进行分解，将部门的目标落实到部门内部的各个岗位上。采购部目标分解具体如表2-4所示。

表2-4　采购部目标分解

总体目标	目标分解
采购制度建设目标	依据企业管理制度制定采购部规章制度，以规范采购人员的工作行为
	制定采购管理制度体系，确保部门内各模块工作有章可循
采购流程设计目标	根据企业采购特点及各部门分工情况，建立科学的采购流程
	监督采购流程的执行情况，确保采购作业规范化、流程化
采购计划制定目标	根据企业的战略目标和年度经营重点，制订年度采购计划，并制定部门目标
	根据年度采购计划编制采购预算，确保采购计划顺利执行
采购预算管理目标	规范采购预算的执行工作，提高采购管理水平
	降低企业采购成本，满足企业生产经营需求

总体目标	目标分解
供应商开发管理目标	认证供应商数量年增长率保持在____% 左右
	维护和管理现有供应商，与其保持良好的合作关系
采购价格管理目标	建立采购价格管理流程，确保价格管理工作有序开展
	组织实施价格调研分析及询价、议价等工作，以获取物资的最优价格
采购招标管理目标	制定评标规则和评价指标的权重，以明确目标供应商的资质
	对招标工作各环节实施监控，确保整个过程公正、公开
采购合同管理目标	建立合同管理流程，统一采购合同范本，实现合同管理的规范化
	签署合同并监督合同的执行情况，及时规避合同履行风险
采购进度控制目标	实现对整个采购过程的跟踪管理，确保采购工作的顺利完成，提高采购效率
	对采购存货的计划状态、订单在途状态、到货待检状态等实行监管和控制
采购质量管理目标	制定各类采购物资的质量检验标准和规范，并监督落实情况
	妥善处理采购过程中出现的物资质量问题，确保入库物资合格率达 100%
采购成本管理目标	制订采购成本控制目标和计划，确保采购成本控制工作的有序开展
	监督下属人员实施采购成本控制计划的情况，有效控制采购成本
采购结算管理目标	协调、管理并监督采购日常结算工作
	及时处理采购结算过程中出现的问题，确保采购核算、结算工作及时、准确
采购外包管理目标	规范采购外包商的管理，确保采购外包工作的顺利进行

2.2.2　采购部岗位职责描述

采购部的岗位职责描述主要包括采购部各岗位的基本信息及工作职责。下面介绍采购部三个岗位的职责。

（1）采购经理岗位职责如表 2-5 所示。

表 2-5　采购经理岗位职责

岗位名称	采购经理		所属部门	采购部
上　级	采购总监		下　级	采购主管
职责概述	熟悉采购流程，供应商评估、考核流程，物资进出口流程，质量体系标准			
工作职责	职责细分			
制定采购战略规划	◆ 分析内部采购需求和外部市场供需信息，根据企业战略规划情况，制定采购战略，为重大采购决策提供建议和信息支持 ◆ 根据采购战略，制定采购部工作方针和目标 ◆ 参与企业目标规划、规章制度、重点工作计划的制定，组织贯彻执行并监督检查执行情况			

工作职责	职责细分
建立采购管理制度体系	◆ 根据企业管理要求和采购战略，建立健全企业采购管理制度 ◆ 贯彻各项采购管理制度，并监督其落实情况
建立并规范采购工作流程	◆ 根据采购业务模式和各岗位职责分工情况，制定科学合理的采购流程 ◆ 根据企业发展和市场变化，及时调整并优化采购各项工作流程
制订采购计划	◆ 根据采购战略和部门目标制订阶段性采购计划 ◆ 按照采购计划编制采购预算 ◆ 审核采购部各岗位的工作计划，并监督落实
控制采购成本	◆ 审核采购成本控制目标和成本控制计划，并监督实施情况 ◆ 审核采购订单和物资调拨单，严格控制成本费用
供应商的管理	◆ 负责指导工作人员做好供应市场调研，开发合格供应商 ◆ 定期组织对供应商的考核、评估工作 ◆ 选择新的合格供应商 ◆ 指导下属做好供应商的维护工作 ◆ 组织建立物资采购供应系统 ◆ 多方面开拓供应渠道，并对供应商进行管理
采购谈判与合同管理	◆ 监督并开展大批量订货业务的洽谈工作，监督采购合同的执行和落实情况 ◆ 主持采购招标、合同评审工作，签订采购合同，监督执行情况，建立合同台账
采购交期管理	◆ 控制采购进度，指导下属开展采购监督跟单、催货工作 ◆ 进行采购交期管理，确保物资及时供应
采购质量控制	◆ 指导下属检验采购物资质量 ◆ 负责采购物资的废料、质量事故的预防与处理工作，并定期编制采购报告呈上级领导审阅
采购部人员管理	◆ 负责采购管理人员的招聘工作 ◆ 根据工作要求指导、监督、考核采购人员

（2）采购主管岗位职责如表2-6所示。

表2-6 采购主管岗位职责

岗位名称	采购主管	所属部门	采购部
上　级	采购经理	下　级	采购专员
职责概述	掌握供应商供货渠道及操作模式，熟悉采购流程及采购物资的质量管理体系，明确供应商评估及考核流程		
工作职责	职责细分		
供应商的管理	◆ 根据企业战略规划和年度运营计划分析供应市场，制订供应商开发计划，并组织实施供应商开发与管理工作 ◆ 负责对供应商的技术能力、质量能力、生产及交付能力进行考核与评估，形成评估报告		

（续表）

工作职责	职责细分
建立供应商资料库	◆ 结合企业运营需求，建立完善的供应商资料库 ◆ 建立、维护与供应商之间的关系，解决存在的问题
参与供应商物资质量监控与价格管理	◆ 负责企业采购物资的质量监控与审核，确保采购行为符合政策法规和道德规范 ◆ 参与物资的询价、比价和议价，负责样品价格的确认与维护工作
做好人员管理及其他部门之间的协调	◆ 负责指导、培养、监督及考核下属人员的工作，提高其工作效率 ◆ 协调、配合部门内部或其他相关部门的工作
供应商开发与评估	◆ 对潜在供应商进行评估，选择和推荐潜在供应商 ◆ 协助下级做好供应商评估与审核工作，及时记录评审过程
供应商的维护	◆ 定期拜访供应商，做好供应商的维护工作 ◆ 定期开展市场行情调查并收集整理市场信息，汇报供应商的情况并编制分析报告 ◆ 根据企业考核结果，及时指导供应商工作，使其改进物资或服务
供应商的考核与监督	◆ 根据供应商日常表现，对供应商进行考核评分 ◆ 协助主管对供应商的供货质量、交期及售后服务进行监督
供应商档案管理	◆ 建立供应商档案，及时记录供应商信息 ◆ 及时更新供应商档案，将供应商发生的重大事件及变动记录在案

（3）采购专员岗位职责如表 2-7 所示。

表 2-7　采购专员岗位职责

岗位名称	采购专员		所属部门	采购部
上　　级	采购主管		下　　级	—
职责概述	熟悉采购工作的整个流程，能独立分析和解决物资计划的相关问题，具备一定的采购谈判技巧和合同管理能力			
工作职责	职责细分			
采购计划与预算管理	◆ 编制单项工作采购计划，并及时上交采购主管 ◆ 编制小额单项采购的预算，并报上级主管			
采购谈判与合同管理	◆ 参与小额采购谈判，对谈判过程要项进行记录 ◆ 起草各类采购合同，报上级审批			
采购物资接收管理	◆ 协助质量管理部和仓储部进行采购物资接收工作，提供相关采购单证 ◆ 接货后及时向供应商发送收货单，并向财务部提交，按时完成付款工作			
采购成本控制	◆ 在采购过程中注意严格控制采购成本 ◆ 总结小额单项采购工作，并分析采购成本 ◆ 向上级领导提出降低采购成本、提高采购效率的建议			
接受各部门的请购需求	◆ 及时收集各部门上交的请购单 ◆ 及时汇总各部门的请购需求，确定物资总需求量			
编制采购计划	◆ 根据企业战略目标和各部门的物资需求计划，制订年度、月度的采购计划 ◆ 根据各部门的物资需求状况，编制各项采购的具体工作计划			

（续表）

工作职责	职责细分
落实采购计划	◆ 监督采购计划的落实工作 ◆ 根据需求计划制定采购订单，选择合理时间和批量下订单 ◆ 评审采购计划的达成情况，为以后的工作改进奠定坚实基础
熟悉订单状况	◆ 掌握所负责的各种物资的规格型号及相关标准 ◆ 掌握采购订单的要求、交期等信息
跟踪到货信息	◆ 及时跟进与确认每日应到物资并做好记录
采购物资催收	◆ 根据采购合同或订单催促供应商发货 ◆ 实时追踪物资运输情况并解决相关问题 ◆ 交货出现质量问题时，与供应商沟通
制定相关规范	◆ 协助采购经理、采购主管完成各项规章制度的制定工作 ◆ 制定采购成本控制目标，编制采购成本控制计划
组织实施成本控制工作	◆ 组织实施采购成本控制计划 ◆ 协助上级主管编制采购成本降低方案 ◆ 实施采购成本控制措施，完成采购经济订货批量的制定与审核工作
总结成本控制工作	◆ 进行采购成本核算，分析采购成本，定期编制采购成本控制报告，提供成本控制依据 ◆ 负责采购成本相关文档资料的存档和保管工作

2.2.3 采购部岗位权限描述

为了规范采购部各岗位的权限，明晰采购部各岗位的职责，企业需要对采购部岗位权限进行描述，具体如表2-8所示。

表2-8 采购部岗位权限

岗位	权限
采购经理	有权参与企业采购相关制度、政策的制定工作，并提出相应的建议
	有权对企业的库存管理控制、生产计划工作提出意见和建议
	有权拒绝不合格物资的到货
	有权剔除不合格供应商
	有权对采购部内部组织机构建立和员工聘任、考核、解聘提出建议
	有权对采购部内部员工的违规行为及影响采购工作的人员进行处罚
	有权提交改进采购管理制度、工作流程的建议
	其他有关采购管理工作的权利

（续表）

岗位	权限
采购主管	有权进行采购谈判、议价、还价
	有权控制采购流程，监督采购工作的实施
	有权建立供应商评估和管理体系，积极引进新的供应商
	有权规划采购预算，控制采购成本
	有权建立标准化的采购体系，确保采购物资的各项要素如成本控制、价格、质量、交期，以及采购物资的性能均符合企业要求
	有权领导和培训部门员工，使之技能持续完善、工作效率提高，同时确保员工采购活动符合企业采购行为规范
	有权监督采购部的各项规章制度的执行情况
	有权负责部门日常事务的管理
采购专员	有权对采购订单的进度进行及时跟进，协助检验收货，对不合格品及时处理
	有权对原辅材料性能、性价比、市场调研及物资的市场信息进行统计、分析、评估及上报
	有权进行供应商选择、商务谈判
	有对采购工作的建议权

2.3　招标部目标分解、岗位职责与权限

2.3.1　招标部目标分解

招标部目标确定后，企业需要对目标进行分解，将部门的目标落实到部门内部的各个岗位上。招标部目标分解具体如表 2-9 所示。

表 2-9　招标部目标分解

总体目标	目标分解
招标管理目标	根据招标项目本身的要求及招标方式的选择，及时发布招标公告
	根据招标项目的特点和需要编制招标文件，确保招标文件齐全、内容全面
	组织制定项目采购标的物的评估标准，确保符合国家规定
	澄清或者修改招标文件的，要解释招标文件中容易出现争议的内容
	对招标人进行监督，以保证招标工作的公开、公平、公正
开标管理目标	在规定时间内公开进行招标活动，确保招标活动的正常开展
	检查投标文件的密封情况，当众予以拆封、宣读
评标管理目标	组建评标委员会，确保评标结果公平、公正

（续表）

总体目标	目标分解
中标管理目标	向中标人发放中标通知书，确认中标结果
	中标结果确定后，及时通知未中标的投标人
	招标人与投标人签订书面合同，及时规避风险

2.3.2 招标部岗位职责描述

招标部岗位职责描述主要包括招标部各岗位的基本信息以及工作职责。下面介绍招标部三个岗位的职责。

（1）招标经理岗位职责如表 2-10 所示。

表 2-10　招标经理岗位职责

岗位名称	招标经理	所属部门	招标部
上　级	总经理	下　级	招标主管
职责概述	熟悉招标及相关法律、法规、政策文件，熟练编制各类招标文件、合同文本，具备较强的成本意识、工作原则性、沟通协调能力、计划与执行能力		
工作职责	职责细分		
制度体系建设	◆ 建立健全采购招标管理体系，组织编制和完善招标采购管理流程，不断修改、完善并监督执行 ◆ 组织招标、采购的供应商资格审查工作，建立合格供应商管理制度		
招标管理	◆ 组织采购部、生产部、技术部对招标文件进行评审，决定招标的名称、标书，完善各种手续和准备工作 ◆ 对于决定招标的项目，负责组织相关部门编制项目招标策划书，确定责任分工、进度安排、编制要求、注意事项等内容，经总经理批准后组织实施 ◆ 负责选择不同项目的主要管理人员，组织资格预审文件编制工作 ◆ 组织招标项目的考察、开标、评标工作 ◆ 配合中标后的管理工作，评估中标结果是否符合预期要求		
供应商管理	◆ 开发、管理供应商及供货渠道，维护和发展与重要供应商的关系 ◆ 定期评估合格供应商名单，做好供应商的管理工作		
内部管理	◆ 负责安排招标部各岗位的工作任务，评估招标部工作人员的工作绩效，做好招标部工作人员的量化考核工作 ◆ 统一管理与招标部有关的企业的各种内外部文件和资料		

（2）招标主管岗位职责如表 2-11 所示。

表 2-11　招标主管岗位职责

岗位名称	招标主管	所属部门	招标部
上　级	招标经理	下　级	招标专员
职责概述	熟悉招标书的撰写工作，具备独立的业务谈判和交涉能力，熟练掌握商务谈判技巧		
工作职责	职责细分		
编制招标制度及计划	◆ 参与编制并严格执行企业的招标采购管理制度和流程 ◆ 制订采购招标工作计划并及时组织落实		
招标组织管理	◆ 负责从邀标、资格预审、考察、标书编制、选型封样、发标、答疑、回标，到评标、清标、议标、定标等全过程的组织管理工作 ◆ 组织招标后合同的谈判、起草、评审和签订工作，并跟踪、监督合同的执行情况		
招标采购预算管理	◆ 严格执行招标采购预算，控制采购成本 ◆ 收集整理供应商价格，及时剔除超过招标预算价格的供应商		
制定、建立招标计划和流程	◆ 组织下属对市场环境、竞争对手进行分析，根据调研报告及企业的战略目标编制工程招标计划 ◆ 建立并不断完善招标业务流程，拟定并完善企业材料设备供应管理办法、合同管理办法、招标管理办法等 ◆ 组织对施工单位、各类材料和设备供应商等进行考察、评选、合同谈判和管理		
审核合同和招标文件	◆ 审核招标工程师编制的招标文件 ◆ 审核工程合同，并根据企业领导指示组织与承包商的合同谈判 ◆ 审查拟发标单位资质，组织对招标单位的考察，审核招标工程师报送的综合评标意见		
监督、指导、控制招标工作	◆ 全面负责企业的招标工作，做好与企业各部门、各项目企业的协调与配合 ◆ 组织对承包商与供应商的履约情况考核，建立合格承包商及供应商名册 ◆ 配合项目企业及其他部门解决工程进行过程中发生的合同纠纷等有关问题 ◆ 深入各建设工程现场，了解、发现和及时协调解决合约工作的问题，定期组织对各建设工程合约执行情况的检查和抽查		
成本费用控制	◆ 全面负责招标项目的节支运行、保证项目最大限度地节能和节支 ◆ 收集材料设备价格，建立材料设备价格信息库		
内外部沟通	◆ 制订招标部的培训计划，定期对员工进行业务技能、服务意识、基本素质的培训 ◆ 建立和完善招标部的管理规定，确保员工遵守企业规章制度，规范操作工作程序 ◆ 定期对下属员工进行考核，并对其工作做出指导和评估 ◆ 建立并协调与当地招标办、审查处、合同处、造价管理处等主管部门的工作关系，确保有效维护外部资源，支持各项工作顺利开展		

（3）招标专员岗位职责如表2-12所示。

表2-12　招标专员岗位职责

岗位名称	招标专员	所属部门	招标部
上　　级	招标主管	下　　级	—
职责概述	能独立进行业务谈判和交涉，并具备一定的商务谈判技巧；熟练掌握招标书的撰写工作及招标文件的准备工作		
工作职责	职责细分		
制定招标工作规范	◆ 参与编制并严格执行招标采购管理制度和流程 ◆ 制订采购招标工作计划并及时组织落实		
招标文件编制	◆ 负责编制招标过程中的各类文件 ◆ 及时发布招标公告并组织资格预审		
组织招标工作	◆ 负责邀标、资格预审、考察的招标准备工作 ◆ 及时组织开标、评标，并组织评标、定标 ◆ 负责就招标过程中的事项向招标人答疑		
招标合同管理	◆ 组织招标后的合同谈判与起草工作 ◆ 及时上交草拟的合同书 ◆ 联系相关权限人员进行合同签订工作		
招标管理	◆ 负责工程项目招标前的考察工作 ◆ 负责招标信息收集、工程报名、招标文件购买、开标等工作 ◆ 负责组织工程招标工作，编制商务通用资料、技术标书、工程报价清单 ◆ 负责提供相关数据，协助总经理做出最终招标策略 ◆ 负责做好部门各种报告、文件的打印和复印工作 ◆ 负责其他监理企业招标相关事宜的沟通及合作工作		

2.3.3　招标部岗位权限描述

为了规范招标部各岗位的权限，明晰招标部各岗位的职责，企业需要对招标部岗位的权限进行描述，具体内容如表2-13所示。

表2-13　招标部岗位权限

岗位	权限
招标经理	有权参与企业招标相关制度、政策的制定工作，并提出相应的建议
	有权对企业的采购计划工作提出意见和建议
	有权拒绝手续不全、不合格的供应商参与招标活动
	有对不合格招标文件进行处理的建议权和执行权
	有对招标部内部组织机构建立和员工聘任、考核、解聘的建议权
	有对违规的招标部内部员工及影响招标管理工作的人员提请处罚的权利

（续表）

岗位	权限
招标经理	有提交改进招标管理制度、工作流程的建议并获得答复的权利
	其他有关招标管理工作的权利
招标主管	有权制定招标公告、招标文件
	有权组织招标委员会开标、评标、中标
	有权对招标工作中出现的违法问题进行处置
	有组建招标委员会的权利
	有对部门员工的考核权
	有组织员工培训的权利
	有对招标工作实施情况的监督权
招标专员	有权对不合格的中标供应商提出质疑
	有对招标工作的建议权

第3章
采购需求计划与预算

3.1 采购需求确定

3.1.1 需求的统计

采购人员收集生产部、仓储部等相关部门的采购申请，统计相关需求物资的规格、数量等，并对提交的采购需求进行统计分析，判断物资需求是否准确。

采购人员主要从销售计划、生产计划、物资清单、库存状态四个方面对采购需求进行统计分析。

1．分析销售计划

采购人员要从多个角度分析销售计划，如分析销售部制订的各个周期的销售计划，分析销售计划是否与生产相平衡，分析影响产品销售的外部因素和内部因素等。

2．分析生产计划

（1）分析生产总量计划。分析企业的生产订单，了解生产量及完成时间；分析企业的产量指标，了解企业在计划周期内应当生产合格产品的实物数量。

（2）分析生产进度计划。分析企业的生产能力，以及车间各生产线的产能，计算企业总的生产能力；分析企业的生产效率，了解企业的生产进度。

3．汇总物资清单

汇总企业生产产品所需物资的数量，并与实际使用量比较，以了解实际使用量的增减变化。

4．分析库存状态

分析企业所有产品、半成品、在制品和生产所消耗的设备、零部件等的库存状态。物资采购的需求量不仅取决于产品的生产任务量和物资清单所标注的物资需求量，还取决于物资的库存。

3.1.2 需求的确认

物资需求统计分析完成后，要选择合适的方法确认最终的采购需求量。常用的需求确认方法主要有以下四种。

1. 经验估计法

经验估计法是指企业根据生产技术工作的实际经验，参考有关技术文件及生产技术条件等确定物资消耗定额的方法。

（1）计算公式。为了提高准确度，企业可采用平均概率的方法进行计算，计算公式如下。

$$M = \frac{\partial + 4c + b}{6}$$

其中，M 指利用平均概率求出的物资消耗定额，∂ 指最小消耗量，b 指最多消耗量，c 指一般消耗量。

（2）适用范围。经验估计法简便易懂，一般适用于小批量的物资采购，或者在技术资料和统计资料不全的情况下采用。

2. 物资需求计划法

物资需求计划法是指利用生产计划、物资清单、已订购但未交货量、库存量、采购提前期等计算出采购物资数量的一种方法。

（1）计算公式。

物资需求量 = 物资毛需求量 + 已分配物资量。

物资净需求量 = 物资毛需求量 + 已分配物资量 – 现有库存物资量 – 计划采购物资量。

物资可用存货量 = 现有库存物资量 + 预计到货物资量。

（2）适用范围。物资需求计划法具有明确的相关性和确定性，能帮助企业按照所需进行采购，降低库存，适用于计算工作量较大，需要计算机进行辅助计算的物资的采购。

3. 经济订货批量法

经济订货批量法是指企业平衡采购进货成本和保管仓储成本，以实现总库存成本最低的最佳订货量的一种方法。

（1）计算公式。在经济订货批量模型中，可以确定企业一次订货的数量，实现订货成本和库存成本之和最小。其计算公式如下。

$$采购数量 = \sqrt{\frac{2 \times 每次订购费用 \times 年需求量}{单位物资成本 \times 库存成本}}$$

（2）适用范围。经济订货批量法可降低成本，为决策人员提供正确的决策依据，但该方法忽略了准备阶段的费用，适用于领用均衡物资的采购。

4．固定数量法

固定数量是指每次加工或订货数量相同，但加工或订货间隔不一定相同。

固定数量法是依据过去的经验或直觉确定的，并没有考虑订货成本和库存成本，一般适用于订货费用较高的物资的采购。

3．1．3 需求的变更

紧急生产订单的增加、客户需求变化以及前期需求可能考虑得不充分等，都会导致采购需求变更。采购需求变更的步骤如图 3-1 所示。

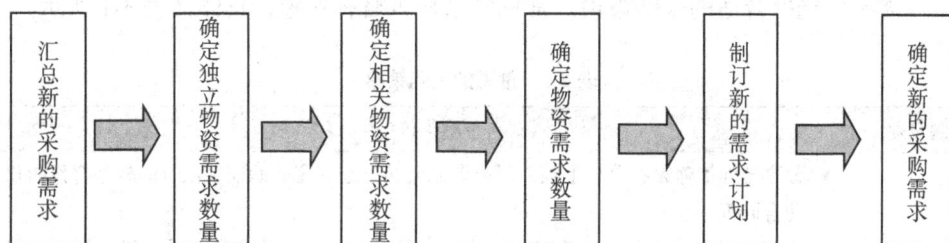

图 3-1 采购需求变更的步骤

1．汇总新的采购需求

相关部门的采购需求发生变更后，企业相关人员应将采购需求单送到采购部，由采购人员对新的采购需求进行汇总。

2．确定独立物资需求数量

采购人员根据相关部门的物资需求状况，确定独立物资的需求数量。

3．确定相关物资需求数量

采购人员根据相关部门提供的资料，采用净需求量扣减现有库存和预计到货的物资数量的方式，确定相关物资需求数量。

4．确定物资需求数量

采购人员运用传统的订货点法或按照相关产品的需求量，确定物资需求数量。

5．制订新的需求计划

采购人员根据确定的新的物资需求数量制订新的物资需求计划，并将其报采购经理审核、总经理审批。

6．确定新的采购需求

采购人员结合变更前的采购需求，根据批准后的物资需求计划确定新的采购需求。

采购需求分析要点，扫描下方二维码即可查看。

3.2 采购策略制定

3.2.1 采购策略的选择

为了提高采购效率，规范采购工作，满足作业生产需要以及控制采购成本，企业需要根据实际情况，选择合适的采购策略。常见的采购策略有六种，具体如表 3-1 所示。

表 3-1 常见的采购策略

采购策略	具体描述
分享合同策略	◆ 分享合同策略是指分享上级部门或者总公司已经签署的涵盖多项目的战略合作协议、长期合同等 ◆ 优点：提高采办效率，获得价格优势，稳定与供应商的合作关系，确保资源的及时可用，享受更优质、全面的服务 ◆ 缺点：对于小批量或者特殊需求不能及时进行采购
战略合作策略	◆ 战略合作策略是指在一定层面与特定对象建立战略合作关系 ◆ 优点：有利于在保障作业生产需要、技术发展需要的前提下稳定、改善、提升合作关系，降低综合成本，获得超值服务，使得合作双方达到共赢的目的 ◆ 缺点：需要不断筛选符合条件的合作对象，耗时长，工作量大
长期合作策略	◆ 长期合作策略是指与特定的供应商建立长期合作关系 ◆ 优点：有利于减少采办工作量，提高采办效率，发挥规模效应，降低采办成本和维护成本，稳定供需关系，建立长期的合作关系，确保供应资源 ◆ 缺点：市场环境变化较大时，市场价格不容易下调，容易造成市场垄断
竞争策略	◆ 竞争策略是指采用招标、询价等采办方式，激发市场竞争 ◆ 优点：获得最大让利，降低采办成本 ◆ 缺点：供应市场条件不成熟的话，不能使用竞争策略
备份合同策略	◆ 备份合同策略是指在签订合同时与一家以上供应商就同一个采办项目签订合同 ◆ 优点：在第一选择的合同执行中一旦有偏差，必要时可以废除第一个合同的继续履行，而启动备份的合同，这样可以规避供应商的执行能力对作业进度、作业保障等的影响 ◆ 缺点：对合同进行备份，造成合同大量重复，增加管理成本
鲶鱼策略	◆ 鲶鱼策略是指适时引进陌生的供应商，激化竞争，从而获得更多的让利和更好的服务 ◆ 优点：避免一定市场环境下供应方形成联盟而损害企业的利益 ◆ 缺点：需要对供应商进行不断的考核和评估，耗时长，工作量大

3.2.2 工程采购策略

工程采购不同于其他采购，采购的对象种类多，供应量大，并且工程的不稳定，会导致采购数量和时间不均衡。因此，工程采购可采用竞争策略，让符合条件的供应商参与招标活动，以从中挑选合适的供应商。

1.运用竞争策略进行工程采购的步骤

运用竞争策略进行工程采购的步骤主要有八步，具体如表 3-2 所示。

表 3-2 运用竞争策略进行工程采购的步骤

实施步骤	具体内容
发起采购	采购人员配合采购经理根据工程建设单位对工程采购的要求，与建设单位沟通采购方案，根据采购项目的具体内容，联合组成招标工作小组。招标工作小组针对所要进行招标的工程项目进行市场调查，并对资料进行汇总
发布招标信息	通过企业网站和各种招标媒介发布招标信息，同时招标工作小组负责汇总工程类供应商的信息，建立工程类供应商资料库
进行资格预审	招标工作小组对招标申请人提供的有关资质证明文件和业绩情况等书面资料进行资格预审，从财务状况、技术条件、管理能力、项目执行能力等方面对招标申请人进行资格审查
编制招标文件	招标工作小组负责组织招标项目的招标文件编制，组织招标工作小组以及采购经理讨论并确认招标文件
发放招标文件	由招标工作小组向潜在工程类供应商发出招标邀请，潜在工程类供应商可自行在规定时间内到指定地点购买招标文件和有关资料
开标、评标、定标	◆ 开标。开标由招标工作小组指派人员主持，招标工作小组配合，并邀请企业监察部人员参与开标、评标全程监督 ◆ 评标。招标文件有具体要求的，标书要符合要求，报价要合理，施工进度安排与质量保证措施要落实 ◆ 招标工作小组根据评标委员会意见，写出评标报告，确定最终中标单位
发放中标通知	招标工作小组负责编制并发放中标通知书，将招标结果报告投资方并备案
合同谈判及签订	由招标工作小组与中标单位进行合同谈判，签订最终合同

2.工程采购注意事项

（1）采购是一个动态的过程，它随着工程项目的范围、技术要求、实施计划和环境的变化而变化。这些因素的变化，会导致采购计划和采购过程发生变化，进而可能导致工程返工、材料积压、无效采购。因此，企业要提前做好工程规划，避免资源的浪费。

（2）工程采购面临很多风险，如供应商不能按时开工、供应商不能及时交货、采购市场价格和供应条件变化大、季节影响等。因此，企业在工程采购前要做好预案，对于突发事件能够及时处理。

3.2.3 服务采购策略

与货物、工程采购相比，服务采购具有特殊性。服务采购是一种无形的采购，对服务本身或服务供应商的评价更多的是主观评价，对供应商的评审侧重质量而不是价格。

鉴于服务采购的特殊性，企业可选择鲶鱼策略进行服务采购，以吸引一些新的、优质的"鲶鱼"，使供应商产生危机感，从而激发供应商的斗志、进取心，促使供应商为了生存主动提高服务质量和服务水平。

1．运用鲶鱼策略进行服务采购的步骤

运用鲶鱼策略进行服务采购的步骤主要有三步，具体内容如表3-3所示。

表3-3 运用鲶鱼策略进行服务采购的步骤

实施步骤	具体内容
对供应商进行分级管理	◆ 对合作期限超过____年的供应商，评估其资质及合作情况 ◆ 可设立四个级别，分别为A、B、C、D。评分为95分以上的为A级，85~95分的为B级，75~85分的为C级，75分以下的为D级。对于不同级别的供应商，为其提供不同的权利及优惠，提高其积极性 ◆ 对供应商的级别进行定期调整，根据供应商的服务成果、售后配合情况、采购成本等对评分进行调整，____年调整一次
引进新的供应商	◆ 对供应商队伍实行动态管理，在进行服务采购的过程中，积极引入新的供应商，打破原有格局，产生"鲶鱼效应" ◆ 不断开发新的、服务更好的供应商，使其成为"鲶鱼"，激活原有的供应商，在供应商之间营造竞争的氛围 ◆ 对于合格的新的供应商，可将其列入合格供应商名单，不仅可以激励新的供应商，也能对原有的供应商起到激励作用 ◆ 加大对新供应商资质的评审力度，设立严格的供应商准入制度、退出机制和采购质量问题反馈机制，淘汰服务较差的供应商，确保服务质量和优良的售后服务
签订框架协议，降低采购成本	◆ 在合格供应商名单中选择三家以上供应商进行招标，增加有资质的新供应商，起到"鲶鱼"的作用，这不仅能降低采购成本，还能大大提高工作效率 ◆ 通过一次招标并与供应商签订框架采购协议，可以多次进行框架协议下的采购。实施框架协议采购后，供应商的供货期限和一定时期内的供货价格相对稳定，重复招标和商务谈判减少，工作流程缩短，库存量减小

2．服务采购注意事项

鲶鱼策略不是万能的，在实际操作中企业还需要注意以下几点。

（1）要善于发现和利用"鲶鱼"。根据实际情况选取合适的"鲶鱼"，不合适的话非但起不到好的效果，反倒会对正常的服务经营产生影响。只有选取有活力、有意愿、有实力的"鲶鱼"才能真正起到作用。

（2）"鲶鱼"相对于"沙丁鱼"而存在，要不断地引入新的供应商，防止时间长了之后引入的供应商转变成"沙丁鱼"。

（3）挑选新的供应商的目的在于刺激原有供应商，因此要把握好新的供应商的数量，避免引起供应商的整体波动。

3.2.4　货物采购策略

货物采购相对于工程采购和服务采购而言，复杂程度较低且为有形产品的采购，因此货物采购可使用多种采购策略，常用的采购策略是竞争策略和战略合作策略。

1. 采购策略比较

竞争策略使采购方以较低的价格采购到质量较好的产品。竞争策略建立在供应商让利的基础上，虽然能够降低采购成本、获得优质产品，但是由于加剧了供需矛盾，因此已不适用于货物采购。

战略合作策略以双赢为指导思想，主动与供应商建立合作伙伴关系，通过互相支持进行资源整合，实现优势互补，创造出更大的价值。其主要优点有：降低采购成本，增强对外部环境的应对能力和竞争优势。

企业可采用战略合作策略进行货物采购，供需双方通过相互帮助、相互支持，携手设计生产成本和采购成本低的采购方案，实现双赢。

2. 运用战略合作策略进行货物采购的步骤

运用战略合作策略进行货物采购的步骤主要有三步，具体内容如表 3-4 所示。

表 3-4　运用战略合作策略进行货物采购的步骤

实施步骤	具体内容
市场调查	采购人员要调研供应商的综合实力，要对供应商进行全面的调查，了解供应商的生产规模、生产工艺、产品质量、运输能力等。供应商的实力影响着货物采购的成本，也影响着企业的发展
运用 ABC 分类法	运用 ABC 分类法，对不同的供应商采取不同的策略与管理 ◆ 将供货量大、产品质量好并且稳定、运输能力强的供应商评为 A 级 ◆ 将供货量中等、产品质量好并且稳定、运输能力一般的供应商评为 B 级 ◆ 将供货量较低、产品质量好、运输能力较弱的供应商评为 C 级
签订战略合作协议	◆ 对于 A 级供应商，通过签订战略伙伴合作协议，建立紧密的合作关系，在企业的采购规划中明确制定出相应的采购策略，在资金与管理技术方面向其倾斜，帮助供应商充分发挥其资源优势 ◆ 对于 B 级供应商，可与其建立一般的战略合作伙伴关系，在合作过程中多在管理与技术方面予以支持，帮助其提高供货能力，挖掘其资源优势 ◆ 对于 C 级供应商，由于其供货能力比较弱，运输能力也不强，要减少合作，作为备选项，以备不时之需

3.3 采购计划管理

3.3.1 采购计划制订流程

采购需求和采购策略确定后，要制订相应的采购计划。采购计划的制订应遵循一定的流程，具体内容如图 3-2 所示。

部门名称	采购部		流程名称		采购计划制订流程

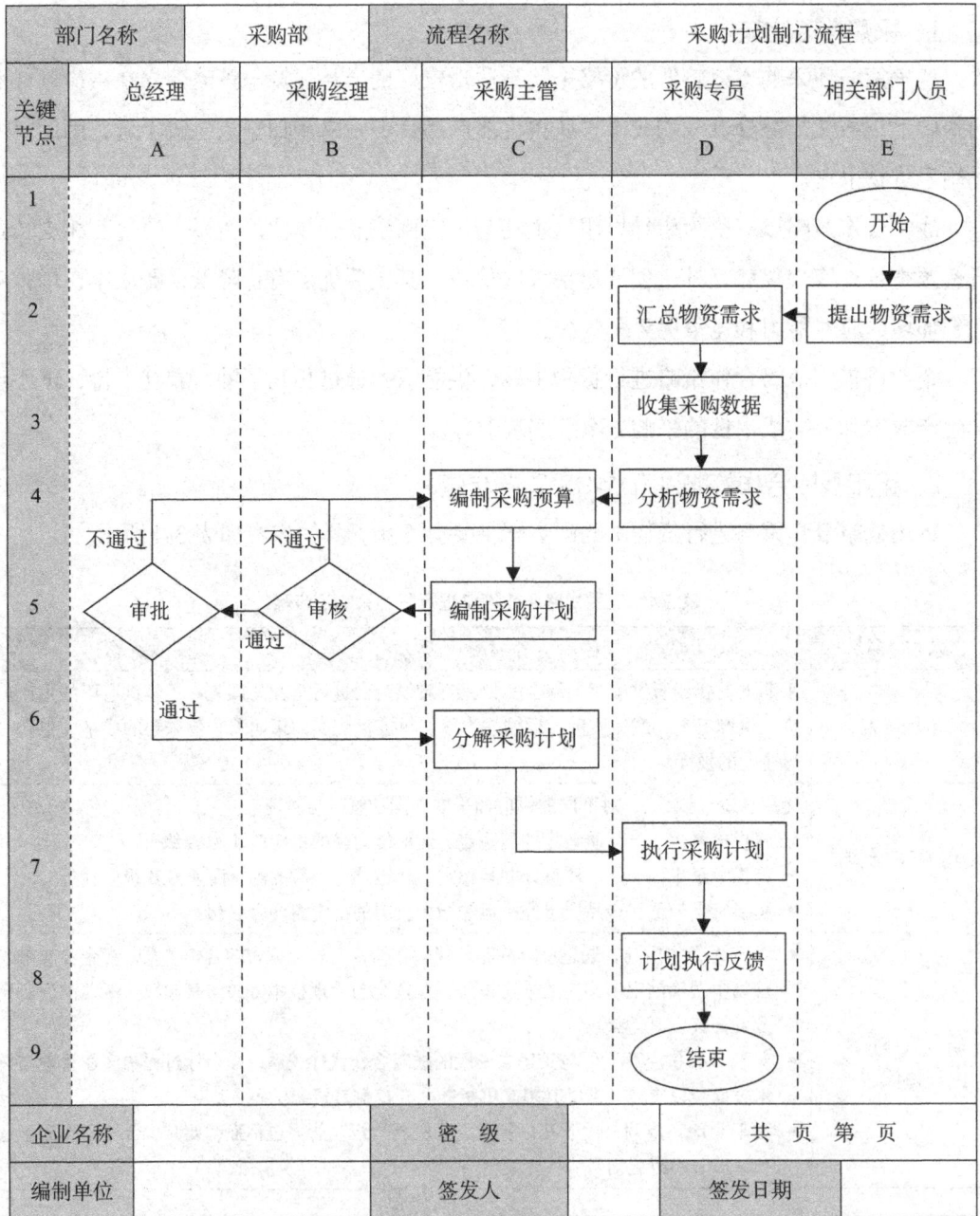

图 3-2　采购计划制订流程

根据图 3-2，采购计划制订流程的执行关键节点如表 3-5 所示。

表 3-5　采购计划制订流程的执行关键节点

关键节点	细化执行
D3	采购人员负责收集采购历史数据、市场销售计划和生产计划等各类数据，然后对收集的数据进行整理、分类
	采购人员对相关部门人员提交的物资请购单进行汇总，编制物资需求汇总表，并将其提交采购主管
	物资请购单的填写要规范，要避免填写不一致造成物资需求汇总数据不准确
C4	采购主管结合企业的经营目标和相关部门的物资需求情况，编制采购计划
	采购主管根据采购计划，编制采购预算，然后将其报采购经理审核、采购总监审批
	采购计划的编制必须以企业的经营计划为依据，以免采购工作与企业发展战略脱节
D7	采购主管负责将采购计划进行分解，然后分配到人，并落实责任
	采购人员负责执行采购计划，并做好记录
	采购人员负责将采购计划的执行结果反馈给采购主管
	要严格按照采购计划执行采购，不得随意更改计划内容。禁止不按照计划执行或任意地超计划采购，防止采购计划形同虚设

采购计划编制规范，扫描下方二维码即可查看。

3.3.2　采购计划变更流程

采购人员根据企业内外部采购环境的变化或竞争对手战略的调整，实时变更采购计划。要根据月度、季度、年度采购计划执行情况，调整相应的采购计划。调整采购计划时应遵循一定的流程，具体如图 3-3 所示。

部门名称	采购部		流程名称	采购计划变更流程	
关键节点	采购总监	采购经理	采购主管	采购专员	相关部门人员
	A	B	C	D	E

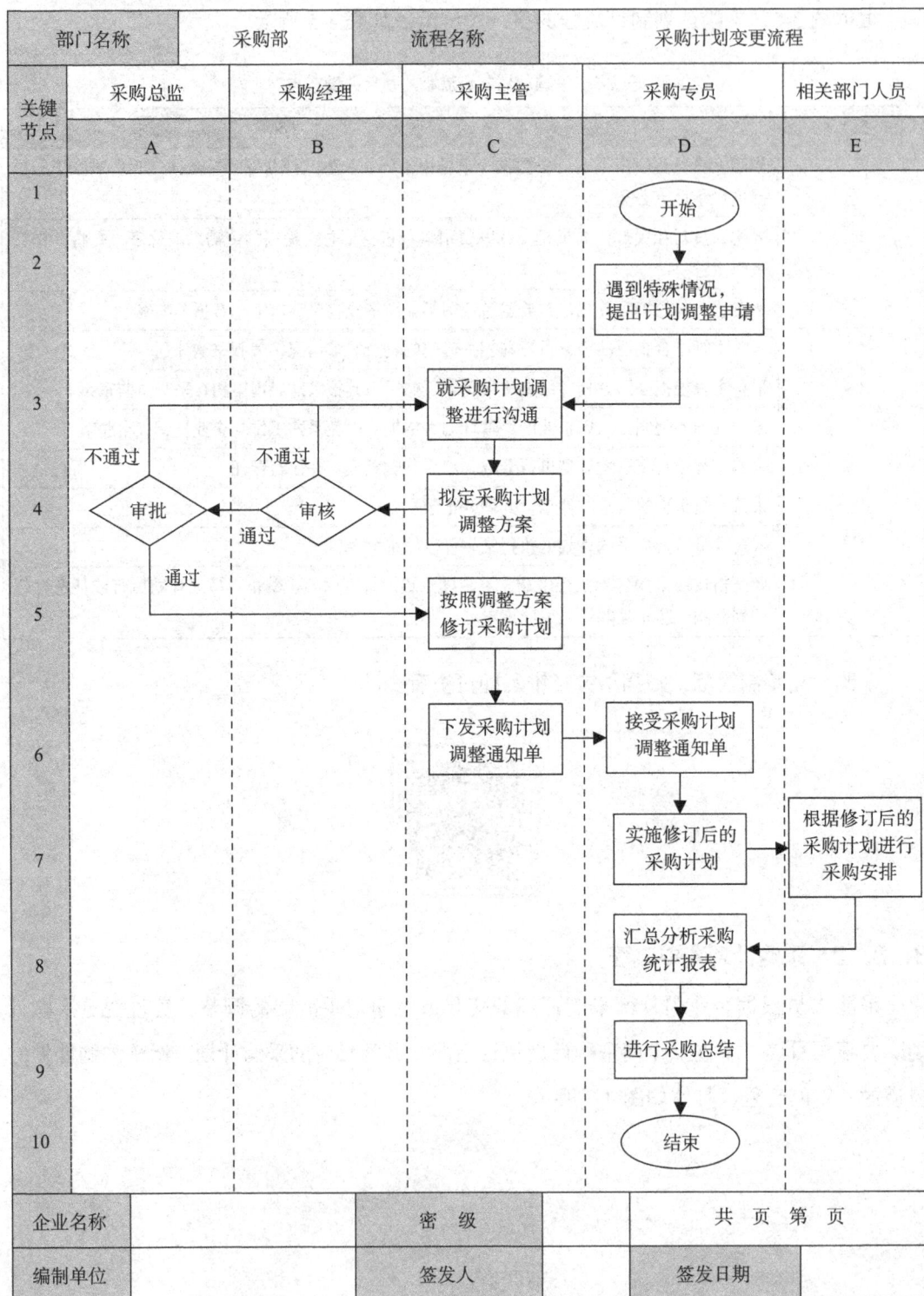

图 3-3　采购计划变更流程

企业名称			密级		共　页　第　页	
编制单位			签发人		签发日期

根据图 3-3，采购计划变更流程的执行关键节点如表 3-6 所示。

表 3-6　采购计划变更流程的执行关键节点

关键节点	细化执行
D2	采购人员在采购计划执行过程中遇到需要变更原计划的，要有充分的变更理由，并明确需要变更的内容
	采购人员要调查采购计划的变更会产生哪些影响，对生产部、仓储部等相关部门的年度计划有哪些影响
	采购人员将变更的原因、变更的内容、变更的影响填到采购计划变更申请表中，提交给采购主管审核、采购经理审批
C5	按照采购经理、采购主管的批准变更原来的采购计划，形成新的采购计划
D7	采购人员向生产部、仓储部等受计划变更影响的部门，发放新的采购计划，各部门根据新的采购计划变更本部门的计划
	采购人员按照新的采购计划，执行采购任务，并做好采购记录，以便随时发现问题
	采购人员负责将新的采购计划的执行结果反馈给采购主管

3.4　采购预算管理

3.4.1　采购预算编制方法

企业在编制采购预算时，要选择合适的编制方法，常用的采购预算编制方法有概率预算法、零基预算法、滚动预算法和弹性预算法，具体如表 3-7 所示。

表 3-7　常用的采购预算编制方法

方法名称	概述	适用范围	优点	缺点
概率预算法	对在预算期内不确定的各预算构成变量，根据客观条件，做出近似的估计	适用于难以准确预测变动趋势的预算项目	开拓了变量的范围，改善了预算指标的准确程度	预算的准确率低
零基预算法	以零为起点，从零开始考虑各费用项目的必要性，确定预算收支，编制预算	适用于各种采购预算项目	确保重点采购项目的实施，有利于合理配置资源，切实提高企业采购资金的使用效益	预算工作量大，需要投入大量的人力成本
滚动预算法	根据上一期的预算指标完成情况，调整和具体编制下一期预算，并将预算期连续滚动向前推移	适用于规模大、时间长的大型设备采购项目	◆ 及时调整和修订近期预算 ◆ 有助于保证采购支出的连续性和完整性 ◆ 充分发挥预算的指导和控制作用	操作复杂，工作量大

41

（续表）

方法名称	概述	适用范围	优点	缺点
弹性预算法	根据预算期间可能发生的多种业务量水平，分别确定与之相应的费用数额，编制能适应多种业务量水平的费用预算	◆ 适用于采购数量随着业务量变化而变化的采购 ◆ 适用于市场价格及市场份额不确定的企业	◆ 扩大预算的适用范围 ◆ 有利于客观地对预算执行情况进行控制、考核、评价 ◆ 避免了由于业务量发生变化而频繁修订预算	操作复杂，工作量大

下面是一则运用概率预算法确定采购预算的示例。

产品流通型企业在采购工作中，一般会根据某产品的销售量、库存量计算产品采购需求量，然后结合产品的采购价格，即可计算出产品的采购成本。

例如，某产品流通型企业预测其产品销售情况如下：某产品销售单价为 10 元，预计销售 10 000 件，现有库存量为 0。如果单价不变，则考虑波动的可能性（概率）：销售 8 000 件的概率为 0.2，销售 10 000 件的概率为 0.5，销售 12 000 件的概率为 0.3。

经采购价格调查与分析得知，该产品供应商提供的生产成本资料：单位变动成本为 5 元，固定成本为 20 000 元；同时，单位变动成本为 5.2 元的概率为 0.3，单位变动成本为 5 元的概率为 0.5，单位变动成本为 4.8 元的概率为 0.2。

在固定成本不变的情况下，该产品流通型企业运用概率预算法的计算步骤如下。

销售量期望值 =8 000×0.2+10 000×0.5+12 000×0.3=10 200（件）。

因该产品现有的库存量为 0，则其采购量应该等于其销售量，则：采购量期望值 = 销售量期望值 =10 200（件）。

假设供应商在该采购业务中所获利润为 0，且其他采购成本忽略不计，产品的采购价格即可等同于其生产成本，则：

单位变动成本期望值 =5.2×0.3+5×0.5+4.8×0.2=5.02（元）；

单位产品生产成本 = 单位变动成本 + 单位固定成本 =5.02+20 000÷10 200=6.98（元）；

单位产品采购价格 = 单位产品生产成本 + 期望获得的利润 =6.98（元）；

产品采购成本 = 产品采购价格 × 采购量期望值 =6.98×10 200=71 196（元）。

3.4.2　制定采购预算方案

为了规范采购预算编制工作，加强对采购预算的管理，有效降低采购成本，企业应制定采购预算方案，以便提高采购资金的有效利用率。

采购预算方案

一、目的

为了规范采购预算的编制，制定科学合理的采购预算，有效指导采购作业，控制采购成本，特制定本方案。

二、适用范围

企业采购预算编制管理工作。

三、采购预算编制分工

（一）采购部

采购人员根据采购计划、产品标准成本、采购价格预期等资料，编制采购预算。

（二）财务部

财务部经理与采购人员一起编制采购预算，对其进行综合平衡，并从财务角度审核采购预算。

（三）其他相关部门

其他相关部门负责将本部门的采购需求及时上报采购部，并向采购部提供需求产品的标准成本、价格信息等。

四、选择合适的预算编制方法

预算编制方法有概率预算法、零基预算法、滚动预算法和弹性预算法等。根据预算编制方法的特点，选择滚动预算。

五、编制采购预算

（一）滚动预算编制时间

每月 __ 日前编制采购预算，并于 __ 日前提交总经理审批。

（二）滚动预算编制基本要求

1. 列入采购预算的各种产品的采购数量和金额，必须以企业生产和经营所必需为基础。

2. 采购滚动预算的前三个月数据应精确，以后九个月度数据可粗略估计。

六、滚动预算编制程序

1. 明确编制时间。采购人员在采购预算编制时间内着手编制采购滚动预算。

2. 整理资料。采购人员收集上期预算及执行资料，作为编制本次预算的资料。

3. 编制采购预算。

（1）采购人员根据上期预算数据填写上月实际数额。

（2）采购人员根据近期产品需求数据编制近期采购预算。

（续）

（3）采购人员应在采购滚动预算表中填写具体数据。

七、采购预算审批与执行管理

（一）采购预算的审批

1. 采购人员应采用目标数据与历史数据相结合的方法确定预算数，据此编制采购预算草案，并递交财务部审核。

2. 财务部经理在充分考虑企业的现实状况、市场状况和企业整体预算的基础上，对采购预算草案进行审批。

（二）预算外采购审批

预算外的采购行为必须经采购主管、采购经理、总经理逐级审批后方可执行，否则必须按采购预算相关内容进行采购。

（三）采购预算的执行

1. 经核定的分期采购预算，在当期未动用者，不得保留。确有需要的，下期补办相关手续。

2. 未列入预算的紧急采购，由使用部门领用后，补办追加相关的预算。

3. 采购预算除由使用部门严格执行外，由采购部、仓储部加以配合和控制。

采购预算变更控制办法，扫描下方二维码即可查看。

第4章
供应商全面管理

4.1 供应商开发与选择

4.1.1 供应商资格审查

在采购工作中，供应商资格审查是一个重要的环节。通过对《中华人民共和国政府采购法》第二十二条、《中华人民共和国政府采购法实施条例》第十七条进行分析，可知供应商资格审查主要包括两方面内容，即合规性审查和能力性审查。

1．合规性审查

合规性审查又称合法性审查，即审查供应商是否符合法律规定的资格条件，主要有以下四点。

（1）供应商的注册和年检情况。

（2）供应商是否具备相应的资质等级。

（3）供应商是否具有依法缴税和缴纳社会保障资金的良好记录。

（4）供应商在参加采购活动前三年内，在经营活动中是否有重大违法记录。

2．能力性审查

能力性审查是指对供应商的各项能力条件进行审查，主要有以下四点。

（1）供应商的财务状况。

（2）供应商的经营业绩。

（3）供应商是否具有独立承担民事责任的能力。

（4）供应商是否具有履行合同所必需的设备和专业技术能力。

4．1．2 供应商信用评价流程

供应商信用评价是指对供应商某一时期的诚信情况进行记录、分析和评估。信用评价包括被动信用评价（委托信用评价）和主动信用评价。供应商信用评价流程如图4-1所示，仅供参考。

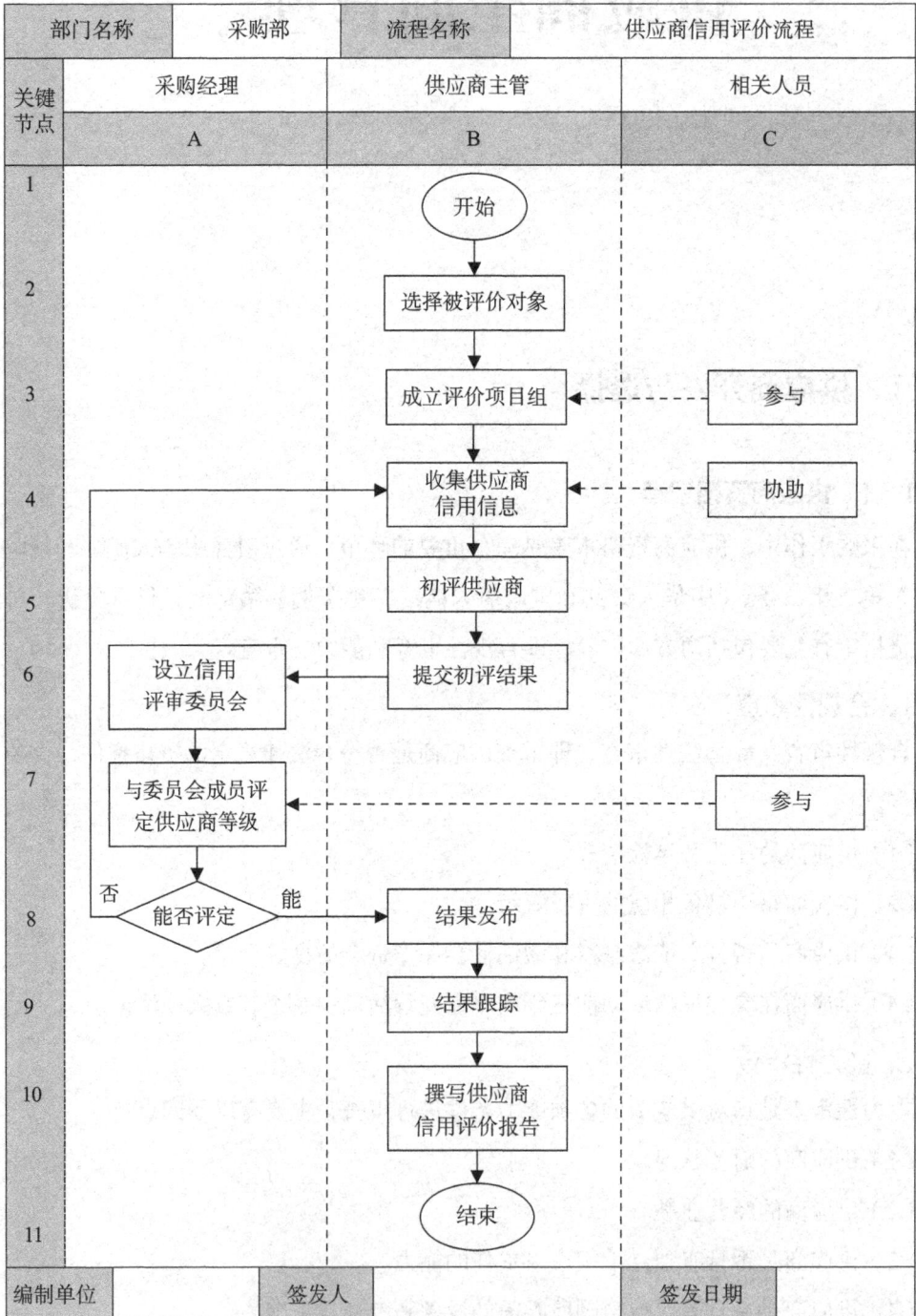

部门名称	采购部		流程名称	供应商信用评价流程

关键节点	采购经理	供应商主管	相关人员
	A	B	C
1		开始	
2		选择被评价对象	
3		成立评价项目组	参与
4		收集供应商信用信息	协助
5		初评供应商	
6	设立信用评审委员会	提交初评结果	
7	与委员会成员评定供应商等级		参与
8	否 能否评定 能	结果发布	
9		结果跟踪	
10		撰写供应商信用评价报告	
11		结束	

编制单位		签发人		签发日期	

图4-1 供应商信用评价流程

根据图 4-1，供应商信用评价流程执行关键节点如表 4-1 所示。

表 4-1　供应商信用评价流程执行关键节点

关键节点	细化执行
B3	评价主体在符合回避利益冲突的前提下，选择被评价供应商，并成立信用评价项目组，人数宜在两人以上
B6	项目组采取有效的数据获取方式，收集被评价供应商的信用信息，根据一定的评价规则进行综合分析，撰写初评结果，提交上级，并提出被评价供应商的信用建议
A6	评价主体应设立信用评审委员会，宜由三人以上（单数）相关专业人士组成
A7	信用评审委员会应对项目组提交的评价报告与相关资料进行审核并提出评审意见，确定评价对象的信用等级
A7	信用评审委员会无法确定信用等级时，应暂停信用评审工作，将信息反馈给项目组重新整理、核实相关数据，直到评审委员会能确定信用等级
B8	评价主体在发布信用评价结果的同时，应向社会公示主动信用评价的方法与规则，应就所依据的数据来源进行说明，并对信用评价结果独立承担责任
B9	评价结果发布后，评价主体应定期跟踪评价对象，及时更新评价结果
B10	合格供应商信用评价报告应遵循真实性、完整性、简明性和易读性原则，对合格供应商的信用风险应尽量做定量分析，不宜做定量分析的，应针对性地做出描述

4.1.3　供应商选择标准

供应商选择就是在能满足预先设定条件的所有供应商中，通过一定标准，选择企业最想合作的供应商。企业可参考以下六项标准，确保所选中的供应商能有效满足企业的采购需求。

1.内部组织完善

供应商组织内部应具有完善的管理制度、规范的组织架构、清晰的岗位职责、标准化的工作流程、明确的监督机制。

2.质量体系健全

供应商应具有由质量方针与质量目标、质量手册、程序文件、作业指导书、质量记录等形成的健全的质量体系，并有效运行。

3.生产质量合格

采购部向供应商提出样品需求，由供应商提供两件以上正常情况下生产出的代表性产品。质量管理部对样品的材质、性能、尺寸、外观、质量等方面进行检验，样品应符合企业的质量标准。

4．价格竞争力强

采购部征询供应商产品报价后，进行有关同类产品价格资料的比价，并对其他同类产品供应商要求样品报价对比。对两家或两家以上供应商产品价格进行分析，选择价格具有竞争力，并符合企业价格要求的供应商。

5．合作意愿强烈

供应商应具有强烈的合作意愿，能接受企业规定的商务合作模式，提供性价比高的产品，接受灵活的付款条件，给出合理的交货时间，提供优质的服务。

6．研发与生产能力强

供应商应具有较强的设计和研发能力，工艺先进，品质稳定，有突出的产品创新意识。供应商已实现生产规模化，有与企业项目建设相匹配的厂房、生产工人、技术研发人员、生产设备、产品检测设备、检测手段等。

供应商开发渠道，扫描下方二维码即可查看。

4．1．4　供应商入库、登记与档案管理制度

供应商入库、登记与档案管理是采购管理的重要内容，也是企业与供应商建立长期供需合作关系的重要依据。建立完善的供应商入库、登记与档案管理制度，有利于企业更好地了解供应商。下面是一则供应商入库、登记与档案管理制度，仅供参考。

供应商入库、登记与档案管理制度
第1章　总则
第1条　目的
为了更好地规范供应商入库、登记与档案管理工作，保证供应商的信息安全、完整、更新及时，更好地为企业所用，特制定本制度。
第2条　适用范围
本制度适用于采购部的供应商入库、登记与档案管理工作。
第3条　职责分工
1．供应商管理专员负责供应商的入库与登记，资料的收集、整理、分类、移交等工作。
2．档案管理人员负责各种供应商档案的保管和提供、利用等事项。
第2章　供应商入库登记流程
第4条　填写供应商入库登记表
经评价合格的供应商，需填写供应商入库登记表，主要内容包括：企业概况，代理的物资品牌，为

（续）

本企业提供的原材料名称，对本企业做出的产品与服务承诺等。

第 5 条　资质验证

供应商通过初审后，应提供相关材料进行资质验证，主要包括以下内容。

1. 经年检的企业法人营业执照副本原件及复印件。

2. 企业法定代表人身份证复印件。

3. 企业简介（包括经营范围、企业规模、组织结构、员工人数、主要业绩等相关情况）。

4. 资质证明、行业许可证和其他与企业正常经营活动相关的证明材料。

以上证件均需加盖公章。

第 6 条　入库

供应商验证通过后，进入企业招投标供应商信息库，即取得参与企业招标活动的资格。已经通过资质验证的供应商，当注册信息有变化时可在线修改相关信息，审核通过之后，需携带相关证明原件到企业办理信息变更手续。

第 3 章　供应商档案管理

第 7 条　供应商档案资料的内容

供应商档案资料主要包括但不限于以下八项内容。

1. 供应商调查表。

2. 供应商产品价格登记表。

3. 供应商采购合同原件及复印件。

4. 供应商洽谈登记表原件及复印件。

5. 采购谈判与合同签订现场的影像资料。

6. 供应商销售业绩分析表。

7. 供应商考核评价表。

8. 供应商考核结果处理表。

第 8 条　其他入档资料

1. 提供虚假材料参加采购活动谋取成交的。

2. 开标后擅自撤销投标，影响招标继续进行的。

3. 采取不正当手段诋毁、排挤其他供应商的。

4. 与采购人、其他供应商或者采购代理机构恶意串通的。

5. 成交后无正当理由拒绝签订采购合同的，或无正当理由拒绝履行合同的。

6. 故意提供假冒伪劣产品或走私物品的。

7. 拒绝提供售后服务，给本企业生产经营造成损害的。

第 9 条　归档要求

1. 档案管理人员需依据供应商性质或交易过程等标准对档案进行分类，并按档案来源、时间、题目、内容、字母顺序等分成若干层次。

2. 档案管理人员归档的文件材料应齐全完整，并按照文件的自然形成规律保持文件之间的历史联系。

3. 卷内文件要排列有序，档案管理人员要依次编写页号，并编制卷内目录，逐项填写清楚，同时确保书写工整。

4. 案卷标题要简明确切，装订整齐结实，厚度适宜，材料过窄应加衬边，材料过宽应折叠整齐，字迹难辨认的，应附抄件以便保管和使用。

5. 独立案卷要用打印稿编制案卷目录。

第 10 条　查阅供应商档案

相关人员在调阅供应商档案时，应先向采购经理提出申请，申请批准后，方可进行查阅，查阅完之后应

（续）

当及时归还。

第11条　变更供应商档案

供应商发生经营状况重大变化以及重要担保、重大合同纠纷或诉讼、信用等级和资质变化等可能影响履约能力的重大事项，档案管理人员应及时要求其向采购部提供书面报告，并及时更新供应商档案资料。

第4章　附则

第12条　编制单位

本制度由采购部负责编制、解释与修订。

第13条　生效时间

本制度自××年××月××日起生效。

4.1.5　供应商黑名单管理办法

供应商黑名单是指在采购履约过程中，发生违法违纪或违反本企业相关规定、不遵守合同与承诺、利用商业贿赂及其他不正当手段谋取利益，经评审给予惩戒的供应商及相关人员。下面是一则供应商黑名单管理办法，仅供参考。

供应商黑名单管理办法

第1章　总则

第1条　目的

为了进一步加强对供应商的管理，规范供应商行为，惩戒违约失信供应商，提高企业的采购效率，避免企业因供应商而出现损失，特制定本办法。

第2条　定义

本办法中所说的供应商是指一切有偿为企业提供产品、服务、资源的组织或个人。

第3条　适用范围

本办法适用于企业各部门采购活动的供应商管理。

第2章　黑名单的评定

第4条　供应商黑名单

企业可将有下列行为之一的供应商列入黑名单。

1. 提供虚假材料。

2. 对本企业人员进行商业贿赂以谋取不正当利益。

3. 提供的主营产品或服务严重不合格。

4. 擅自变更或不履行合同。

5. 无不可抗力因素拒绝提供售后服务，或售后服务态度恶劣、不及时。

6. 其他违反法律法规及企业相关规定的行为。

第5条　供应商黑名单的评定与公示

业务部或采购部将供应商黑名单评定材料报行政部，行政部负责对评定材料进行收集、提报和保管，总经办负责评定。企业采购部负责将供应商黑名单进行公示，并随时更新。

第6条　供应商黑名单评定材料

供应商黑名单评定材料应包含但不限于以下内容。

1. 供应商的名称。

2. 供应商的经营范围。

（续）

3．与本企业的业务合作情况介绍。

4．列入黑名单的原因、依据材料。

5．供应商的法定代表人、实际控制人、业务经办人。

第 7 条　黑名单期限

根据评定条件，将黑名单按期限划分为短期、中长期、永久。

1．短期：因疏忽、过失对企业合同履行造成利益损失的，可在本企业范围内列入短期黑名单，期限为半年。

2．中长期：被证实虚抬价格、虚报数量、延误履行期限等对企业利益产生较大损害的，在企业全系范围内列入中长期黑名单，期限为 1~3 年。

3．永久：被证实对企业产生重大损害的，列入企业全系永久黑名单，不再与其进行任何合作。

第 3 章　黑名单的应用

第 8 条　切断业务往来

企业各部门不得与被列入黑名单的供应商进行业务往来。

第 9 条　对现有供应商进行梳理

黑名单公示后，各部门对现有供应商进行梳理，若发现与黑名单中的供应商存在合作的，立即以书面材料报主管领导、行政部和财务部，并对合作情况重点监控，一旦发现供应商存在违约情况，就应立即根据合同约定解除合同。

第 10 条　执行情况监督

监察部负责对黑名单的执行情况进行督导检查，发现违规的可对直接责任人、部门领导、主管领导处以××元~××元的罚款。

第 4 章　黑名单的解除

第 11 条　到期解除

黑名单供应商限制期到期后，评估决定是否延期。不予延期的可解除惩戒措施。

第 12 条　对解除黑名单限制的供应商的管理

对于解除黑名单限制的供应商，重新要求参与投标或采购的，需由主办业务部门对其资格进行重新审定，经总经办批准，报企业监察部备案。

第 5 章　附则

第 13 条　编制单位

本办法由采购部负责编制、解释与修订。

第 14 条　生效时间

本办法自××年××月××日起生效。

4.2　供应商考核与评估

4.2.1　供应商考核内容

为了保证企业与供应商有效合作，鼓励供应商在品质、交货期、价格、优惠条件等多方面进行改善，提高企业采购质量，降低采购成本，企业需对供应商的各项指标进行阶段性的评估与考核。供应商考核内容如表 4-2 所示。

表4-2　供应商考核内容

序号	考核内容	具体说明
1	履约情况考核	◆ 对供应商的采购合同执行情况进行考核评估
2	价格方面考核	◆ 是否按照采购合同规定价格进行供货 ◆ 是否根据市场变化调整价格并及时提供价格调整信息 ◆ 所提供的物资价格是否高于同品牌、同型号产品的一般价格 ◆ 价格是否有下降空间
3	交货方面考核	◆ 是否根据采购合同所规定的日期按时交付产品或提供物资 ◆ 是否按照采购合同所规定的交付方式进行交付
4	质量方面考核	◆ 物资是否符合采购合同所规定的质量标准 ◆ 包装、工艺、材料是否存在缺陷 ◆ 生产工艺水平是否能够保证产品或物资的质量
5	服务方面考核	◆ 售前服务是否周到、全面 ◆ 售后服务是否及时、良好，出现问题是否能够及时解决
6	其他	◆ 对供应商管理水平、生产技术改进、人员操作等方面进行考核

4.2.2　供应商绩效考核制度

供应商绩效考核是指对企业现有供应商进行考核，即通过供应商绩效考核制度，对供应商进行评价，确定供应商等级，为供应商的优胜劣汰提供依据。下面是一则供应商绩效考核制度，仅供参考。

供应商绩效考核制度
第1章　总则
第1条　目的
为了建立科学、完善的供应商考核评价体系，通过考核评价工作，激励供应商提供优质产品和服务，建立优秀的供应商群体，特制定本制度。
第2条　适用范围
本制度适用于对本企业所有供应商的考核评价工作。
第3条　职责分工
1. 采购部
（1）采购经理负责供应商考核标准与方案、供应商考核结果、供应商处理办法等决策的审批，以及其他各项管理控制工作。
（2）供应商主管负责供应商监督工作的执行，供应商考核指标、考核方案的制定与上报，评价与评分工作的执行，考核结果的审核与上报等各项工作。
（3）供应商管理专员负责日常采购过程中对供应商的监督，进行各项资料的汇总与归档，协助供应商主管制定考核方案等各项工作。
2. 其他相关部门
请购部、质量管理部、仓储部等其他相关部门负责反馈所采购物资的交期、质量、数量等各种情况，并协助对供应商开展考核工作。

（续）

| 第 2 章　供应商绩效考核体系 |

第 4 条　供应商监督与考核对象

凡列入本企业合格供应商名单的所有供应商，均为本企业供应商监督与考核的对象。

第 5 条　考核周期

1. 月度考核

供应商主管需对供应商提供的产品或物资质量、交货情况进行检查、评估、考核，填制供应商考核表，每月底，上交采购经理审核、采购总监审批。

2. 年度考核

供应商主管应每年根据供应商月度考核结果，统计分析供应商在考核年度内订货总次数、总交货金额、质量优劣情况、退货率、发生交货延误率、发生数量差错率，以及未能按时交货时是否迅速、及时地采取合理的补救措施等，将考核结果填入供应商年度考核表并纳入供应商档案。

第 6 条　考核方法

依据制定的考核标准，对供应商进行绩效量化考核。

第 3 章　供应商考核内容

第 7 条　评分体系

采购部原则上每季度对供应商进行一次评分，主要的考核内容和分数占比为：价格水平占 30 分，产品质量占 30 分，交货情况占 20 分，服务情况（配合度）占 10 分，管理情况占 10 分。

第 8 条　价格水平（30 分）

根据同类材料市场平均价、最低价自行计算价格比率，计算平均价格比率和最低价格比率后给出相应分值。

第 9 条　产品质量（30 分）

（1）退货率占 15 分。根据每季度的批退率来判定产品品质的好坏。公式为：批退率＝退货次数÷交货次数×100%。批退率越高，表明其品质越差，得分越低。

（2）质量合格率占 15 分。根据固定时间内产品合格率来判定品质的好坏。公式为：质量合格率＝合格件数÷抽样件数×100%。合格率越高，表明品质越好，得分越高。

第 10 条　交货情况（20 分）

（1）交货准时率占 10 分。公式为：交货准时率＝准时交货次数÷总交货次数×100%。交货准时率越高，得分就越高。

（2）逾期率占 10 分。公式为：逾期率＝逾期批数÷交货批数×100%。逾期率越高，得分越低；逾期批数越多，扣分越多；逾期造成停工待料，则加重扣分。

第 11 条　服务情况（配合度）（10 分）

（1）配合度占 5 分。应配备适当的分数，服务越好，得分越高。

（2）信用度占 5 分。公式为：失信率＝失信次数÷合作总次数×100%。

第 12 条　管理情况（10 分）

供应商的管理制度是否完善，质量手册是否完整、全面，送货单据是否完备。

第 13 条　供应商考核评分

供应商评估总得分＝价格水平得分＋产品质量得分＋交货情况得分＋服务情况（配合度）得分＋管理情况得分。须将得分情况记录于合格供应商评定表中。

第 4 章　附则

第 14 条　编制单位

本制度由采购部负责编制、解释与修订。

第 15 条　生效时间

本制度自××年××月××日起生效。

4.2.3 供应商分级评估管理办法

对供应商进行分级管理，可以优化企业供应商结构，规范企业对供应商的管理，稳定供应商队伍。下面是一则供应商分级评估管理办法，仅供参考。

供应商分级评估管理办法

第1章 总则

第1条 目的

为了对现有供应商进行合理分类，加强对问题供应商的管控，降低供应商日常管理成本，实现对供应商的科学管理，特制定本办法。

第2条 适用范围

本办法适用于所有为企业提供产品或服务的供应商。

第3条 分级背景及说明

以供应商绩效考核得分作为分级依据，综合其得分将供应商分为A、B、C、不合格四类。

第2章 供应商分级标准

第4条 A类供应商

总得分≥90分。

第5条 B类供应商

总得分在75~89分。

第6条 C类供应商

总得分在60~74分。

第7条 不合格供应商

总得分＜60分。

第3章 不同级别的供应商管理

第8条 A类供应商管理

1. 可加大采购量或给予一定的奖励；产品质量、逾期率为满分，经供应商管理小组进一步考察，认定为特别优秀供应商的物资可享受免检待遇。

2. 按相关加工协议的条款，按时、按月支付其相关的加工款项，即月结开票后____个月到期的款项即时支付。如供应商在供货过程中极力配合来满足本企业的需求，则可适当提前付款。

第9条 B类供应商管理

可按相关加工协议的条款正常采购。原则上按月度支付其相关的加工款项，当出现异常情况时，则要适当地推迟付款，推迟的时间应根据当时的具体情况来确定，即月结开票后____个月到期的款项有可能延迟____个月。

第10条 C类供应商管理

在货款的支付上会适当延迟____个月或更长。对此类供应商应随时辅导，不能改进者，应减量采购或暂停采购。

第11条 不合格供应商管理

不合格供应商应予以淘汰。

第4章 附则

第12条 编制单位

本办法由采购部负责编制、解释与修订。

第13条 生效时间

本办法自××年××月××日起生效。

供应商考核实施方案，扫描下方二维码即可查看。

4.3　供应商质疑与投诉

4.3.1　供应商质疑与投诉认定标准

供应商提出质疑或投诉，必须有认为采购文件、采购过程、中标和成交结果等使自己的利益受到损害的事实和依据。供应商质疑与投诉应符合的条件与认定标准如下。

1．质疑与投诉应符合的条件

（1）质疑人是参与所质疑招标采购活动的当事人。

（2）质疑的内容不涉及评标过程或依法应当保密的事项。

（3）在质疑或投诉的有效期内提出。

（4）提起投诉前已依法进行质疑。

2．质疑与投诉认定标准

（1）采购方相关部门或人员没有按照相关制度、规定、合同或协议操作。

（2）采购方对供方或其产品的评价结果不正确。

（3）采购方对供方供货比例分配安排不合理。

（4）采购方对供方未按合同约定付款。

（5）双方技术、检验要求不明确、不统一（差别对待）。

（6）采购方工作人员有涉及受贿、索贿、欺诈、诽谤、威胁等行为。

4.3.2　供应商质疑管理办法

为了维护质疑供应商的合法权益，采购人或其委托的代理机构需依法对质疑进行答复和处理。下面是一则供应商质疑管理办法，仅供参考。

供应商质疑管理办法

第1章　总则

第1条　为了保护参加采购活动供应商的合法权益，维护采购环境和企业利益，建立高效的采购质疑管理机制，根据《中华人民共和国政府采购法》及中华人民共和国财政部令第94号《政府采购质疑和投诉办法》，特制定本办法。

第2条　本办法适用于采购供应商质疑的提出和答复。

第3条　采购供应商（以下简称供应商）提出质疑应当坚持依法依规、诚实信用原则。采购质疑答复应当坚持依法依规、权责对等、公平公正、简便高效原则。

第2章　质疑的提起与答复

第4条　供应商认为采购文件、采购过程和中标、成交结果使自己的权益受到损害的，可以在知道或者应当知道其权益受到损害之日起三个工作日、最长七个工作日内提出质疑。

第5条　供应商提出质疑，应当以书面方式提交质疑书，质疑书应包括以下内容。

1. 供应商的姓名或者名称、地址、邮编、联系人及联系电话。

2. 质疑项目的名称、编号。

3. 具体、明确的质疑事项，以及与质疑事项相关的请求。

4. 事实依据。

5. 必要的法律依据。

6. 提出质疑的日期。

第6条　供应商为自然人的，质疑书应当由本人签字；供应商为法人或者其他组织的，质疑书应当由法定代表人、主要负责人签字并加盖公章。

第7条　质疑人可以委托代理人办理质疑事务。代理人办理质疑事务时，除提交质疑书外，还应提交质疑人的授权委托书。授权委托书应当写明委托代理的具体权限和相关事项。

第8条　采购中心应当在收到质疑人的书面质疑后七个工作日内做出答复，并以书面形式通知质疑人和其他有关供应商，但答复内容不得涉及商业秘密。

第9条　采购中心受理质疑后，应当向与质疑事项有关的供应商发送质疑书副本。

第10条　与质疑事项有关的供应商应当在收到质疑书副本之日起三个工作日内，以书面形式向采购中心做出说明，并提交相关证据和材料。

第3章　质疑的处理与决定

第11条　采购中心可就质疑人的质疑事项进行调查取证，也可以组织质疑人与被质疑人当面进行质证。

第12条　对采购中心依法进行的调查，质疑人、被质疑人及与质疑事项有关的单位或人员应当如实反映情况，并提供采购中心所需要的相关材料。

第13条　质疑人拒绝配合采购中心依法进行调查的，按自动撤回质疑处理；被质疑人在规定时限内，无正当理由未提交相关证据和材料的，视同放弃说明权利，认可质疑事项。

第14条　采购中心经审查，对质疑事项分别做出下列处理决定。

1. 质疑人撤回质疑的，终止质疑处理。

2. 质疑缺乏事实依据的，驳回质疑。

3. 质疑事项经查证属实的，分别按以下规定处理。

（1）质疑的内容属实且有可能影响中标结果的，建议评标委员会进行复议；同时视情节将有关情况上报相关政府招标监管部门。

（2）质疑内容涉及评审专家的，企业将及时报请相关政府招标监管部门处理。

（3）涉及企业招标操作程序的，企业根据具体情况，及时进行整改。

（4）企业责任人工作过失（工作不认真、不负责任、玩忽职守等）给单位造成不良影响和损失的，扣发绩效奖金。给企业造成重大不良影响和重大损失的，给予责任人处罚。

（5）涉及企业工作人员违法违纪的，按相关法规规定处理。

（续）

第 15 条 质疑人对本企业答复不满意或本企业未在规定期限内做出质疑答复的，可以在答复期满后 15 个工作日内向相关部门投诉。

第 16 条 企业应当建立真实完整的质疑档案。质疑过程形成的所有文件或其他介质的材料均应当留存。档案管理人员应当按档案管理规定对其进行立卷、归档，以便有关部门查证。

第 17 条 供应商不按本办法规定提出质疑的，被质疑人不予受理。

第 4 章 附则

第 18 条 本办法由采购部负责编制、解释与修订。

第 19 条 本办法自 ×× 年 ×× 月 ×× 日起生效。

4.3.3 供应商投诉处理办法

如果供应商提出质疑后，采购方没有在规定时间内做出答复，或者供应商对答复不满意，那么便需要申请投诉。下面是一则供应商投诉处理办法，仅供参考。

供应商投诉处理办法

第 1 章 总则

第 1 条 为了建立合理的投诉处理机制，及时解决企业与供应商之间发生的误会与纠纷，增进与供应商的交流，特制定本办法。

第 2 条 本办法适用于供应商的投诉处理。

第 3 条 对供应商投诉的处理必须本着以事实为依据，公平、公正、公开、协商解决的原则。

第 2 章 投诉的提起

第 4 条 质疑供应商（以下简称供应商）对采购人、采购代理机构的答复不满意，或者采购人、采购代理机构未在规定时间内做出答复的，可以在答复期满后七个工作日内向采购部提起投诉。

第 5 条 供应商投诉时，应当提交投诉书和必要的证明材料，并按照被投诉采购人、采购代理机构（以下简称被投诉人），以及与投诉事项有关的供应商数量提供投诉书的副本。投诉书应当包括下列内容。

1．投诉人和被投诉人的姓名或者名称、地址、邮编、联系人及联系电话。

2．质疑和质疑答复情况说明及相关证明材料。

3．具体、明确的投诉事项，以及与投诉事项相关的投诉请求。

4．事实依据。

5．法律依据。

6．提起投诉的日期。

第 6 条 投诉人为自然人的，应当由本人签字；投诉人为法人或者其他组织的，应当由法定代表人、主要负责人，或者其授权代表签字（盖章），并加盖公章。

第 3 章 投诉的受理

第 7 条 采购部在接到供应商投诉后，应填写供方投诉受理单并建立供应商投诉档案，在三个工作日内将供方投诉受理单反馈给供应商，明确答复处理方法及预计完成时间。

第 8 条 被投诉人及其他与投诉事项有关的当事人应当在收到投诉答复通知书及投诉书副本之日起五个工作日内，以书面形式向企业管理部门做出说明，并提交相关证据、依据和其他有关材料。

第 9 条 应当由投诉人承担举证责任的投诉事项，投诉人未提供相关证据、依据和其他有关材料的，视为该投诉事项不成立；被投诉人未按照投诉答复通知书要求提交相关证据、依据和其他有关材料的，视同其放弃说明权利，依法承担不利后果。

（续）

第 4 章　投诉的处理

第 10 条　接到供应商投诉后，采购部人员需联系相关企业或人员在三天内根据相关情况做出解释。

第 11 条　供应商管理人员负责进一步调查、核实投诉事项，并协调与供应商的关系。

第 12 条　属本企业违规的，违纪行为由采购部下达整改通知书进行整改；属供应商责任的，通知供应商，要求其整改并撤销投诉。

第 13 条　重大违纪行为将移交审计监察部门进行处理。

第 14 条　供应商管理人员负责对本企业的整改情况进行跟踪、验证。

第 15 条　对供应商提出的意见，采购部应及时反馈下属企业或部门，并回复供应商表示感谢。

投诉处理过程中，有下列情形之一的，采购部应当驳回投诉。

1．受理后发现投诉不符合企业受理条件。

2．投诉事项缺乏事实依据，投诉事项不成立。

3．投诉人捏造事实或者提供虚假材料。

4．投诉人以非法手段取得证明材料。证据来源的合法性存在明显疑问，投诉人无法证明其取得方式合法的，视为以非法手段取得证明材料。

第 5 章　对供应商的保护

第 16 条　采取一定措施对供应商进行保护，防止因投诉给供应商带来负面影响，导致供应商被打击报复、威胁恐吓等。

第 17 条　供应商因投诉受到负面影响可向本企业管理部门申诉，本企业将组织调查，严肃处理。

第 6 章　附则

第 18 条　本办法由采购部负责编制、解释与修订。

第 19 条　本办法自××年××月××日起生效。

4.4　供应商监督与检查

4.4.1　供应商监督与检查方式

供应商的绩效情况对企业的运作效率有一定的影响，采购部作为供应商的监管部门，应对供应商实施监督与检查。监督与检查的措施多种多样，我们主要列举以下五种。

（1）电话询问供应商生产进度，与供应商建立协商、对话制度，或通过现场录像监督供应商生产状态。

（2）安排合适的人员常驻供应商工厂，以监控供应商的生产与实时检验，并可在一定程度上作为企业的代表及时处理部分业务及品质事务。

（3）对供应商的关键工序进行重点关注，要求供应商提供重点工序的工艺参数和关键工序的检验记录。

（4）要求供应商在变更有可能影响零部件的外观、尺寸、性能的原材料、设备、重点生产工艺、生产场所等方面前须征得企业相关人士的许可。

（5）由企业资深品管或工程技术人员对供应商相关人员进行辅导，以提升供应商的生产水平及品质管理能力。

4.4.2　供应商监督与检查办法

企业应对在用供应商进行监督与检查，目的是把控供应商生产工艺品质，并保证制造产品符合采购规范、法规、标准及其他相关的合约文件。下面是一则供应商监督与检查办法，仅供参考。

供应商监督与检查办法
第 1 章　总则
第 1 条　目的
为了定期对供应商进行监督和检查，根据相应的结果确定相应的管理与辅导对策，促进供应商品质改善，使其能够长期、稳定地供应企业要求的合格物资，适应企业的长期发展需要，特制定本办法。
第 2 条　适用范围
本办法适用于企业所有在用供应商的监督与检查工作。
第 2 章　供应商生产过程监督与检查
第 3 条　检查质量保证记录
定期检查生产过程中的质量保证记录，如供应商量产过程中的不良品管理、质量问题的台账等。
第 4 条　检查关键件的一致信息
检查产品生产证书号是否正确、标识施加方式是否合规、关键件证书是否在有效期内。
第 5 条　共享生产数据
利用供应商自己的管理系统和协同平台关联，与供应商的生产过程管理系统实时共享数据，包括零件排产信息、设备运行情况、人员岗位情况、工艺流程信息等。
第 3 章　供应商日常监督与检查
第 6 条　出货检查
对供应商进行出货检查时，应检查以下内容。
1. 检查供应商是否按照规定流程进行出货。
2. 检查供应商出货检验比例与标准。
3. 检查供应商出货异常时的处理方法。
第 7 条　溯源检查
当客户端发生异常时，供应商如何追溯此批产品的生产时间、人员及当时的生产条件。
第 8 条　变更检查
当发生材料变更、条件变更、生产机器变更时，供应商是否进行小批量的验证。
第 9 条　质量改善检查
检查供应商有无日常的质量改善活动，有无改善报告。
第 4 章　附则
第 10 条　编制单位
本办法由采购部负责编制、解释与修订。
第 11 条　生效时间
本办法自××年××月××日起生效。

4.4.3 供应商现场检查管理办法

供应商现场检查是供应商管理的重要内容，当发生需要现场检查的情形时，企业需对质量管理、检验管理、生产管理、设备工装管理及改进管理等方面进行检查，并将检查结果运用到实际操作中。下面是一则供应商现场检查管理办法，仅供参考。

供应商现场检查管理办法

第1章　总则

第1条　目的

为了规范对供应商进行现场检查的有关程序，推动供应商持续改进并完善质量，确保采购产品的质量满足要求，特制定本办法。

第2条　适用范围

本办法适用于生产批准或日常供货过程中，发现供应商的制造过程或产品质量不符合要求时的现场检查工作。

第3条　职责分工

1. 采购部负责编制检查计划，并组织实施；负责对不合格供应商进行淘汰，更新供应商数据库。

2. 生产部、质量管理部负责检查具体内容，并对发现的不符项进行跟踪、验证。

第4条　供应商现场检查情形

1. 出现批量的和突发性重大质量事故的。

2. 质量评分连续三个月分数下降，且平均分差≥5分，并经核实属质量问题造成的。

3. 上年度供应商综合评价为D级（综合评价得分<70分），拟再供货的。

4. 必要时，按照企业指令开展实施供应商现场检查的。

第2章　首次会议

第5条　首次会议内容

向供应商代表介绍检查小组成员，确认检查的范围、目的、计划安排，在检查小组和供应商代表之间建立正式的联络渠道，并促进供应商代表积极参与。

第6条　时间控制

首次会议的时间应控制在30分钟以内，主角应是检查小组成员，而非供应商。

第3章　现场检查内容

第7条　质量管理

1. 检查现场质量控制情况。着重对设备、工模夹具的管理和维护保养状态，工艺设计合理性，检测设备器具的管理和维护保养状态，按工艺要求执行情况，过程检验情况，重要过程参数或质量特性值监控和控制情况，全程质量跟踪批次管理实施情况等进行检查。

2. 检查供应商质量体系。检查供应商是否按要求建立质量体系，如果供应商通过第三方质量体系认证并且产品质量稳定，可不进行全面的质量体系检查，而做适当的抽查；如未通过第三方质量体系认证，着重检查质量管理制度或相应技术文件是否完善，是否按规定执行及主要二次配套件的检验、控制情况，并做情况记录。

3. 实物质量抽查。随机抽取样品，按要求检查实物质量是否符合标准。

第8条　检验管理

检查供应商是否制定了采购原材料的检验规范并执行，是否制定了产品最终检验标准并执行，产品是否按规定的时间间隔进行了型式试验，所有计量设备是否能适应检验的需要，检验所用的计量设备是否进行定期检定与校准，是否对不合格产品进行间隔和标识，不合格品是否经评审和处理并留下记录。

要特别注意各关键工序（主要质量特性、特殊过程特性）所必备的设备（包括生产、检测）是否齐备，是否有欠缺，并做好记录。

第9条　生产管理

要注意检查生产现场的安全文明生产、定置管理，以及工位器具的合理使用，内容至少包括物流、空间布置、工位器具、设备和设施、作业环境、作业操作、节拍瓶颈、人机工程学、工序间产品堆积情况等。

第10条　设备工装管理

设备是否能满足产品生产的能力要求，所有生产设备是否进行了定期保养，设备损坏是否及时维修，工装模具是否进行了标识，是否指定有能力的人进行工装模具的维护保养工作，是否对工装模具进行了保养，易损工装模具是否有更换计划。

第11条　改进管理

针对反馈的质量问题或整改要求，检查供应商是否制定了相应的改进措施，措施是否得到有效实施并对措施进行效果验证，做好检查情况记录。

是否对顾客退货产品进行检验、分析并采取纠正措施；是否定期进行内审，内审不符合项是否采取了纠正措施；是否定期进行管理评审，评审的结果是否予以实施；是否对产品和过程进行了统计分析；是否进行了顾客满意度测量并进行分析，是否对顾客满意度和供方质量绩效数据进行了分析，是否对数据分析结果提出改进措施并实施。

第4章　现场检查关键事项

第12条　调查取证

现场检查人员调查取证时要善于提问、注意倾听、仔细观察、做好记录，以便收集更多的信息，获取可信的客观证据。

第13条　检查标准

在检查过程中，原则上以检查标准作为核查依据。但在具体实施过程中，供应商的质量策划是按照APQP的思想，对整个过程进行了系统的策划，运行模式合理有效，且能够保证产品质量。

第5章　检查结果应用与报告

第14条　检查结果应用

1. 检查中发现不符合项，要求供应商整改的，由检查人员当场向供应商开出不符合项报告，提出整改要求，并要求被检查供应商按规定格式提交整改计划，到期检查验证整改效果，逐项过关。

2. 对于到期仍不符合要求的供应商，将其剔出合格供应商名单。

第15条　编制检查报告

1. 根据实际情况对供应商本次现场检查予以定级并填写供应商现场检查报告，内容包括检查目的、检查名称、检查情况概述、严重不符合项、一般不符合项、得分率以及评定等级，并报领导审批。

2. 将供应商现场检查报告连同相关记录交质量管理部存入供应商档案。

3. 将检查结果告知生产部、质量管理部等参与部门。

第6章　附则

第16条　编制单位

本办法由采购部负责编制、解释与修订。

第17条　生效时间

本办法自××年××月××日起生效。

4.5 供应商关系维护

4.5.1 供应商关系分级管理办法

供应商关系分级是对不同供应商进行分类管理的首要环节，只有将供应商进行细分，采购企业才能依据供应商的不同类别，实施恰当的供应商管理策略。任何一家企业都不应该用同一模式管理所有的供应商。下面是一则供应商关系分级管理办法，仅供参考。

供应商关系分级管理办法
第1章 总则
第1条 为了加强对供应商的管理，提高管理效率，特制定本办法。
第2条 本办法适用于为企业提供产品和服务的所有供应商的管理。
第3条 本办法需参考"供应商分级评估管理办法"，针对不同的供应商关采取不同的策略。
第2章 供应商关系分级标准
第4条 买卖关系，即采购金额一般不大，单纯围绕非战略性产品或服务交付和价款支付的简单关系。这类供应商随机性强，比较不稳定，与企业是纯粹的买卖关系。
第5条 供需关系，即建立在相对长期的合同基础上的供应关系，供应商向企业相对持续地提供常规性产品或服务。
第6条 合作伙伴关系，相较于供需关系，其最大的不同在于企业可以从供应商处持续地获得一些重要性、独特性较高的产品或服务。供应商与企业相互信任，信息共享。
第7条 战略联盟关系，供应商作为企业的战略联盟伙伴，与企业有非常紧密且长期（甚至是无限期）的合作，向企业提供产品或服务。
第3章 不同关系供应商的管理
第8条 买卖关系供应商。采购主要关注该类供应商所提供产品的价格、付款条件和货期，不需要倾注过多注意力，只需要适当提高安全库存。
第9条 供需关系供应商。采购需要重点关注该类供应商的供货和安全库存，而不是价格和付款周期。同时，需要定期拜访该类供应商，以维持和建立长期的合作关系，尽量将其转化为合作伙伴供应商或战略联盟供应商。
第10条 合作伙伴供应商。采购应多关注该类供应商的价格、付款条件、货期和资源整合等情况。
第11条 战略联盟供应商。采购应与该类供应商建立长期战略合作关系，寻求共同发展，以便得到合适的价格和付款条件。同时，还需关注合同管理，争取供应商备货、价值分析及加强研发项目的合作。
第4章 附则
第12条 本办法由采购部负责编制、解释与修订。
第13条 本办法自××年××月××日起生效。

供应商互访管理，扫描下方二维码即可查看。

4. 5. 2　供应商关系维护策略

企业与供应商保持积极良好的关系，是保障自身正常运营、维持和提升自身竞争优势的一种有效手段。因此，建立和培养与供应商之间的良好关系，可促进采供双方共赢，维护企业的自身利益。

1．买卖关系供应商维护策略

采购人员与供应商保持日常沟通与交流，保证采购项目的顺利进行。

2．供需关系供应商维护策略

采购人员与供应商要定期进行沟通，如一个季度进行一次电话沟通，了解供应商的最新进展，掌握产品的最新信息，做到信息共享。

3．合作伙伴供应商维护策略

（1）定期沟通与满意度调查。以项目为单位，在项目通过验收后，对供应商进行满意度调查，获取供应商的意见反馈。

（2）上门拜访，面对面地交流，共享信息与协商解决问题。

（3）不压款，保证周结或月结。

4．战略联盟供应商维护策略

（1）签订长期战略合作协议。框架协议致力于双方在企业远景、战略方向上的合作。

（2）高层互动与协调。例如，高层定期举行会议，建立畅通的高层沟通渠道。

（3）业务与流程一体化。搭建电子信息共享平台，进行资源共享。

（4）优先支付资金或在融资方面相互帮助和依靠。

4. 5. 3　供应商采购纠纷处理办法

在采购合同的履行过程中，企业和供应商经常会因为合同条款不明确、物资质量不合格、采购交期未达成等出现纠纷。为了妥善处理这些纠纷，企业应规范对采购纠纷的处理。下面是一则供应商采购纠纷处理办法，仅供参考。

供应商采购纠纷处理办法
第 1 章　总则
第 1 条　为了加强对供应商的管理，使采购纠纷的处理有章可循，减少并防止采购活动中造成的损失，特制定本办法。
第 2 条　本办法适用于购销双方在签订完采购合同后，在合同执行过程中产生违约行为而形成的纠纷的处理。
第 3 条　产生纠纷的情况
1. 货款支付不及时。
2. 供应商没有按时交货。

（续）

3. 物资质量不合格。

4. 一方违反保密协议。

5. 不可抗力造成了损失。

第 2 章　纠纷处理流程

第 4 条　纠纷处理程序

当发生采购纠纷时，采购部应按以下程序进行处理。

1. 采购部发现供应商违约行为或接到供应商违约通知后，应立即向采购经理汇报，并进行调查。

2. 确认纠纷情况和违约行为后，采购部应制定相应的处理方案，并交采购总监审批。

3. 经采购总监批准后，采购部实施处理措施。

4. 对于因双方争议而无法执行处理措施的情况，采购部应立即通知法务部进行协助处理。

5. 采购部会同法务部共同制定采购合同纠纷的法律处理措施，并提交采购总监、采购经理审核批准后执行。

第 5 条　纠纷处理注意事项

1. 企业各部门之间应加强沟通，统一回复口径。

2. 投诉处理应在规定时限内进行，杜绝延迟、停滞现象。

3. 处理纠纷时，采购人员应与供应商保持联系，反馈处理进度。

第 3 章　不同类型的纠纷与处理

第 6 条　货款支付不及时

1. 在接到供应商的逾期未付款通知后，采购人员应立即查阅采购合同条款，确认超过付款期限后向财务部汇报。

2. 具体的处理措施如下。

（1）若查明原因为商业汇款延误，应由采购人员立即与供应商沟通，并向其出示汇款凭证。

（2）若确认为逾期未付款项，则应按照合同条款要求偿付对方相应违约金。

第 7 条　未按时交货

1. 在合同约定收货日的 24 时之前，没有收到供货方的货物到达信息，即视为没有按时交货。

2. 具体的处理措施如下。

（1）供应商应从最迟交货日的次日起，每逾一日，按逾期交货价款总值的 5‰ 计算违约金，且供应商所支付逾期交货违约金应不超过采购合同总金额的 10%。

（2）若在规定的交货日期后十日内仍未能接收货物，则视为供应商不能交货，本企业有权要求供应商赔付全部货款 10% 的违约金。

（3）支付逾期交货违约金并不免除供应商交货的责任及合同所规定的其他义务。

（4）供应商应承担交货不及时导致我方人员滞留在交货地点的一切费用。

第 8 条　物资质量不合格

1. 在质量保证期内，采购物资存在规格、型号等与合同不符，或证实物资有缺陷，包括潜在的缺陷或不符合质量标准的部件等，均认定为质量不合格。

2. 供应商在收到本企业要求更换有缺陷物资的通知后 10 日内或在签署货损证明后 15 日内，没有补足或更换设备或交货仍不符合要求，也视为质量不合格。

3. 具体的处理措施如下。

（1）退货。供应商按实际发生货款退还本企业，并承担由此产生的一切损失和费用。

（2）降价。根据货物、物资的低劣程度、损坏程度及造成损失的金额，与供应商协商降低供货价格。

（3）在质量保证期内更换部件、修补缺陷。用符合规格、质量、性能要求的新部件、零件或设备更换有缺陷的部分和修补缺陷部分，供应商需承担一切费用和风险，同时，应相应延长质量保证期。

（续）

第9条　一方违反保密协议

1．承担保密义务的一方，在双方约定的范围和时间内没有履行采购合同中所列的保密条款，故意或由于过失泄露相关秘密事项的，均视为违反保密义务。

2．具体的处理措施如下。

（1）机密泄露给权利方带来直接损失或可衡量的间接损失时，义务承担方应向权利方支付相应损失三倍的赔偿金，并立即采取措施停止对权利方的继续侵害。

（2）义务承担方应及时对泄密人员进行内部纪律处分，并将处分情况及时告知权利方。

第10条　不可抗力造成了损失

1．采购合同中的不可抗力是指本合同生效后，发生不能预见并且对其发生和后果不能防止或避免的事件。

2．具体的处理措施如下。

（1）发生不可抗力一方应立即通知对方，并在15日内提供不可抗力的详情及有关证明文件。

（2）发生不可抗力事件时，合同双方通过协商的途径制定合理的解决方案，并尽一切努力减小由不可抗力产生的损失。

（3）不可抗力事件持续15日时，合同双方应协商解决本合同是否继续执行的问题。

第4章　附则

第11条　编制单位

本办法由采购部负责编制、解释与修订。

第12条　生效时间

本办法自××年××月××日起生效。

第5章
采购与招标实施

5.1 采购

5.1.1 采购方式的选择

企业在进行采购活动时，应依据实际情况选择合理的采购方式，实现以最低的采购成本取得最大经济收益的目标。采购方式分为招标采购和非招标采购，具体如表 5-1 所示。

表 5-1 采购方式说明

采购方式	适用条件	使用方法	特点
招标采购	适用采购多、批量大的采购	公开招标、邀请招标	需要的时间长，公告费、印刷费、专家补助等显性成本较高，但透明度高，投标人实力强，由此带来的规模效益会冲减显性成本的增加部分
非招标采购	适用采购额小、货物服务要求比较低、工期要求紧的项目	询价采购、单一来源采购、竞争性谈判采购等	采购方式灵活、时间短，但由于可供选择的余地小，采购物资的隐性成本可能较高

5.1.2 采购计划执行流程

企业制定采购计划执行流程，可以对采购计划执行过程进行有效管控，确保采购的物资、服务符合企业规定的要求，保证企业利益。

（1）采购计划执行流程如图 5-1 所示。

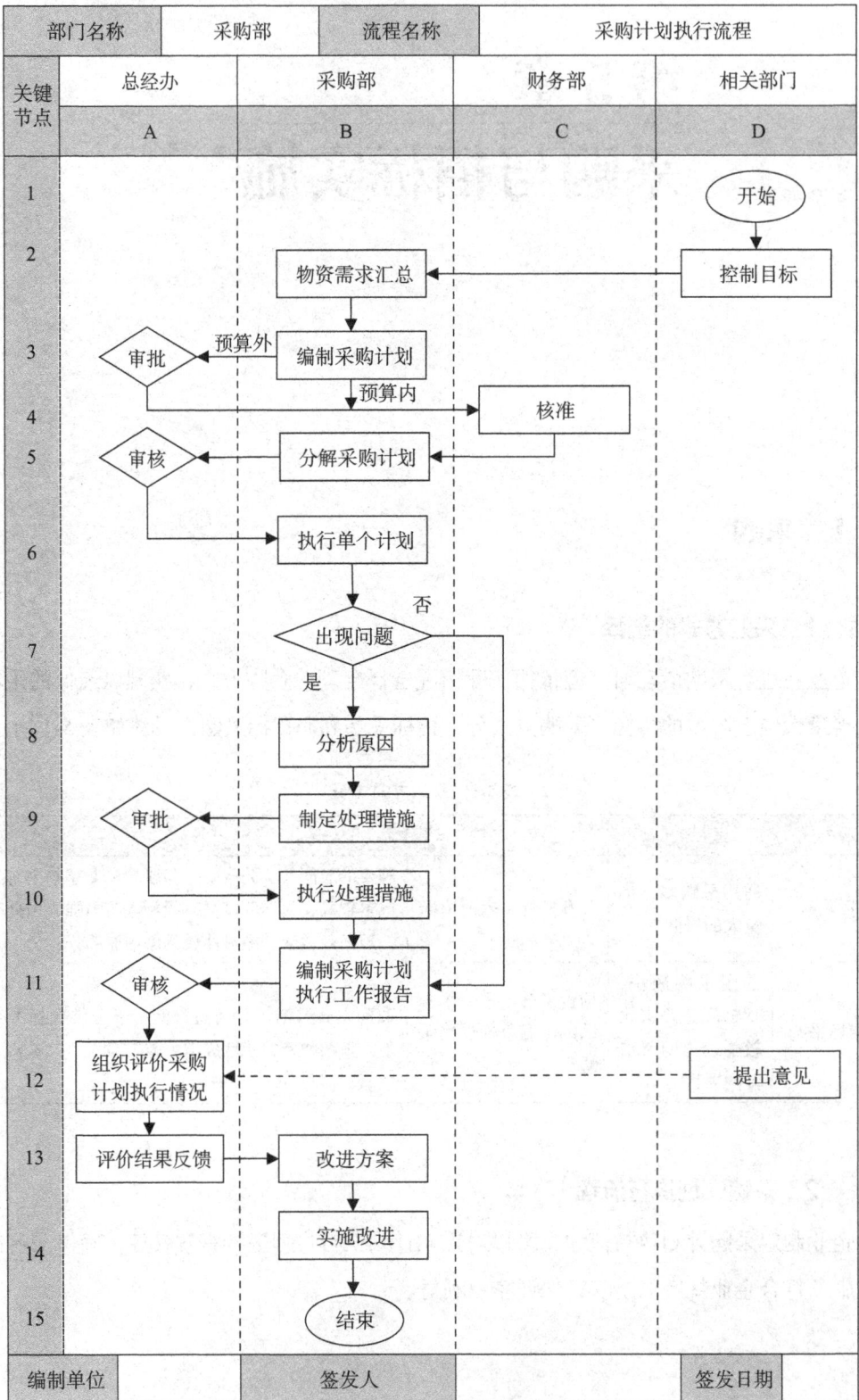

部门名称	采购部	流程名称	采购计划执行流程

图 5-1　采购计划执行流程

（2）根据图 5-1，采购计划执行流程关键节点如表 5-2 所示。

表 5-2　采购计划执行流程关键节点

关键节点	细化执行
B3	采购部根据相关部门提出的采购需求，编制物资需求汇总表
	采购部根据物资需求汇总表，制订物资需求计划
	物资需求计划包括各类物资规格、需求数量、需求时间等内容
A3	采购计划制订后，我们可将采购计划分为预算内采购计划和预算外采购计划
	预算内的采购可免审批流程，直接提交至财务部进行平衡、核准
	预算外的采购计划应先提交至总经办审批，审批通过后，可将其作为执行过程中的重要依据
B5	采购部对制订好的采购计划进行分解，以方便执行
	采购计划按照实际情况分解后，形成采购任务分解表
B7	在采购计划执行过程中，采购人员应及时反馈执行过程中出现的问题
	如有需求，采购人员应及时制定处理措施，确定采购计划调整方案，做好计划变更记录
A12	总经办在采购计划执行结束后应对采购计划执行情况进行评价
	相关部门应对采购计划的执行提出客观、公正的意见

采购计划作业规范，扫描下方二维码即可查看。

5．1．3　采购订单编制与确认

采购计划确定后，采购人员应根据企业实际的生产、经营需要及采购计划要求，编制采购订单，明确采购订单的内容，为企业采购工作提供资料支持。

1．采购订单编制

（1）采购订单编制内容

采购订单一般分为定期采购订单和临时采购订单，具体内容如表 5-3 所示。

表 5-3　采购订单的内容

类型	具体内容
定期采购订单	◆ 采购产品的名称、品种、型号、规格 ◆ 订货总数量、分期交货数和订单号 ◆ 包装运输、到货地点、随货文件和验收方法 ◆ 订单生效的条件和到仓争端的处理等
临时采购订单	◆ 采购产品的名称、品种、型号和规格 ◆ 采购数量和要求、到仓时间等

（2）采购订单编制步骤

①采购人员根据企业采购计划、当月生产计划、上报的采购申请等，编制采购订单草案。如果是临时采购，那么订单制定的基本依据则为仓库库存报表。

②采购订单草案制定完成后，经采购人员仔细检查无误后上报主管人员审核、批准。

③采购主管人员收到采购订单草案后，根据采购订单内容，查阅是否有供应商合同，如果有，则安排采购人员编制正式的采购订单，实施采购；如果没有，则安排采购人员进行市场询价谈判，并在规定的时间内完成谈判事宜，编制正式采购订单发送至相应供应商。

2．采购订单确认

采购订单编制完成后，采购人员应根据企业采购量和供应商等级，优先向最优的供应商下达订单，并向供应商确认采购订单。具体可按以下步骤实施。

（1）发出采购订单

正式的采购订单按照企业的相关规定编号后，由采购人员以适当的形式，如邮寄纸质文件、发送电子文件等将采购订单送至供应商处。

（2）确认采购订单

采购人员应通过电话、邮件、回执函等形式及时向供应商确认其是否收到采购订单。如果对方表示没有收到，则发出的采购订单并不能构成一项合同，采购事项无效。

（3）编制采购记录

采购订单被确认接受后，采购人员应就同期所采购的物资编制采购记录，填写采购记录表，以便供应商交货时对照采购记录表进行接货检验。

5.1.4　采购订单跟踪与异常处理

采购人员在下达采购订单后应及时确认供应商的接单情况，对于供应商拒单的情况应选择其他供应商下单，或与供应商就采购价格相应条款内容进行协商。供需双方达成一致后，采购业务进入订单跟踪环节。

1．订单跟踪管理

采购人员在采购订单下达并确认供应商接单后，进入订单跟踪环节。该环节主要分为订单执行过程跟踪和订单执行后监管两个阶段。

（1）订单执行过程跟踪

订单执行过程跟踪的内容主要是跟踪供应商的备货情况，确保采购物资能够按时交清。订单执行过程跟踪的内容如下。

①严密跟踪供应商备货的详细过程，保证订单能够正常执行。

②在订单执行过程中，采购人员应紧密配合企业的生产需求，进行订单变更或追加。

③跟踪企业实际物资库存水平，通过控制交货时间保证物资库存在合理范围内。

④监督订单物资运输及中间运输环节的交付情况，确保企业实时掌握物资的在途情况。

（2）订单执行后监管

①结算情况跟踪

采购人员应按照订单交付情况，即按照规定的支付条款向供应商付款，并配合财务部办理结算事宜。

②物资质量跟踪

采购人员应要求请购部门及质检部对采购物资进行相应标识，并对物资流向进行跟踪和记录，如在使用过程中出现质量问题，采购部应及时根据可追溯性标识查找物资来源，并及时联系供应商进行处理。

2．订单异常处理

（1）确认异常状态

采购订单管理人员在发现订单异常情况后，应及时进行异常记录并上报采购经理。订单异常状态如表 5-4 所示。

表 5-4　订单异常状态

异常状态	具体内容
交期异常	指物资交期延后或交货数量变更，无法满足生产需要
品质异常	指供应商在生产中发现的品质异常及验收人员发现的品质异常
下单异常	指由采购专员的主观因素导致的订单下单异常
突发异常	指由发生不可抗力（如地震、火灾等）或市场原材料严重紧缺等突发情况而引发的异常

（2）订单异常情况处理

①交期异常处理措施

采购人员应积极采取采购跟催方法进行物资催交，或可根据具体情况变更采购订单、寻找替代供应商及物资替代品等。

②品质异常处理措施

采购部及请购部门应根据物资需求时间、换货周期及再次采购订单周期等情况，判断是否进行特采。如企业因品质问题无法正常生产，采购部应组织相关部门评估损失费用，并向供应商进行相应金额的索赔。

③下单异常处理措施

采购部下错订单造成订单异常，采购人员应及时与供应商协商是否撤单或进行信息更正。如供应商不同意变更及撤销订单，则由采购部着手看能否进行企业内部消化。如上述方法均不可行则由责任部门担责，并按照企业相关制度对其进行惩罚。

④突发异常处理措施

出现突发异常时，采购人员应及时向采购主管汇报，并通过多种渠道了解市场行情，查看现有市场能否满足生产需要。当严重影响企业生产时，采购人员需让请购部门确认，是否高价调拨现货或采取其他减少企业损失的方法进行采购。

5.1.5　采购交期控制流程

制定采购交期控制流程是为了确保采购交期管理的顺畅，确保在必要的时间内及时获得生产经营活动必需的原材料，维持正常的生产活动。

（1）采购交期控制流程如图 5-2 所示。

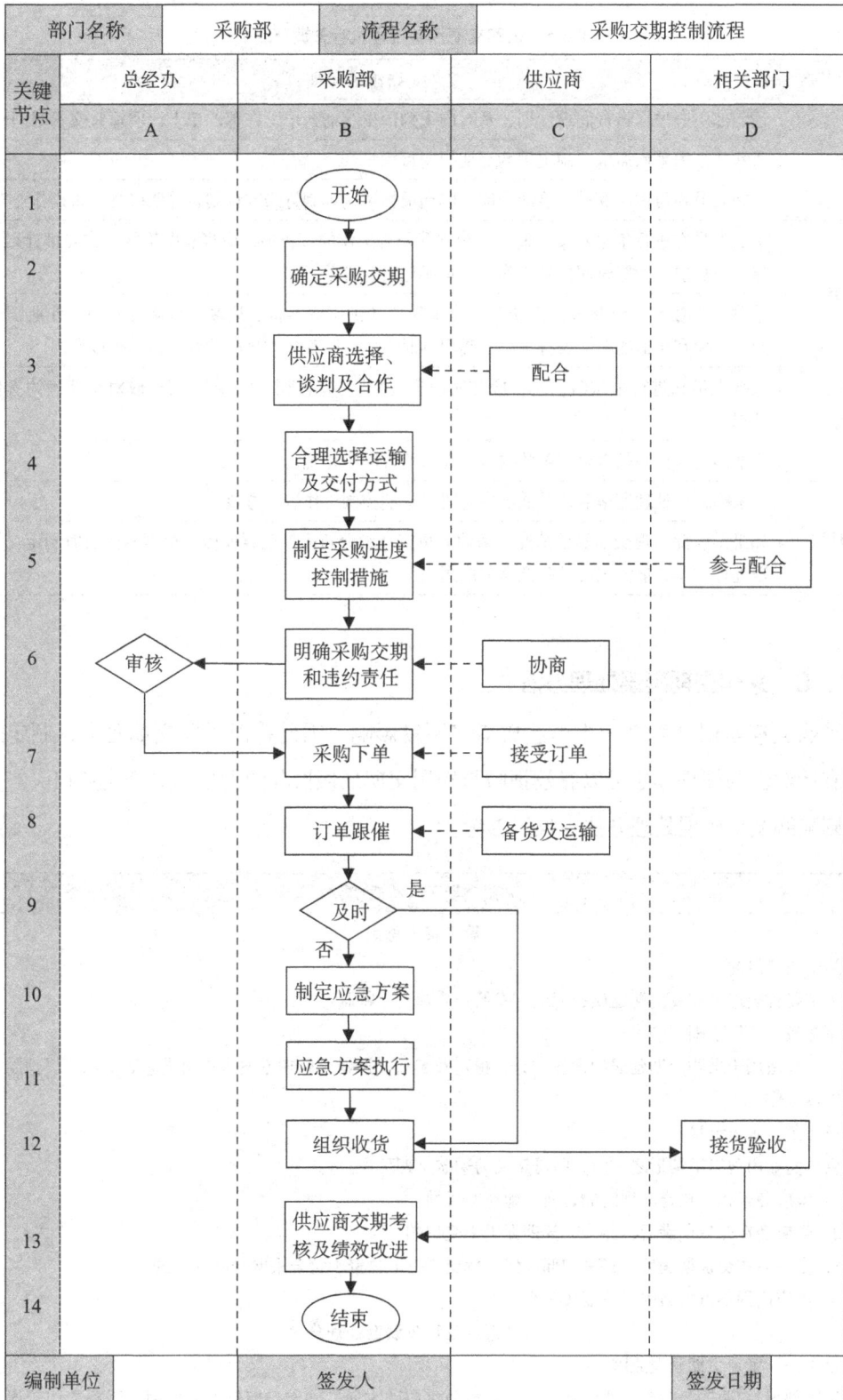

部门名称	采购部		流程名称	采购交期控制流程	
关键节点	总经办	采购部	供应商	相关部门	
	A	B	C	D	

图 5-2 采购交期控制流程的流程图内容：

1. 开始
2. 确定采购交期
3. 供应商选择、谈判及合作 ← 配合（供应商）
4. 合理选择运输及交付方式
5. 制定采购进度控制措施 ← 参与配合（相关部门）
6. 明确采购交期和违约责任 ← 协商（供应商）；审核（总经办）
7. 采购下单 ← 接受订单（供应商）
8. 订单跟催 ← 备货及运输（供应商）
9. 及时？ 是／否
10. 制定应急方案（否）
11. 应急方案执行
12. 组织收货 ← 接货验收（相关部门）
13. 供应商交期考核及绩效改进
14. 结束

编制单位		签发人		签发日期	

图 5-2 采购交期控制流程

（2）根据图 5-2，采购交期控制流程执行关键节点如表 5-5 所示。

表 5-5　采购交期控制流程执行关键节点

关键节点	细化执行
B2	请购部门应根据物资需求计划，及时向采购部提交请购单，在请购单上注明适宜交货时间
	采购部根据采购需求，制定采购交期控制目标
	采购人员在与供应商进行洽谈之前，应当根据请购单制订采购计划，并明确规定采购作业期限
B5	采购人员在进行信息收集、询价、谈判等采购工作的过程中，应当有明确的工作安排计划，确保在采购前期做好时间控制工作，尽量避免紧急订单
	采购人员在与供应商进行洽谈时，应事先估计供应商准备、运输、检验等各项作业所需的时间，以便在合适的时间安排采购，确保准时请购、库存成本最小的双重目标得以实现
B6	采购人员在进行采购洽谈时，应在明确交货期限的基础上，与供应商达成对交期违约责任的共识
	交期违约责任必须以合同条款的方式在采购合同中体现
B13	在采购订单处理完毕后，采购部应及时对交期控制工作进行考核
	如果供应商出现交期延误情况，采购人员应仔细分析交期延误原因，根据原因及时制定交期延误处理方案，最大限度地降低企业的损失

5.1.6　采购交期延误处理办法

采购交期延误会对企业生产造成诸多不良影响，因此针对采购交期延误，制定合理的、有针对性的处理办法可以有效预防与控制交期延误情况的发生，降低企业损失。下面是一则采购交期延误处理办法，仅供参考。

采购交期延误处理办法
第 1 章　总则
第 1 条　目的 为了妥善处理供应商交期延误的情况，降低企业损失，特制定本办法。 第 2 条　适用范围 本办法适用于采购交期延误的责任划分、拟定及实施交期延误处理方案、提出供应商交期延误预防及改善措施等工作。 第 3 条　术语解释 供应商如出现以下情形之一的，即可定义为采购交期延误。 1. 供应商未在采购合同规定的时间、地点交货的。 2. 供应商在交货期满后，经采购部催促仍未交货的。 3. 供应商在交货期满后，经采购部催促虽然交货，但物资不符采购合同规定的。 4. 供应商因不可抗力因素不能按时交货的。
第 2 章　交期延误责任划分
第 4 条　确定交期延误原因 采购部发现供应商未能按时交货时，应立即与供应商沟通，确定交期延误的原因，明确交期延误责任

（续）

主体。

第 5 条　供应商导致的交期延误责任

如交期延误的原因属于以下情形之一的，供应商承担交期延误的主要责任。

1. 产能无法满足采购订单需求。

2. 生产技术水平落后，无法满足本企业要求。

3. 生产过程的返工率和不良率较高。

4. 生产计划安排欠妥。

5. 供应商内部出货检验不合格。

6. 供应商无法掌握生产原材料数量及质量。

7. 生产进度管理不善。

8. 交期时间估计错误。

第 6 条　企业导致的交期延误责任

如交期延误的原因属于以下情形之一的，企业承担交期延误的主要责任。

1. 订单寄发失误。

2. 采购货款支付失误。

3. 频繁更换供应商。

4. 临时紧急订货，订单前置时间不足。

5. 临时更改产品设计、新材料规格。

6. 品质要求未能详细说明。

7. 生产计划变更未及时通知供应商。

8. 采购双方没有约定交付时间。

9. 未对供应商提供必要的技术支持。

第 3 章　交期延误处理

第 7 条　拟定、实施交期延误处理方案

采购部经过与供应商、质量部、技术部、请购部协商后，拟定切实可行的交期延误处理方案，上交采购经理审核后，尽快与供应商达成共识，以便实施交期延误处理方案。

第 8 条　企业导致的交期延误措施

企业导致的交期延误，采购部应协同技术部立即联系供应商，协助供应商解决问题。

第 9 条　供应商导致的交期延误措施

供应商导致的交期延误，采购部可采用以下方式解决。

1. 采购部应与供应商沟通，通过和平方式解决交期延误问题。

2. 采购部要求供应商继续履行采购合同，确定确切的交货期限。

3. 采购部通知供应商解除采购合同，要求供应商履行合同规定的赔偿责任，同时寻找可替代物资。

4. 采购部采取减少付款、更换供应商等补救措施。

5. 如需诉诸法律，采购部应搜集相关资料，由企业法律部或专业律师诉讼解决。

第 4 章　交期延误预防措施

第 10 条　交期延误的预防措施

采购部统计经常发生交期延误的供应商，减少与该供应商的合作次数，如必须与之合作，应对其进行重点监控。

1. 采购部在发出订单后，应定期询问供应商进度，及时发现供应商在采购物资生产方面的问题。

2. 采购部与供应商沟通过程中，如发现供应商出现诚信问题，应及时上报采购经理。

（续）

第 5 章　附则
第 11 条　编制单位 本办法由采购部负责编制、解释与修订。 第 12 条　生效时间 本办法自××年××月××日起生效。

5.1.7　采购预付、分期与延期付款管理办法

在采购环节中，采购付款方式的选择直接影响企业的采购成本。因此，制定相关的采购付款管理办法有助于降低企业的采购成本。以下是一则采购预付、分期与延期付款管理办法，仅供参考。

采购预付、分期与延期付款管理办法
第 1 章　总则
第 1 条　目的 为了规范企业采购账款预付、分期、延期付款结算工作，减少采购风险，避免供应商对企业资金的占压，特制定本办法。
第 2 条　适用范围 1. 本办法适用于预付款的申请、审批、执行等工作。 2. 本办法适用于提交分期付款申请、支付首付款、按约定分期付款等工作。 3. 本办法适用于延期付款的申请、审批及货款支付等工作。
第 3 条　术语解释 1. 预付款是指企业按照采购合同的规定，向供应商预先支付部分款项，以保证采购物资正常供应的支付方式。 2. 分期付款是指采购部在采购物资投产前，向供应商支付首付款，在物资生产的不同阶段分期支付剩余货款，在交货或供应商承担的质量保证期满时付清最后一笔货款的支付方式。 3. 延期付款是指企业在进行大宗交易时，因成交金额较大，一时难以付清全部货款，在交货后的一段时间内支付货款的支付方式。
第 2 章　预付款管理
第 4 条　预付款的适用情况 除以下三种情况，本企业不得采用预付款的结算方式。 1. 采购合同中明确规定以"先款后货"的方式结算。 2. 为向供应商争取更高的折扣优惠，采购部向上级主管申请并获得审批后可采取预付款的结算方式。 3. 合同中规定超额度进货需先款后货的。
第 5 条　预付款审批 1. 采购部与供应商经协商确定采购付款方式为预付采购款后，经采购经理审核、总经理审批通过后签订采购合同。 2. 采购合同签订后，采购部下达采购订单，并根据采购订单的预算情况计算预付款额，填写预付款申请单，上报采购经理和财务部经理审核、总经理审批。
第 6 条　付款 1. 预付款申请审批通过后，财务部将预付的货款汇入供应商账户，保存汇款或付款凭证，通知供应商

（续）

查收预付的款项。

2. 对采购物资进行质量验收后，采购部根据合同规定，要求供应商开具票据，经财务部校验票据无误后，填写余款的应付款清单，上报采购经理和财务部经理审核、总经理审批。

3. 应付款清单审批通过后，财务部按照相应程序补充付款，保存付款凭证，采购部通知供应商查收货款并索取发票。

第 7 条　建立预付款台账

1. 预付款台账应按照采购物资、供应商名称进行分类登记。

2. 当供应商有预付款尾款未清时，采购部应按照货款支出的先后顺序填列支付金额、余额及付款日期等内容。

3. 采购预付款台账中登记的数据应与财务部的相关数据保持一致，不得扣除已到货但未入库的物资款项。

第 8 条　预付款检查管理

财务部应定期对预付款账户的以下内容进行核对、检查，并追查在预付款操作过程中出现的疑点。

1. 核对付款业务是否有对应的采购合同，审查采购合同上规定的预付款额度是否与预付款实际额度相符。

2. 查阅预付款总额和明细账，查看余额是否相符、正确，必要时可查阅原始凭证和记账凭证。

3. 审查预付款业务是否存在虚假行为。

4. 审查采购物资的入库记录，查看是否有重复付款的现象。

5. 审查预付款明细账的账龄及相关的原始凭证、记账凭证。

第 3 章　分期付款管理

第 9 条　提交分期付款申请

采购部向财务部提交采购资金支付申请，在申请中详细列明采购物资名称、发票号码、采购计划文书和序号等，并随附采购合同。

第 10 条　支付首付款

1. 财务部对采购资金支付申请进行审核，审核通过后送交总经理审批，审批通过后，财务部支付首付款。

2. 采购部跟踪财务部付款情况，财务部办理首付款支付相关手续后，及时通知采购部，便于采购部及时与供应商沟通，查询货款到账情况。

第 11 条　按约定分期付款

1. 供应商交货后，采购部组织质量部、仓储部对采购物资进行验收，验收合格后，采购部向财务部提交采购资金分期付款申请，并随附采购物资验收单。

2. 采购资金分期付款申请经财务部审批通过后，采购部申领应付账款，及时向供应商结账。

第 12 条　尾款支付

1. 财务部、采购部可根据采购合同中的约定，在供应商物资验收合格后或供应商承担的质量保证期满时支付尾款。

2. 如供应商物资验收不合格或在供应商承担的质量保证期内物资出现质量问题，采购部、财务部应及时与供应商沟通，延迟尾款支付时间。

第 4 章　延期付款管理

第 13 条　延期付款前准备

1. 采购部应在采购合同签订前，通过谈判向供应商争取较为优厚的现金折扣条件。大宗物资采购的现金折扣条件不得低于____。

2. 采购部在签订采购合同时，应权衡各方面的因素，避免给企业带来损失。

3. 在物资验收合格后，采购部支付____%~____%的货款，剩余货款在____个月内付清。

（续）

4. 如需放弃现金折扣，财务部应先计算放弃现金折扣的成本，确保放弃折扣的成本不低于享受折扣的收益，经财务部总监、总经理审批通过后执行。

第 14 条　延期付款实施程序

延期付款的具体实施程序，视采购方式、结算工具等的不同而不同。一般来说，实施时可遵循下列程序。

1. 采购部与供应商在采购合同中规定，在采购合同签订后的一定时期内，采购部凭供应商提供的出口许可证影印本、银行提供的退款保证书或备用信用证支付部分货款。

2. 按照采购物资的交货进度，财务部分期支付少部分货款。货款支付方式可选用远期汇票或期票。

3. 剩余大部分货款，根据现金折扣条件规定的期限进行支付，货款的支付方式可选用信用证支付。

第 5 章　附则

第 15 条　编制单位

本办法由采购部负责编制、解释与修订。

第 16 条　生效时间

本办法自 × × 年 × × 月 × × 日起生效。

5.2 招标

5.2.1 招标计划制订与招标方式的选择

制订一份完整规范、科学有效的招标计划，选择合适的招标方式，可以为招标工作的实施奠定坚实的基础，这对招标工作的实施有着重要的指导意义。

1. 招标计划的制订

招标计划是招标人为了有效开展工程、货物和服务的招标工作，针对一次招标组织实施工作的总体策划。其主要目的是细化招标要求及标准，为物资采购做充分的准备。

招标计划应包含以下内容。

（1）采购物资的内容和数量、成本估算额、招标方式、招标组织形式、标段划分、供货方式、交付时间，以及发标、开标、定标和进场时间等。

（2）主要工作内容、人员职责分工、工作质量和时间进度。

（3）招标工作目标与保证措施、可能发生的风险和解决预案。

（4）投标人资格条件。

2. 招标方式的选择

企业招标的方式有公开招标和邀请招标两种。在实际采购过程中，两种招标方式均有各自优势，企业应依据实际情况选择合理的招标方式。招标方式说明如表 5-6 所示。

表 5-6　招标方式说明

招标方式	具体说明	适用条件	优缺点
公开招标	招标人以招标公告的方式邀请不特定的法人或者其他组织投标	采购需求明确、采购时间充足且成本合理的招标项目	优点： ◆ 能够最大限度地选择优质投标商 ◆ 减少徇私舞弊的发生 ◆ 促进采购质量的提高 缺点： ◆ 耗时较长、成本费用较高 ◆ 招标的手续比较繁杂 ◆ 可能出现串通投标的现象
邀请招标	招标人以投标邀请书的方式邀请特定的法人或者其他组织投标	◆ 采购物资的技术复杂或要求特殊，只有少数几家潜在投标人可供选择的 ◆ 涉及国家安全、国家机密或者抢险救灾，不宜公开招标的	优点： ◆ 节省搜索供应商的时间和公告费用 ◆ 基于同一条件邀请招标，供应商的机会均等 ◆ 事先了解参加报价单位，减少徇私舞弊的发生 缺点： ◆ 邀请招标的报价单位有限，可能出现串通投标 ◆ 可能出现恶意抢标 ◆ 投标单位规模不一，可能出现小公司被大公司操纵的情况

5.2.2　招标文件的撰写与发布

招标文件是招标、投标过程中最重要的文件之一，是招标人向投标人发出的，旨在向其提供编写投标文件所需的资料。

1. 招标文件的撰写

招标文件是整个招标活动的核心文件，是投标人准备投标及评标委员会进行评标的主要依据。一份完整的招标文件主要包括招标邀请书、投标须知、合同条款、招标目标任务说明、技术规格、投标文件格式和投标保证金等内容，具体如表 5-7 所示。

表 5-7　招标文件内容

序号	文件	具体内容
1	招标邀请书	向投标人说明招标的项目名称和简要内容，详细说明投标书的编号、投标截止时间、投标地点、联系电话等
2	投标须知	向投标人说明关于投标的商务注意事项，明确整个投标过程中的共同概念和规则
3	合同条款	购销合同、任务明细组成、描述方式、货币价格条款、支付方式、运输方式、运费以及税费处理等商务内容的约定和说明
4	招标目标任务说明	详细说明招标的目标任务。目标任务是一个标的，要求投标人实现这个标的，并提供实现这个标的技术方案和技术路线

序号	文件	具体内容
5	技术规格	所购物资的性能和标准
6	投标文件格式	招标文件将这一部分称为"附件"，详细地告诉投标人提交的投标文件应该包括哪些文件以及这些文件的格式要求
7	投标保证金	◆ 投标保证金可以采用现金、支票、银行保函、保险公司或证券公司出具的担保书等方式缴纳 ◆ 招标完成后应及时退还未中标投标人所押的投标保证金 ◆ 若投标人在投标过程中有违约违规的情况，应没收其投标保证金

2．招标信息的发布

招标信息的发布可采用公开招标和邀请招标两种形式。

招标人采用公开招标的方式时，应发布招标公告，或对投标人进行要约邀请，这种要约邀请具有法定的约束力。招标公告应载明招标人的名称和地址，招标项目的性质、数量、实施地点、时间，招标项目的资金来源，投标人资质等级要求，获取招标文件的办法等事项。

如果招标人采用邀请招标的形式，就可向具备承担项目能力、资信良好的供应商发出投标邀请书。投标邀请书需载明的事项应与招标公告相同。

5．2．3　招标文件的澄清与修改

对已经发出的招标文件，招标方有修改、澄清或者解释的权利。对招标文件的澄清与修改应注意以下三点。

1．澄清与修改的权利

招标文件发出后，无论出于何种原因，招标人都可以在规定时间内或在潜在投标人提出疑问后，对招标文件进行澄清或者修改。招标文件的澄清与修改分为以下两种情况。

一是招标人对招标文件的主动澄清与修改，即在招标文件发出后，招标人通过自查发现文件存在质量问题，由招标人主动提出补充说明及修正的需求，以进一步完善招标文件。

二是招标人对招标文件的被动澄清与修改，即潜在投标人收到招标文件后，在编制投标文件过程中基于自身投标响应的准备情况，向招标人或招标机构提出针对招标文件的澄清与修改要求。

2．澄清与修改的时限

澄清或者修改的内容可能影响资格预审申请文件或者投标文件编制的，招标人应当在提交资格预审申请文件截止时间至少 3 日前，或者投标截止时间至少 15 日前，以书面形式通知所有获取资格预审文件或者招标文件的潜在投标人；不足 3 日或者 15 日的，招标人应当顺延提交资格预审申请文件或者投标文件的截止时间。

3．澄清与修改的内容

澄清或修改内容最终应以书面形式通知所有招标文件的收受人，而且必须作为招标文件的组成部分，与招标文件具有同样的法律约束力。

招标文件编制作业规范，扫描下方二维码即可查看。

5.2.4　开标、评标、定标和中标

招标阶段的工作完成后，招标采购工作进入了下一个工作阶段，即开标、评标、定标、中标，具体内容和注意事项如下。

1．开标

开标应在招标通告所规定的时间、地点公开进行，由招标人组织，并邀请所有投标人参加。在开标过程中，应注意以下四个事项。

（1）开标前，若在招标文件发售后，需对原招标文件做变更或补充，或发现有影响采购公正性的不正当行为，或接到投标人质疑和投诉，或变更、取消采购计划时，招标人可推迟开标时间，以书面方式通知投标人并向其道歉。

（2）开标时，由投标人或者其推选的代表以公开的方式检查投标文件的密封情况，确认无误后，由工作人员拆封并宣读投标人名称、投标价格及投标文件的其他主要内容。

（3）开标过程中，招标人若对投标文件内容有疑问，可要求投标人做出简单的解释，但是不能超出投标文件内容的范围，或者改变原有的投标文件内容。

（4）开标过程中，相关负责人要做好开标记录，主要记录项目的名称、招标号、投标人的名称及报价、截标后收到标书的处理情况等。

2．评标

根据招标文件要求，执行机构在开标前应起草好评标办法，做好开标、评标的工作。评标工作要严格按照评标程序进行，为了防范评标过程中的风险，应当做好以下管控措施。

（1）开标时应邀请所有投标人或其代表出席，并委托公证机构进行依法检查和公证。

81

（2）依法组建评标委员会，确保其成员具有较高的职业道德水平，并具备招标项目专业知识和丰富经验。

（3）评标委员会成员和参与评标的有关工作人员不得私下接触投标人，不得收受投标人任何形式的商业贿赂。

（4）企业应当为保证评标委员会独立、客观地进行评标工作创造良好条件，不得向评标委员会成员施加影响，干扰其客观评判。

（5）评标委员会应当在评标报告中详细说明每位成员的评价意见及集体评审结果，对于中标候选人和落标人要分别陈述具体理由，并对出具的意见承担个人责任。

（6）中标候选人是一个以上时，招标人应当按照规定的程序和权限，由决策机构审议决定中标人。

3. 定标

评标工作完成后，评标委员会按照招标文件的规定对投标文件进行评审和比较，评标委员会撰写评标报告，并向招标人推荐合适的中标候选人。招标人根据评标委员会推荐的中标候选人，确定最终的中标人，或者授权评标委员会直接确定中标人。

评标委员会经过评审后，若认为所有投标人不符合招标文件要求，则可以否决投标，招标人需重新招标；若有符合招标文件要求的，则评标委员会应确定中标候选人。一般情况下排位第一的中标候选人愿意签订采购合同，并且没有收到与其相关的举报和其他信息时，便可确定其为中标人。

4. 中标

企业根据评标委员会提出的书面评标报告和推荐的中标候选人来确定中标人。确定中标人后，企业应当向中标人发出中标通知书，并将中标结果通知所有未中标的投标人。需要注意的是，中标通知书对招标人和中标人具有法律效力。

中标通知书发出后，招标人改变中标结果的，或者中标人放弃中标项目的，应当依法承担法律责任。

自中标通知书发出之日起 30 日内，招标人和中标人根据招标文件和中标人的投标文件订立书面合同。

招标争议的分类与处理，扫描下方二维码即可查看。

5．2．5　评标专家管理细则

评标专家管理是对评标专家的评标行为进行管理，确保评标专家客观、公正地履行职责，提高评标评审质量和效率。下面是一则评标专家管理细则，仅供参考。

评标专家管理细则

第 1 章　总则

第 1 条　为了使评标专家的选聘与解聘、抽取与使用、费用支付等工作更加规范化和专业化，特制定本细则。

第 2 条　本细则适用于采购评标专家选聘、解聘、抽取、使用、监督管理。

第 3 条　评标专家实行统一标准、管用分离、随机抽取的管理原则。

第 4 条　企业招标采购办公室负责评标专家的选聘、解聘、抽取、使用、评标劳务费管理、监督管理等工作。

第 2 章　评标专家选聘与解聘

第 5 条　评标专家的选聘方式包括公开征集、内部推荐和自我推荐。

第 6 条　评标专家应当具备以下条件。

1. 具有良好的职业道德，廉洁自律，遵纪守法，能自觉维护招投标双方当事人的合法权益。

2. 服从企业监督管理，无行贿、受贿、欺诈等不良信用记录。

3. 具有中级专业技术职称或同等专业水平且从事相关领域工作满八年，或者具有高级专业技术职称或同等专业水平。

4. 熟悉国家采购相关政策法规。

5. 身体健康，能够承担评标工作。

6. 符合法律法规规定的其他条件。

第 7 条　符合本细则第 6 条规定条件，自愿申请成为评标专家的人员（以下简称申请人），应当提供以下申请材料。

1. 个人简历、本人签署的申请书和承诺书。

2. 学历学位证书、专业技术职称证书或者具有同等专业水平的证明材料。

3. 证明本人身份的有效证件。

4. 本人认为需要申请回避的信息。

第 8 条　招标采购办公室应安排专人负责对申请人提交的申请材料、申报的评审专业和信用信息进行审核，符合条件的选聘为评标专家，纳入评标专家库管理。

第 9 条　评标专家联系方式、专业技术职称、需要回避的信息等发生变化的，应当及时向招标采购办公室申请变更相关信息。

第 10 条　评标专家存在以下情形之一的，企业有权将其解聘。

1. 不符合本细则第 6 条规定条件的。

2. 本人申请不再担任评标专家的。

3. 受到企业行政处罚或国家刑事处罚的。

第 3 章　评标专家抽取与使用

第 11 条　评标专家抽取方式可以采用随机抽取或者直接确定。一般项目可以采取随机抽取的方式；技术复杂、专业性强或者国家有特殊要求的招标项目，采取随机抽取方式确定的专家难以保证胜任的，可以由招标采购办公室直接确定。

第 12 条　评标专家的抽取应集中在企业评标专家库管理系统中实施。抽取过程由企业审计或法务部人员现场监督，并做好书面记录。

第13条　评标专家抽取完成后，招标采购办公室应将最终确定的专家名单上报总经理，经总经理审批通过后，再以书面形式通知被抽取的评标专家。

第14条　接到入选通知的评标专家，原则上不允许请假，如因特殊情况不能参加评标工作的，评标专家须在接到通知的第一个工作日内向招标采购办公室提交书面说明。

第15条　评标专家有下列情形之一的，应当回避。

1．曾担任过投标人的董事、监事，或者是投标人的控股股东或实际控制人。

2．与投标人的法定代表人或者负责人有夫妻、直系血亲、三代以内旁系血亲或者近姻亲关系。

3．与投标人有其他可能影响企业采购活动公平、公正的关系。

4．法律法规规定的其他情形。

评标专家有上述情形的，应当主动提出回避。若未主动提出回避，一经发现，应立即终止该评标项目的评标活动并予以警告；情节严重的，则取消其评标资格，并与其解除劳动合同关系。

第16条　出现评标专家缺席、回避等情形导致评标现场专家数量不符合规定的，招标采购办公室应当及时补抽评标专家，或者经采购人同意自行选定补足评标专家。无法及时补足评标专家的，应当立即停止评标工作，妥善保存相关文件，依法重新组织评标委员会、谈判小组、询价小组、磋商小组进行评标。

第17条　评标专家应当在评审报告上签字，对自己的评审意见承担法律责任。对需要共同认定的事项存在争议的，按照少数服从多数的原则得出结论。对评审报告有异议的，应当在评审报告上签署不同意见并说明理由，否则视为同意评审报告。

第18条　评标专家名单在评审结果公告前应当保密。评审活动完成后，招标采购办公室或负责此次招标工作的部门负责人应当随中标、成交结果一并公告评标专家名单。

第19条　招标采购办公室或负责招标工作的部门应当于评审活动结束后五个工作日内，在企业采购信用评价系统中记录评标专家的职责履行情况。

第4章　评标劳务费管理

第20条　招标采购办公室负责制定评标专家劳务报酬标准，上报总经理审批。

第21条　集中采购目录内的项目，由采购部支付评标专家劳务报酬；集中采购目录外的项目，由采购人支付评标专家劳务报酬。

第22条　评标劳务费按照评审时间，每四小时为一个区间（不足四小时的按四小时计算），报酬按照每人____元标准支付，评标劳务费为税后报酬。

第23条　评标专家到达评审地点后，非评标专家自身原因（因回避关系、项目取消或延期）不能开展评审工作的，按照每人____元标准支付。

第24条　评标专家对于所参加的评标项目，有配合答复投标人的询问、质疑和投诉等事项的责任。评标专家到评审现场履行以上责任时，按照每次每人____元标准支付。

第25条　评标专家参加异地评审的，其往返的交通费、住宿费等实际发生的费用，可参照企业差旅费管理办法相应标准进行报销。

第26条　因评标专家自身原因，未按照法律法规规定或者招标文件的要求进行评审，导致项目复核或者重新评审的，不予支付劳务费和报销异地评审差旅费。

第27条　评标专家未完成评审工作擅自离开评审现场，或者在评审活动中有违法违规行为的，不予支付劳务费和报销异地评审差旅费。

第28条　评标劳务费在项目评审结束后____个工作日内支付，方式为银行转账支付。

第5章　附则

第29条　编制单位

本细则由采购部负责编制、解释与修订。

第30条　生效时间

本细则自××年××月××日起生效。

5.2.6　现场评标管理实施细则

制定现场评标管理实施细则，明确监管内容及其纪律要求，确定对违规行为的处理等具体对策，这些是采购开标、评标活动中的重要环节，关系到采购工作实施的公平、公开和公正。下面是一则现场评标管理实施细则，仅供参考。

现场评标管理实施细则

第 1 章　总则

第 1 条　为了规范评标现场管理，确保评标现场的公平、公正和有序，依据《中华人民共和国招标投标法》和《中华人民共和国政府采购法》等法律法规，特制定本细则。

第 2 条　本细则适用于企业招标采购的现场评标管理。

第 2 章　评标现场管理

第 3 条　评标现场只允许评标专家、监督人员、招标人进入，监控室实施全程监控。

1. 评标专家：参与当天评标活动的招标人依法组建的评标委员会成员。

2. 监督人员：与招标投标活动有关的行政监督部门代表。

3. 招标人：每个评标委员会配备的招标人代表（含招标代理机构人员），一般不超过两人。

第 4 条　评标现场应开启通信屏蔽，招标人、评标专家及监督人员进入评标现场后，不得擅自离开评标区。

第 5 条　评标专家在评标过程中，应服从有关部门的监督和管理，若发现评标过程中有违法违纪情况，应及时向监督人员反映。

第 6 条　在评标过程中，任何人不得将投标文件擅自带离评标现场；不得向外界透露评标内容或评标委员会成员对某标书的评审情况；不得在评标用纸以外记录、抄写、夹带有关评标内容；评标结束后不得复印或带走与评标内容有关的资料。

第 7 条　评标委员会根据评标工作需要临时休会时，应出具书面纪要，并做好评标休会期间的投标资料保管保密工作。

第 8 条　评标报告应在评标室内计算机专用系统中打印完成，经全体评标专家签字，交招投标监督管理机构备案。

第 3 章　现场评标人员管理

第 9 条　评标专家在评标现场应遵循以下管理细则。

1. 评标专家必须在通知要求的时间节点之前进入评标现场，超过规定时间视为迟到。

2. 评标专家进入评标室前，通信工具一律关闭，并存放在指定地点。

3. 评标专家在正式评标之前，必须选举出评标委员会主任。

4. 评标专家在评标期间，禁止离开评标区。确需离开的，书面申请并经有关领导批准后方可离开，离开后不得再行入内，同时对开评标有关情况负有保密责任。

第 10 条　评标专家独立评标，并对评标结论负责，不得发表影响评标结果的倾向性言论，不得干预其他专家的正常评标，不得从事与其身份不相符的活动。

第 11 条　代理机构在评标现场应遵循以下管理细则。

1. 代理机构应在开标后及时将招标文件、招标答疑、必要的评标表格等评标材料送入指定的评标室，并对评标材料的真实性、完整性负责。

2. 代理人员必须服从监督人员的指挥和调度，未经批准，不得进入评标室。

3. 代理人员不得发表与自己身份不相符的言论，不得越权干预评标，不得无故在评标现场逗留，要自觉遵守评标现场秩序。

4. 代理人员负责保证评标资料的完整性，发现串标、围标等违法违规行为必须立即向监管部门报告。

（续）

第12条　评标监督人员在评标现场应遵循以下管理细则。

1．及时开启运行相关电子监控设备。

2．启封专家名单，核对专家身份及到场情况，并记录存档。

3．对评标室进行封闭管理，评标期间，严禁无关人员进出评标区。

4．监督评标专家独立评审，对评标专家和代理机构执行纪律情况进行监督检查，有权对违反纪律的情况进行制止和纠正，并记录存档备查。

第4章　评标现场处罚措施

第13条　评标专家在评标现场有下列行为之一的，一经发现，视情节轻重，给予警告、暂停资格、除名、通报等处罚，构成犯罪的，移送司法机关处理。

1．应当回避而不主动回避的。

2．累计迟到次数达到两次以上的。

3．在评标过程中，影响其他专家客观、公正评标的。

4．利用职务之便，谋取不正当利益的。

5．法律法规规定的其他情形。

第14条　代理机构在评标现场有下列行为之一的，给予警告、通报、清退等处理，构成犯罪的，移送司法机关处理。

1．拒不执行招投标相关管理规定，劝阻无效的。

2．利用职务之便，谋取不正当利益的。

3．法律法规规定的其他情形。

第15条　监督人员在评标现场有下列行为之一的，给予警告、调离等处理，构成犯罪的，移送司法机关处理。

1．现场监管不力，导致招投标工作出现严重后果的。

2．超越职权，徇私舞弊的。

3．法律法规规定的其他情形。

第5章　附则

第16条　编制单位

本细则由采购部负责编制、解释与修订。

第17条　生效时间

本细则自××年××月××日起生效。

5.2.7　评标现场监督人员管理暂行规定

制定评标现场监督人员管理规定，可以保证招标、投标各个环节的活动按照国家有关规定和招标文件要求的时间、地点、程序、原则和方法有序进行，保证现场评标工作的合理、合法、合规。以下是一则评标现场监督人员管理暂行规定，仅供参考。

评标现场监督人员管理暂行规定
第1章　总则
第1条　为了加强对评标现场监督人员的管理，确保评标现场的公平、公正和有序，依据《中华人民共和国招标投标法》和《中华人民共和国政府采购法》等法律法规，特制定本规定。
第2条　本规定适用于企业招标采购的评标现场监督人员的管理。

（续）

第 3 条　评标现场监督人员具体工作职责如下。

1. 监督评标现场秩序。

2. 监督评标程序是否合法。

3. 监督参与开评标的招标人、代理机构、评标专家等相关人员的言行。

4. 核实评标结果。

第 2 章　现场监督的主要内容

第 4 条　监督开评标负责人是否宣读开评标纪律和相关规定；在评标前是否核实评标委员会成员身份和人员构成，与投标人有利害关系的评标专家是否主动提出回避；招标人代表是否担任了评标组长。

第 5 条　监督进入评标区的所有人员是否将手机、无线上网卡等通信工具统一存入电子密码柜中。

第 6 条　监督评标委员会成员是否随意离开评标区或与区域外人员联系等。

第 7 条　检查现场音频、视频设备是否运转正常；是否使用电子评标系统等。

第 8 条　监督评标委员会成员是否依法独立进行评审；评审过程中是否认真履行职责，遵守现场纪律和规定，遵守职业道德。

第 9 条　招标人代表是否非法干预或者影响评标过程和结果。

第 3 章　现场监督人员要求

第 10 条　评标现场监督人员必须熟悉招投标相关法律法规和有关监督管理规定。

第 11 条　评标现场监督人员不得参与评标，不得对法律法规以外的标书内容进行解释，不得发表倾向性的言论，不得无故干预评标过程。

第 12 条　评标现场监督人员要严格遵守保密制度，不得向外透露评标内容和结果。

第 13 条　评标现场监督人员要认真履行职责，发现问题及时制止，对现场不能解决的问题及时汇报。

第 14 条　负责监督随机抽取项目公示期满后抽签确定的中标候选人。

第 15 条　负责全面、准确填写评标现场监督记录表。

第 16 条　负责及时汇报评标过程中发生的有关问题。

第 4 章　评标现场监督人员的奖惩

第 17 条　评标现场监督人员有下列情形之一的，一经发现，给予警告、调离等处理，构成犯罪的，移送司法机关处理。

1. 不在现场进行监督、未经批准擅自离开评标区的。

2. 收受招标人或投标人赠送的财物或者其他好处的。

3. 向他人透露对投标文件的评审和比较、中标候选人的推荐，以及与评标有关的其他情况的。

4. 不能认真履行职责，应发现而未发现违法违纪行为或明知存在违法违纪行为不及时采取措施或提出监督意见，所监督的项目被举报查实的。

5. 其他违反招标监督规定的行为。

第 18 条　评标现场监督人员有下列情形之一的，由企业适时在系统内进行通报表扬或给予奖励。

1. 认真履行国家及企业招标管理的各项规定，招标监督约束到位，有效防止违规违纪问题发生的。

2. 受理投诉举报及时，查处违规违纪行为有力，工作成绩突出的。

3. 在招标活动中有效发挥监督作用，为企业避免重大经济损失的。

第 5 章　附则

第 19 条　本规定由采购部负责编制、解释与修订。

第 20 条　本规定自 ×× 年 ×× 月 ×× 日起生效。

5.2.8 招标基地管理办法

制定招标基地管理办法的目的是加强对招投标活动的监督管理,建立公开、公平、公正的竞争平台,确保招标基地高效、规范、有序运行。以下是一则招标基地管理办法,仅供参考。

招标基地管理办法

第1章 总则

第1条 为了加强对招标基地的各类招投标活动实施全面监督,对项目交易活动及其事前、事中、事后的全过程进行监督,保证招标工作合法、有序、有效进行,特制定本办法。

第2条 本办法适用于进入招标基地交易的工程建设、政府采购、物资采购等项目。

第3条 招投标监督管理部作为招标基地的管理部门,履行对招投标交易监督工作的指导协调和组织管理职能。

第2章 入场交易管理

第4条 招标人和投标人进入招标基地进行交易活动均应办理交易证,凭交易证参加交易活动。招标人凭企业法人营业执照办理招标人交易证,投标人凭企业法人营业执照、资质证书、安全生产许可证、生产许可证等办理投标人交易证。

第5条 交易证分为三年期和一次性两种,由申请人根据需要选择办理。

第6条 持证单位受到停业整顿处罚、被取消一定期限交易资格或被吊销营业执照的,招标基地应暂停其交易证使用或收回交易证。交易证有效期满可根据需要重新申请办理。持证单位名称、资质等条件发生变化的,应在____个工作日内办理交易证变更手续,交易证不得转借、涂改。

第7条 在交易证办理工作中,实行交易资料复核管理,办证工作人员和资料审查人员要同时对交易资料进行审核后,方可办理交易证。

第8条 凡具有编制招标文件和组织评标的能力,且符合下列条件者,即可自行在招标基地办理招标事宜。

1. 企业法人或者其他社会组织。

2. 有从事同类采购与招标经验,并熟悉和掌握有关采购与招标的法律、法规、规章等规范性文件及招标程序的有关人员。

3. 有专门的招标组织机构并有与工程规模、复杂程度相适应的工程技术及工程管理等方面的专业技术人员(不含聘请人员)。

第9条 凡具备下列条件者,即有权申请投标。

1. 具备相应的企业资质、企业法人营业执照、项目负责人执业资格,并能满足资格预审或招标公告的要求。

2. 投标期间没有处于被责令停业,投标资格被取消,财产被接管、冻结、破产状态等。

3. 在最近三年内没有骗取中标和严重违约及发生重大工程质量、安全事故。

4. 法律法规规定的其他条件。

第3章 招标基地档案管理

第10条 档案分为公文档案和交易档案。

第11条 招标基地应对档案资料进行系统、科学的分类、组合、排列和编目。公文及交易项目办结后,及时按要求进行分类整理,列出目录,立卷归档。

第12条 立卷、归档工作应按以下要求执行。

1. 文件、资料及所用纸张和字迹材料必须符合存档要求。

2. 归档的各类文件、资料,均应按有关规定进行分类、列入电子案卷目录和纸质目录,便于查找。

3. 没有归档和存查价值的资料,在立卷归档工作结束后销毁。

（续）

4. 招标基地所有交易档案资料原则上不得外借，如需调阅、复印，必须经基地领导批准。

第 4 章 招标基地保密管理

第 13 条 招标基地工作人员不准在私人交往中泄露涉密内容，不准在公共场所谈论涉密内容，不得私自携带有密级的文件、资料和其他物品外出，确因工作需要携带外出的不得违反有关保密规定。

第 14 条 属于秘密的文件、资料和其他物品的制作、收发、传递、使用、复制、摘抄、保存、销毁，应严格按相关法律法规执行。

第 15 条 加强计算机网络管理，实施计算机内部网和外部网的物理隔断，严禁涉密内容在内部专网及互联网录入和传输。连接互联网的计算机应专机专用，严禁存储和处理涉密信息。

第 16 条 涉及保密的废纸、电子载体和影音，以及影像保密资料的回收销毁范围。

1. 按照规定清理回收需销毁的保密文件、文书档案、财会档案和各种专业档案。

2. 各种已作废的内部刊物、资料、图纸、报表、证件和保密笔记本等。

3. 各项工作中产生的涉密内容或不宜公开的内容。

4. 已过期或作废的涉及交易中心内部秘密的内容。

第 5 章 附则

第 17 条 本办法由采购部负责编制、解释与修订。

第 18 条 本办法自 ×× 年 ×× 月 ×× 日起生效。

5.2.9 公开招标管理办法

公开招标管理办法是企业招标工作的重要纲领和指导文件。采购人员必须按照公开招标管理办法对公开招标过程进行管理和控制，确保招标工作顺利完成。下面是一则公开招标管理办法，仅供参考。

公开招标管理办法

第 1 章 总则

第 1 条 为了规范企业招标活动，保证招标工作合法、有序、有效进行，根据《中华人民共和国招标投标法》《中华人民共和国招标投标法实施条例》相关规定，结合企业实际情况，特制定本办法。

第 2 条 本办法适用于企业招标管理工作。

第 3 条 招标采购办公室负责招标工作的实施及管理工作。

第 4 条 公开招标是指招标人以招标公告的方式邀请不特定的法人或者其他组织投标。

第 5 条 采购需求明确、采购时间充足且成本合理的招标项目，应当公开招标。

第 2 章 资格预审

第 6 条 编制资格预审文件。招标采购办公室应根据招标项目特点和实际需求情况，设置资格审查因素、审查程序和审查标准，编制资格预审文件。

资格预审文件的主要内容包括资格预审公告、申请人须知、申请人的资格要求、资格审核标准和方法、资格预审申请文件的内容和格式、招标项目概况等。

第 7 条 发布资格预审公告。招标采购办公室应在企业指定媒体发布资格预审公告。公告的内容应符合国家有关规定。

若招标范围、申请人资格条件等实质性内容发生调整的，招标采购办公室应在企业指定媒体发布变更公告。

第 8 条 发售资格预审文件。招标采购办公室应按照资格预审公告规定的时间、地点和方式，安排专人负责发售资格预审文件，发售期不得少于五日。

第9条　澄清或修改资格预审文件。招标采购办公室应对已发出的资格预审文件按规定进行必要的澄清或者修改。

第10条　接收资格预审申请文件。招标采购办公室按照资格预审文件规定的时间和地点安排专人负责接收申请人递交的投标资格申请文件，并向申请人出具签收凭证。

第11条　出现申请文件未按要求进行密封或未按时送达时，招标采购办公室应拒收资格预审申请文件。

第12条　组织资格审查。招标采购办公室负责组建资格审查委员会，资格审查委员会成员需根据相关法律法规规定从评标专家库中进行抽取。在资格审查结果通知发出之前，招标采购办公室应对资格审查委员会成员名单保密。

若在审查过程中发现申请人有弄虚作假的行为，可直接取消其投标资格。对资格预审申请文件中含义不明确的内容，资格审查委员会可要求申请人进行书面澄清。

第13条　处理资格评审结果。招标采购办公室应对通过资格预审的潜在投标人发出投标邀请书，对未通过资格预审的投标申请人发出资格预审结果通知书，并告知未通过的依据和原因。

通过资格预审的申请人不得少于三家，少于三家的，应当重新招标。

第3章　招标与投标

第14条　编制招标文件。招标采购办公室应根据招标项目的特点和需要编制招标文件，招标文件应当包括招标项目的技术要求、对投标人资格审查的标准、投标报价要求和评标标准等实质性要求与条件，以及拟签订合同的主要条款。

国家或企业对招标项目的技术、标准有规定的，招标采购办公室应当按照规定在招标文件中载明。

第15条　发布招标公告。招标采购办公室应编制招标公告，在国家指定的报刊、信息网络或者企业指定媒体发布招标公告；招标公告应当载明招标企业或部门的名称和地址、招标项目的性质、数量、实施地点和时间，以及获取招标文件的办法等事项。

第16条　发售招标文件。招标采购办公室应当根据招标公告或投标邀请书规定的时间、地点和方式，安排专人负责发售招标文件。发售招标文件时，应注意以下两点事项。

1. 招标文件的发售期不得少于五日。

2. 招标文件的售价应根据制作、邮寄成本确定，不得以招标采购金额作为依据。

第17条　组织潜在投标人踏勘项目现场和召开投标预备会。招标采购办公室应当根据招标实际需求，确定是否组织潜在投标人踏勘项目现场和召开投标预备会。

第18条　澄清和修改招标文件。招标采购办公室应对已发出的招标文件按规定进行必要的澄清或者修改，并通知所有获取招标文件的潜在投标人。

第19条　接收投标文件。招标采购办公室应按照招标文件规定的时间和地点，安排专人接收投标文件，并向投标人出具签收凭证。

第20条　出现下述情况之一的，招标采购办公室应拒收投标文件。

1. 未通过资格预审的投标人提交的投标文件。

2. 逾期送达或未送达指定地点。

3. 投标文件未按照招标文件要求密封。

第4章　开标、评标、定标和中标

第21条　组织开标。招标采购办公室应在招标文件确定的提交投标文件截止时间和预先确定的地点组织开标，同时需安排专人对开标活动现场进行全程录影录像，并归档保存。

第22条　组建评标委员会。招标采购办公室负责组建评标委员会。评标委员会由评标专家组成，成员人数须为五人以上（单数）。

第23条　评标委员会评标。评标委员会应当依照法律法规和招标文件规定的评标方法与标准对投标文件进行评审，并撰写评标报告，上交招标采购办公室。

（续）

评标报告的内容包括招标公告刊登的媒体名称、开标日期、开标地点、投标人名单、评标委员会名单、评标方法等。

第 24 条　确定中标人。招标采购办公室应当自收到评标报告之日起五个工作日内从评标委员会推荐的中标候选人中确定中标人。

第 25 条　公示评标结果。招标采购办公室须在确定中标人后两日内公示中标结果，公示期不得少于三日。中标结果公示一般包括招标项目名称、中标候选人排序、名称和投标报价等内容。

第 26 条　发放中标通知书。中标人确定后，招标采购办公室须在投标有效期内向中标人发放中标通知书。中标通知书必须包括中标结果、中标价款、签订合同的时间和地点等内容。中标通知书不得存在内容错误或发送遗漏等情况。

第 5 章　附则

第 27 条　本办法由采购部负责编制、解释与修订。

第 28 条　本办法自 × × 年 × × 月 × × 日起生效。

5.2.10　邀请招标管理办法

邀请招标管理办法是企业招标工作的重要纲领和指导文件。采购人员必须按照邀请招标管理办法对邀请招标过程进行管理和控制，确保招标工作顺利完成。下面是一则邀请招标管理办法，仅供参考。

邀请招标管理办法

第 1 章　总则

第 1 条　为了规范企业的邀请招标行为，维护企业和招投标活动其他当事人的合法权益，提高经济效益，依据有关法律法规，结合企业实际情况，特制定本办法。

第 2 条　本办法适用于企业在生产经营工作中进行的邀请招标活动。

第 3 条　招标采购办公室负责招标工作的实施及管理工作。

第 2 章　邀请招标工作准备

第 4 条　有下列情形之一的，可以采用邀请招标。

1．技术复杂、有特殊要求或者受自然环境限制，只有少量潜在投标人可供选择。

2．涉及国家安全、国家秘密或者抢险救灾，适宜招标但不宜公开招标。

3．采用公开招标方式的费用占项目合同金额的比例过大。

第 5 条　邀请招标工作开始前应确定招标范围、是否编制标底、评标办法和对投标单位的基本要求等。

第 6 条　招标人应以投标邀请书的方式邀请三家（含）以上具备承担拟招标项目的能力、资信良好的特定的法人或者其他组织投标。

第 3 章　招标文件编制与发售

第 7 条　由采购部负责组织编制招标邀请书，并负责编制其中的商务部分、投标报价要求、评标办法等；工程类招标由工程部提供经审核后的施工图纸及目录，工程部负责编制招标文件的技术标准和施工管理部分；专用设备类招标由生产部和技术部提供经审核后的技术图纸、技术标准等技术资料；各部门按照工作职能承担相应责任。

第 8 条　招标邀请书当载明招标条件、项目概况和招标范围、投标人资格要求及获取招标文件的办法等事项。

（续）

第9条 发出招标邀请书。对于采用邀请招标的项目，招标采购办公室应对三家以上具备承担招标项目的能力、资信良好的特定法人或者其他组织发出招标邀请书，限定拟投标人在规定时间内报名购买。

第10条 澄清和修改招标文件。招标采购办公室应对已发出的招标文件进行必要的澄清或者修改，并通知所有获取招标文件的潜在投标人。

澄清或者修改的内容可能影响投标文件编制的，招标采购办公室应当在投标截止时间至少15日前，以书面形式通知所有获取招标文件的潜在投标人。不足15日的，招标采购办公室应当顺延提交投标文件的截止时间，并告知潜在投标人。

招标采购办公室接到潜在投标人的异议时，应当在3日内做出答复，在做出答复前，需暂停招投标活动。

第4章 现场踏勘与答疑

第11条 采购部组织投标人进行现场踏勘，召开答疑会，并发放补遗文件。

主管部门不得组织单个或者部分潜在投标人踏勘项目现场，并应注意不得在现场踏勘过程中泄露潜在投标人的相关信息。

第12条 对于潜在投标人在阅读招标文件和现场踏勘中提出的疑问，招标采购办公室应组织召开答疑会、整理答疑纪要并办理评审会签手续，由主管部门将答疑纪要发给所有购买招标文件的潜在投标人。该答疑纪要的内容为招标文件的组成部分。

第5章 投标、开标、评标和定标

第13条 投标工作应遵循以下程序进行。

1. 投标人应当按照招标文件的要求编制投标文件。投标文件应当对招标文件提出的实质性要求和条件做出响应。

2. 交纳投标保证金。

（1）企业应在招标文件中要求投标人交纳投标保证金。投标保证金除现金外，可以是银行出具的银行保函、保兑支票、银行汇票或现金支票。

（2）投标人应当按照招标文件要求的方式和金额，将投标保证金交给招标人。

（3）投标人不按招标文件要求交纳投标保证金的，该投标文件将被拒绝，做废标处理。

3. 投标人应当在招标文件要求提交投标文件的截止时间前，将投标文件密封送达投标地点。招标主管部门收到投标文件后，办理书面签收手续，标明交标时间，在开标前任何人不得开启投标文件。

4. 在招标文件要求提交投标文件的截止时间后送达的投标文件，为无效的投标文件，招标主管部门应当拒收。

5. 投标人少于三个的，招标主管部门在向供方管理领导小组汇报后，应当依照本办法重新招标。重新招标后投标人仍然少于三个的，不再重新招标。

第14条 开标工作应遵循以下程序进行。

1. 由投标人依次检查投标文件的密封情况，经确认无误后，由现场监督人员当众拆封，确认投标文件的有效性，按照投标文件正本宣读投标人名称、投标价格和投标文件的其他主要内容。

2. 经检查投标文件符合要求的投标人按照签到的逆序唱标。全部投标人唱标完成后，投标人须在开标记录表中签字确认。

第15条 评标。评标委员会对所有投标人的商务标和技术标进行全面评议，出具评标报告。

第16条 定标。根据评标委员会综合评定及推荐，填写中标人审批表，报企业招标工作小组审批后确定中标人并向中标人发出中标通知书。

第6章 附则

第17条 本办法由招标采购办公室制定并负责解释。

第18条 本办法自发布之日起施行。

5.3 非招标

5.3.1 竞争性谈判管理办法

竞争性谈判由于具有特殊性和灵活性的特点，因此经常被企业在日常采购工作中运用。企业应制定竞争性谈判管理办法，为采购人员提供竞争性谈判的工作纲领和执行准则，确保竞争性谈判工作顺利完成。下面是一则竞争性谈判管理办法，仅供参考。

竞争性谈判管理办法

第 1 章　总则

第 1 条　为了规范企业竞争性谈判管理工作，提高采购工作质量和效率，特制定本办法。

第 2 条　本办法适用于企业竞争性谈判管理工作。

第 3 条　竞争性谈判是指谈判小组按照规定的程序与符合项目资格条件的供应商就采购项目事宜进行谈判，供应商按照谈判文件的要求提交响应文件和最后报价，采购人员从谈判小组提出的成交候选供应商中确定成交供应商的采购方式。

第 2 章　竞争性谈判程序

第 4 条　符合下列情形之一的采购项目，采购部可以采用竞争性谈判方式采购。

1. 招标后没有供应商投标或者没有合格标的，或者重新招标未能成立的。

2. 技术复杂或者性质特殊，不能确定详细规格或者具体要求的。

3. 非采购人员所能预见的原因或者非采购人员拖延造成采购招标不能满足紧急需求的。

4. 不能事先计算价格总额的。

5. 属于有关部门认定技术含量高、规格和价格难以确定的自主创新产品的。

第 5 条　编制谈判文件。采购部负责根据采购项目的特点和采购需求编制谈判文件，明确谈判程序、谈判内容、合同条款及评定成交的标准等事项。谈判文件至少应当载明技术和商务要求、对供应商报价的要求及其计算方式、合同条款和格式等内容。

第 6 条　发布谈判采购公告或发出谈判采购邀请书。采购部负责在企业指定的媒体发布谈判采购公告或发出谈判采购邀请书。谈判采购公告或邀请书应包括企业名称、地址、采购项目情况、谈判时间和地点等内容。邀请参加谈判的供应商不得少于三家。

第 7 条　发放谈判文件。采购部应安排专人给被邀请的供应商发放谈判文件。从谈判文件发出之日至供应商提交首次响应文件截止之日，一般项目不得少于 5 个工作日，大型或技术复杂项目不得少于 10 个工作日。

第 8 条　澄清或修改谈判文件。提交响应文件截止之日前 3 个工作日，采购部若对已发出的谈判文件有实质性变动的，应当以书面形式通知所有被邀请参加谈判的供应商；不足 3 个工作日的，应当顺延提交首次响应文件截止之日。

第 9 条　收取响应保证金。采购部负责根据谈判文件要求收取响应保证金。保证金数额应当不超过采购项目预算的 2%。

第 10 条　接收响应文件。采购部应在谈判文件规定的时间和地点安排专人接收响应文件。递交响应文件的供应商只有一家的，应向上级部门申请转入单一来源采购程序。

第 11 条　出现下列情况之一的，采购部应拒收供应商提交的响应文件。

1. 响应文件未按要求进行密封的。

2. 未按照谈判文件要求交纳保证金的。

3. 逾期送达或未送达指定地点的。

（续）

第 3 章　竞争性谈判实施

第 12 条　组建谈判小组。开展谈判之前，采购部负责组建谈判小组，谈判小组由采购代表及有关专家组成，人数为三人以上的单数，其中专家人数不得少于成员总数的三分之二。

参加过谈判文件征询意见的专家，不得再作为谈判小组专家参加同一项目的谈判或询价。采购代表不得以专家身份参与本部门或者本单位采购项目的谈判。

第 13 条　实质性响应审查。谈判小组负责依据谈判文件，对供应商递交的响应文件的有效性、完整性和对谈判文件的响应程序进行审查，以确定是否对谈判文件的实质性要求做出响应。未实质性响应谈判文件的，按无效处理，谈判小组应当告知有关供应商，同时该供应商不得进入下一步具体谈判程序。

第 14 条　组织实施谈判。谈判小组应当通过随机方式确定参加谈判供应商的谈判顺序，所有成员集中与供应商按照顺序单独进行谈判，并给予所有参加谈判的供应商平等的谈判机会。

第 15 条　提交最终报价。最后一轮谈判结束后，谈判小组应当要求参加谈判的供应商在规定的时间内以书面形式提交最终报价，并由法定代表人或其授权人签署。

第 16 条　评审及推荐成交候选供应商。谈判小组应当根据谈判文件规定的评审方法对供应商提交的最终报价进行评审，并按照谈判文件中推荐的原则向采购部推荐成交候选供应商。

第 4 章　竞争性谈判结果确定

第 17 条　编制竞争性谈判采购报告。谈判结束后，谈判小组应根据谈判情况和评审结果编制竞争性谈判采购报告，并上报采购部。采购报告须由谈判小组全体成员签字，谈判小组成员对采购报告有异议的，应在报告上说明不同意理由，未说明理由的，视为同意。

第 18 条　确定成交供应商。采购部应在收到竞争性谈判采购报告后五个工作日内确定成交供应商。

第 19 条　发放成交通知书。确定成交供应商后三日内，采购部应当向成交供应商发放成交通知书，同时将成交结果通知所有参加谈判的未成交的供应商。

第 20 条　出现下列情形之一的，采购部应当终止竞争性谈判采购活动，并在企业指定媒体上发布项目终止公告，说明原因，重新开展采购活动。

1. 因情况变化，不再符合规定的竞争性谈判采购方式适用情形的。
2. 出现影响采购公正的违法、违规行为的。
3. 邀请公告公示期满后，供应商报名不足三家的。
4. 在采购过程中符合竞争要求的供应商或者报价未超过采购预算的供应商不足三家的。

第 5 章　附则

第 21 条　本办法由采购部负责编制、解释与修订。

第 22 条　本办法自 × × 年 × × 月 × × 日起生效。

5.3.2　竞争性磋商管理办法

竞争性磋商结合了竞争性谈判"谈的灵活"与综合评分"评的可控"，既实现了成交价的下降，又使采购从"低价中标"向"物有所值"靠拢，集两大采购方式的优点于一身，但不是所有项目都适合采用竞争性磋商的采购方式。因此，企业应对竞争性磋商采购制定相应的管理办法，对竞争性磋商过程进行管理和控制，确保竞争性磋商工作顺利完成。下面是一则竞争性磋商管理办法，仅供参考。

竞争性磋商管理办法

第 1 章　总则

第 1 条　为了规范企业竞争性磋商管理工作，提高采购工作质量和效率，特制定本办法。

第 2 条　本办法适用于企业竞争性磋商管理工作。

第 3 条　竞争性磋商是指磋商小组与符合条件的供应商就采购项目事宜进行磋商，供应商按照磋商文件的要求提交响应文件和报价，采购人员从磋商小组评审后提出的候选供应商名单中确定成交供应商的采购方式。

第 2 章　竞争性磋商实施程序

第 4 条　符合下列情形之一的采购项目，采购部可以采用竞争性磋商方式采购。

1. 技术复杂或者性质特殊，不能确定详细规格或者具体要求的。

2. 不能事先计算出价格总额的。

3. 市场竞争不充分的科研项目，以及需要扶持的科技成果转化项目。

4. 需要和供应商商讨的采购项目。

第 5 条　发布竞争性磋商公告或发出竞争性磋商邀请书。采购部负责在企业指定的媒体发布竞争性磋商公告或发出竞争性磋商邀请书。竞争性磋商公告或邀请书应包括企业名称、地址、采购项目情况、供应商资格条件，以及获取磋商文件的时间、地点和方式等内容。

第 6 条　编制竞争性磋商文件。采购部负责根据采购项目的特点和采购需求编制竞争性磋商文件。竞争性磋商文件应当包括供应商资格条件、采购邀请、采购方式、采购预算、采购需求、评审程序、评审方法、评审标准、价格构成或者报价要求、响应文件编制要求、保证金交纳数额和形式及不予退还保证金的情形、磋商过程中可能实质性变动的内容、响应文件提交的开启时间、截止时间及地点，以及合同草案条款等。

竞争性磋商文件不得要求或者标明供应商名称或者特定货物的品牌，不得含有指向特定供应商的技术、服务等条件。

第 7 条　发售竞争性磋商文件。采购部应安排专人给被邀请的供应商发售磋商文件。从磋商文件发出之日至供应商提交首次响应文件截止日不得少于 10 日。

磋商文件的发售期限自开始之日起不得少于 5 个工作日。

第 8 条　澄清或修改竞争性磋商文件。提交响应文件截止之日前 5 日，若对已发出的竞争性磋商文件有实质性变动的，采购部应当以书面形式通知所有获取磋商文件的供应商，不足 5 日的，应当顺延提交首次响应文件截止时间。

第 9 条　收取响应保证金。采购部负责根据竞争性磋商文件要求收取响应保证金。保证金数额应当不超过采购项目预算的 2%。

第 10 条　接收响应文件。采购部应在竞争性磋商文件规定的时间和地点安排专人接收响应文件。递交响应文件的供应商只有一家的，应向上级部门申请转入单一来源采购程序。

第 11 条　出现下列情况之一的，采购部应拒收供应商提交的响应文件。

1. 响应文件未按要求进行密封的。

2. 未按照磋商文件要求交纳保证金的。

3. 逾期送达或未送达指定地点的。

第 3 章　竞争性磋商实施

第 12 条　组织实施磋商。磋商小组应当通过随机方式确定参加磋商的供应商顺序，所有磋商小组成员应当集中与供应商分别进行磋商，并给予所有参加磋商的供应商平等的磋商机会。

第 13 条　提交最终报价。磋商结束后，磋商小组应当要求所有供应商在规定的时间内以书面形式提交最终报价，并由法定代表人或其授权人签署。提交最终报价的供应商不得少于三家。

第 14 条　综合评审。磋商小组根据最终采购需求和最终报价，采用综合评分法对提交最后报价的供应商的响应文件和最后报价进行综合评分。

（续）

第15条　推荐成交候选供应商。磋商小组应当根据综合评分情况，按照评审得分由高到低的顺序推荐三家以上成交候选供应商。评审得分相同的，按照最后报价由低到高的顺序推荐，评审得分且最后报价相同的，按照技术指标优劣顺序推荐。

第 4 章　竞争性磋商结果确定

第16条　编写评审报告。磋商小组应当根据磋商情况和评审结果编制评审报告，并上报采购部。评审报告须由磋商小组全体成员签字，磋商小组成员对评审报告有异议的，应在报告上说明不同意理由，未说明理由的，视为同意。

第17条　确定成交供应商。采购部应当在收到评审报告后五个工作日内，从评审报告的成交候选供应商中，按照排序由高到低的原则确定成交供应商。

第18条　发出成交通知书。确定成交供应商后两日内，采购部应当向成交供应商发出成交通知书，同时将成交结果通知所有参加磋商的未成交的供应商。

第19条　退还磋商保证金。采购活动结束后，采购部应及时安排专人负责退还供应商的保证金。未成交供应商的磋商保证金应当在成交通知书发出后五个工作日内退还，成交供应商的磋商保证金应当在采购合同签订后的五个工作日内退还。

第20条　出现下列情形之一的，磋商保证金不予退还。

1. 供应商在提交响应文件截止时间内撤回响应文件的。
2. 供应商在响应文件中提供虚假材料的。
3. 除因不可抗力或磋商文件认可的情形以外，成交供应商不与企业签订合同的。
4. 供应商恶意串标的。

第21条　出现下列情形之一的，采购部应当终止竞争性磋商采购活动，并在企业指定媒体上发布项目终止公告，说明原因，重新开展采购活动。

1. 因情况变化，不再符合规定的竞争性磋商采购方式适用情形的。
2. 出现影响采购公正的违法、违规行为的。
3. 在采购过程中符合要求的供应商或者报价未超过采购预算的供应商不足三家的。

第 5 章　附则

第22条　本办法由采购部负责编制、解释与修订。

第23条　本办法自××年××月××日起生效。

5.3.3　询价采购管理办法

询价采购在实际执行中具有便捷、可操作性强等特点，是企业常用的一种采购方式。为了规范询价采购工作，企业应制定询价采购管理办法，为采购人员提供询价采购的工作纲领和执行准则，确保询价采购工作的顺利完成。下面是一则询价采购管理办法，仅供参考。

询价采购管理办法
第 1 章　总则
第1条　为了规范企业询价采购管理工作，进一步规范采购人员的行为，提高采购工作质量和效率，特制定本办法。
第2条　本办法适用于企业询价采购管理工作。
第3条　询价采购是指询价小组向符合资格条件的供应商发出采购货物询价通知书，要求供应商一次报

（续）

出不得更改的价格，采购人员从询价小组提出的成交候选供应商中确定成交供应商的采购方式。

第 2 章　询价采购程序

第 4 条　符合下列情形之一的，采购部可以依照本办法采用询价方式采购。

1. 采购规格、标准统一，市场资源充足且价格变化幅度小，采购活动需要在短时间内完成的。

2. 纳入集中采购目录或高于集中采购限额标准，但项目预算金额低于 30 万元的。

第 5 条　成立询价小组。采购部负责按照采购项目要求成立询价小组。询价小组成员人数为三人以上单数，其中有关专家不得少于成员总数的三分之二。参与该项目论证及咨询的专家不得进入询价小组。

第 6 条　制定询价通知书。询价小组应当根据采购项目的特点和采购需求制定询价通知书，并上报采购部审批。询价通知书应当包括供应商资格条件、采购邀请、采购方式、采购预算、采购需求、采购程序、价格构成或者报价要求、响应文件编制要求、提交响应文件截止时间及地点、保证金交纳数额和形式、评定成交的标准等。

第 7 条　发送询价通知书。询价小组应当从符合相应资格条件的供应商中确定不少于三家的供应商作为被询价对象，并向其发送询价通知书。从询价通知书发送之日至供应商提交响应文件截止时间，一般项目不得少于三个工作日，大型或技术复杂项目不得少于五个工作日。

第 8 条　澄清或修改询价通知书。提交响应文件截止之日前三个工作日，询价小组若对已发出的询价通知书有实质性改动的，应当以书面形式通知所有接收询价通知书的供应商，不足三个工作日的，应当顺延提交响应文件截止之日。

第 9 条　接收响应文件。询价小组应在询价通知书规定的时间和地点安排专人接收响应文件，然后全体成员集中对供应商的响应文件进行比较。

第 10 条　出现响应文件未按要求进行密封或逾期送达或未送达指定地点的情况时，询价小组应拒收供应商提交的响应文件。

第 3 章　询价采购实施

第 11 条　组织实施询价。在询价过程中，询价小组成员及供应商应遵循以下规则。

1. 询价小组不得改变询价通知书所确定的技术和服务等要求、评审程序、评定成交的标准和合同文本等事项。

2. 供应商对询价通知书所列出的全部技术、商务要求做出承诺。

第 12 条　编写评审报告。询价小组应当从质量和服务均能满足询价通知书规定的供应商中，按照报价由低到高的顺序提出三名以上成交候选供应商，并编写评审报告。

评审报告须由询价小组全体成员签字，询价小组成员对评审报告有异议的，应在报告中说明不同意见并说明理由，未说明理由的，视为同意。

第 13 条　确定成交供应商。采购部应在收到评审报告后五个工作日内确定成交供应商。

第 14 条　发出成交通知书。确定成交供应商后三日内，采购部应当向成交供应商发出成交通知书，同时将成交结果通知所有参加询价的未成交的供应商。

第 15 条　签订合同。采购部与成交供应商应当自发出成交通知书之日起 30 日内签订采购合同。

第 16 条　出现下列情形之一的，采购部应当终止询价采购活动，并在企业指定媒体上发布项目终止公告，说明原因，重新开展采购活动。

1. 因情况变化，不再符合规定的询价采购方式适用情形的。

2. 出现影响采购公正的违法、违规行为的。

3. 邀请公告公示期满后，供应商报名不足三家的。

4. 在采购过程中符合竞争要求的供应商或者报价未超过采购预算的供应商不足三家的。

第 4 章　附则

第 17 条　本办法由采购部负责编制、解释与修订。

第 18 条　本办法自 ×× 年 ×× 月 ×× 日起生效。

5.3.4 框架协议采购管理办法

由于框架协议采购方式的特殊性，因此框架协议采购方式不能滥用，以免妨碍市场秩序、冲击项目采购。企业应对框架协议采购方式的实施进行明确的约束和管理。采购人员必须按照框架协议采购管理办法对框架协议采购过程进行管理和控制，确保框架协议采购工作顺利完成。下面是一则框架协议采购管理办法，仅供参考。

框架协议采购管理办法

第1章 总则

第1条 为了规范企业框架协议采购管理工作，提高采购工作质量和效率，特制定本办法。

第2条 本办法适用于企业框架协议采购管理工作。

第3条 框架协议采购是指采购人员对技术、服务等标准明确、统一，需要多次重复采购的货物和服务，通过公开征集程序，确定第一阶段入围供应商并订立框架协议，然后再按照框架协议约定的规则，在入围供应商范围内确定第二阶段成交供应商并订立采购合同的采购方式。

第4条 招标采购办公室负责框架协议采购管理工作的指导、监督；采购部负责组织实施企业框架协议采购工作。

第2章 框架协议采购实施程序

第5条 框架协议采购通常适用于难以确定采购计划的应急、小额零星采购，或者需要重复组织采购同类工程、货物或服务的采购。

第6条 确定框架协议采购需求。采购部应当开展需求调查，听取相关部门、供应商和专家等意见，确定框架协议采购需求。调查对象不得少于三个，框架协议采购需求在框架协议有限期内不得变动。

第7条 发布征集公告或发售征集文件。采购部根据框架协议采购需求，发布征集公告或发售征集文件。在征集公告和征集文件中应当确定框架协议采购的最高限制单价。

第8条 接收响应文件。采购部应在征集公告或征集文件规定的时间和地点安排专人接收响应文件，然后全体成员集中对供应商的响应文件进行比较。

第3章 框架协议采购结果确定

第9条 确定第一阶段入围供应商。采购部应安排评审专家对响应文件进行评审，确定第一阶段入围供应商。评审方法包括价格优先法和质量优先法。

提交响应文件和符合资格条件、实质性要求的供应商应当均不少于两家，淘汰比例不得低于20%，且至少淘汰一家供应商。

第10条 发布入围结果公告。第一阶段入围供应商确定后，采购部应在两个工作日内发布入围结果公告。入围结果公告应当包括以下内容。

1. 采购项目名称、编号。

2. 征集人的名称、地址、联系人和联系方式。

3. 入围供应商名称、地址和排序。

4. 最高入围价格或者最低入围分值。

5. 入围产品名称、规格型号或者主要服务内容及服务标准、入围单价。

6. 公告期限。

第11条 签订框架协议。确定入围供应商后，采购部应当向入围供应商发出入围通知书，并在入围通知书发出之日起30日内与入围供应商签订框架协议。

第4章 附则

第12条 本办法由采购部负责编制、解释与修订。

第13条 本办法自××年××月××日起生效。

5.3.5　单一来源采购管理办法

单一来源采购方式缺乏竞争性，使采购方处于被动，难以达到理想的采购效果，是企业不得已而为之的采购方式。因此，企业应制定单一来源采购管理办法，加强对单一来源采购过程的控制，确保单一来源采购工作顺利完成。以下是一则单一来源采购管理办法，仅供参考。

单一来源采购管理办法

第 1 章　总则

第 1 条　为了规范企业单一来源采购管理工作，提高采购工作质量和效率，特制定本办法。

第 2 条　本办法适用于企业单一来源采购管理工作。

第 3 条　单一来源采购是指采购人员从某一特定供应商处采购货物、工程和服务的采购方式。

第 4 条　招标采购办公室负责单一来源采购管理工作的指导、监督；采购部负责组织实施企业采购项目单一来源采购管理工作。

第 2 章　单一来源采购办法的实施

第 5 条　符合下列情形之一的，采购部可以依照本办法采购。

1. 只能从唯一供应商处采购的。

2. 发生了不可预见的紧急情况，不能从其他供应商处采购的。

3. 必须保证原有采购项目一致性或符合服务配套的要求，需要继续从原供应商处添购的。

第 6 条　发布单一来源采购方式公示。属于只能从唯一供应商处采购的情形，且达到招标规模或数额标准的采购项目，拟采用单一来源采购方式的，采购部应在企业指定的媒体上发布采购公示，期限不少于五个工作日。

第 7 条　公示内容包括采购人、采购项目名称、预算和内容，拟采购项目的说明，采用单一来源采购方式的原因及相关说明，拟定的唯一供应商名称、地址，公示的期限，采购人联系地址、联系人和联系电话。

第 8 条　采购公示异议。采购部收到对采用单一来源采购方式公示的异议后，应当在公示期满后五个工作日内，组织补充论证。补充论证后，认为异议成立的，应当采取其他采购方式；认为异议不成立的，应当将异议意见、论证意见与公示情况一并报招标采购委员会审批，审批通过后，应当将补充论证的结论告知提出异议的供应商、企业或者个人。

第 9 条　编制单一来源采购文件。采购部负责按照采购项目的特点和采购需求编制单一来源采购文件。单一来源采购文件应当载明技术和商务要求、对供应商报价的要求及其计算方式、合同条款和格式等内容。

第 10 条　发出采购文件。采购部应以书面形式向确定的特定供应商发出采购文件。

第 3 章　单一来源采购方式的实施

第 11 条　组建采购小组。采购之前，采购部负责组建采购小组，采购小组由采购人代表及有关专家组成，人数为三人以上的单数，其中专家人数不得少于成员总数的三分之二。

参加过采购文件征询意见的专家，不得再作为采购小组专家参加同一项目的采购。采购人代表不得以专家身份参与本部门或者本单位的采购项目。

第 12 条　协商采购。采购小组收到供应商提交的响应文件后，应当在保证项目质量和合理价格的基础上集中与供应商进行协商，确定采购对象的技术商务条件及报价。

第 13 条　编制协商情况记录。协商结束后，采购小组应根据协商情况和供应商的最终报价，编制协商情况记录，并上报采购部。协商情况记录须由采购小组全体成员签字，采购小组成员对协商情况记录有异议的，应在记录上说明理由，未说明理由的，视为同意。

协商情况记录主要包括公示情况说明、协商日期和地点、采购人员名单、供应商提供的采购标的成本、同类项目合同价格，以及相关专利和专有技术等情况说明、合同主要条款及价格商定情况。

（续）

第 4 章　单一来源采购结果确定

第 14 条　确定成交供应商。采购部应在收到协商情况记录后五个工作日内确定成交供应商。

第 15 条　签订合同。采购部与成交供应商应当自发出成交通知书之日起 30 日内签订采购合同。在签订合同时，不得向成交供应商提出超出采购文件以外的任何要求作为签订合同的条件，不得与成交供应商订立背离采购文件确定的合同文本以及采购标的、规格型号、采购金额、采购数量、技术和服务要求等实质性内容的协议。

第 16 条　出现下列情形之一的，采购部应当终止采购活动，并在企业指定媒体上发布项目终止公告，说明原因，重新开展采购活动。

1. 因情况变化，不再符合规定的单一来源采购方式适用情形的。

2. 出现影响采购公正的违法、违规行为的。

3. 报价超过采购预算的。

第 5 章　附则

第 17 条　本办法由采购部负责编制、解释与修订。

第 18 条　本办法自××年××月××日起生效。

5.4　委托招标

5.4.1　招标代理选择办法

招标代理选择办法可以更好地规范招标人选择招标代理的行为，维护招投标活动的正常秩序，提高采购工作质量。下面是一则招标代理选择办法，仅供参考。

招标代理选择办法

第 1 章　总则

第 1 条　为了规范招标代理机构选择工作，维护招投标活动的正常秩序，特制定本办法。

第 2 条　招标人不具备自主招标能力的应在行业主管部门和招投标综合监管部门的监督下通过公开招标方式选定招标代理机构并依法签订委托代理合同。

第 3 条　参与招标代理机构选定活动的投标人必须是具备相应招标代理资质的中介机构。

第 4 条　招标代理机构选定办法按照项目投资规模可分为随机抽取法和综合评估法两种。

第 2 章　随机抽取法

第 5 条　总投资额＿＿万元以下含＿＿万元的采购项目应采用随机抽取法选定招标代理机构。

第 6 条　随机抽取法的具体操作程序如下。

1. 招标人在政府指定媒体上发布公开选定招标代理机构的公告并在公告前＿＿＿个工作日内将公告内容报行业行政主管部门及招投标综合监管部门备案。公告应包括以下内容。

（1）招标人的名称和地址。

（2）招标项目的名称、内容、委托代理服务费金额、实施时间和地点等。

（3）对投标人要求的报名条件、报名办法等事项。

（4）随机抽取的时间和地点。

（5）公告应当告知的其他内容。

（续）

2. 申请投标的招标代理机构按照招标公告要求进行投标报名。投标人报名时间不少于____个工作日，报名截止时间即招标代理机构随机抽取时间。

3. 组织随机抽取

（1）招标人通知投标人到场后在行业主管部门及招投标综合监管部门监督下由操作人员按照进入公开随机抽取程序的投标人数向抽取机内放入大于或同等数量的号码。

（2）按投标人报名的顺序，每个投标人的法定代表人或者其委托代理人随机抽取一个号码。投标人抽取的号码即代表该投标人的号码。

（3）将所有抽取确定的号码放入抽取机内，由招标人代表随机抽取其中的三个号码。

（4）随机抽取的第一个号码对应的投标人为第一候选人，第二、第三个号码对应的投标人为第二、第三候选人。

（5）对抽取的候选人进行资格审查，符合资格的方可被正式确定为中标候选人，当第一中标候选人资格不合格时，招标人可以确定第二中标候选人为中标人，以此类推。当三名候选人均不符合要求时应重新组织随机抽取。

（6）招标人依据抽签后审查结果确定中标人并向中标人发出中标通知书。

第 7 条 采用随机抽取法的招标项目，当单个项目报名的合格投标人超过 30 家时，招标人可在合格投标人中直接抽取中标候选人，也可只选定不低于合格投标人数量 20 的招标代理机构直接进入抽取程序，对未参加抽取的单位招标人应提前通知。

第 3 章 综合评估法

第 8 条 总投资额在____万元以上，工程复杂、技术难度大、专业性较强的项目，除采用随机抽取法外，也可采用对招标代理机构资格等级、实力与资信、代理业绩、市场行为、投标报价和投标人对本项目编写的招标代理方案进行评审打分的综合评估法。

第 9 条 综合评估法的具体操作程序如下。

1. 招标人在政府指定媒体上发布公开选定招标代理机构的公告，并在公告前____个工作日内将公告内容报行业主管部门及招投标综合监管部门备案。公告内容应包括招标人的名称和地址，招标项目的名称、内容、实施时间和地点，对投标人要求的报名条件、报名办法等事项，递交投标文件的截止时间和地点，以及公告应当告知的其他内容。

2. 申请投标的招标代理机构按照招标公告要求进行投标报名，报名时间不少于两个工作日。

3. 投标人按照招标公告的要求编制投标文件，投标人报名截止时间与投标文件递交截止时间之间不得少于____个工作日。

4. 按以下标准评审打分，第（2）至第（6）项总分为 100 分。

（1）招标代理机构资格等级必备条件。

（2）招标代理机构实力与资信（20分）。

（3）投标报价（10分）。

（4）招标代理机构代理业绩（20分）。

（5）招标代理机构市场行为（20分）。

（6）招标代理机构编写的招标代理方案（30分）。

第 10 条 当项目招标代理机构资格等级要求为暂定级时，资格等级为甲级的招标代理机构的评审总分可加 2 分，资格等级为乙级的可加 1 分。

当项目招标代理机构资格等级要求为乙级时，资格等级为甲级的招标代理机构的评审总分可加 1 分。

按评审打分结果排出前三名投标人，排名第一的为第一中标候选人，排名第二、第三的为第二、第三中标候选人。

第 11 条 中标的招标代理机构除不可抗力因素外不得放弃中标。

（续）

> 第12条　招标人与中标人应当在中标通知书发出____个工作日内签订委托招标代理合同，并按项目管理权限向行业主管部门及招投标综合监管部门提交选择确定情况书面报告。
>
> 第4章　附则
>
> 第13条　本办法由采购部负责编制、解释与修订。
>
> 第14条　本办法自××年××月××日起生效。

5.4.2　招标采购代理管理办法

招标采购代理管理办法可以更好地规范招标代理服务收费行为，维护招标人、投标人的合法权益。以下是一则招标采购代理管理办法，仅供参考。

招标采购代理管理办法

第1章　总则

第1条　为了加强对招标代理机构的监管，确保采购项目委托代理规范运作，特制定本办法。

第2条　本办法所称招标代理机构是指依法设立的具有独立法人资格，由国家有关部门批准从事招标代理业务，经公开招标进入企业招标代理机构库，并在其资格许可、招标人委托范围、招标代理委托合同约定的职责和权限内办理相关招标事宜的社会中介组织。

第3条　本办法适用于企业招标代理机构库内招标代理机构的管理。

第2章　招标采购代理机构的管理

第4条　企业应以公开招标确定招标代理机构，原则上按工程、物资和服务三个类别组建招标代理机构库，每三年组建一次。

第5条　企业采购管理部门应建立招标代理机构信息档案，记录招标代理机构服务期限、违规记录、考核评价、人员变动等方面的信息，对招标代理机构的服务实施痕迹化管理。

第6条　招标代理机构发生下列情况之一的，须在政府资格管理部门办理相关手续后____日内到企业采购管理部门登记备案。

1. 分立或者合并，相关经营业务变更。

2. 变更单位名称、法定代表人、项目负责人、项目组成员、经营地点。

3. 宣布机构解散、破产或者因其他原因终止业务，办理注销手续。

第7条　在项目代理过程中，招标代理机构不得存在以下行为。

1. 隐瞒发现的问题或者与有关单位、个人串通舞弊。

2. 利用受托工作之便获取不正当利益。

3. 将受托成果用于与受托事项无关的事务中。

4. 违反保密纪律或回避规定。

5. 拒绝接受指导和监督。

6. 不履行框架协议规定义务。

7. 资格信息发生变更不按规定备案。

8. 擅自修改评标结果及相关记录，弄虚作假，误导招标人确定中标结果。

9. 对异议、投诉不能及时给予解决，造成不良影响。

10. 因违法违纪受到相关政府监管部门、行业主管部门通报、暂停业务等处罚。

第3章　招标采购代理机构的选取和使用

第8条　招标代理机构的选取原则上按照类别和轮次随机抽取，抽取轮次在企业本部及各单位内循环进行，所有招标代理机构均被抽中一次后，重新开始下一轮抽取；某一类别代理机构有多家被暂停业务等特殊情况下，可跨类别抽取代理机构。

第 9 条　招标代理机构确定后，采购项目实施部门应与招标代理机构签订招标代理业务约定书，重点约定项目完成时间、服务人员、开评标地点、代理服务费计算基数、归档资料移交等主要内容。

第 10 条　招标代理工作结束时，招标代理机构应按照框架协议约定的付费标准，填写招标代理服务费用确认单，并由招标代理机构、采购项目实施部门（单位）、采购管理部门共同确认并签字盖章。

第 4 章　招标采购代理机构的评价

第 11 条　招标代理机构的评价分为项目评价和年度评价。项目评价是指对招标代理机构组织单个项目的过程评价；年度评价是指对招标代理机构年度代理项目的总体评价。

第 12 条　项目评价。项目评价由采购项目实施部门会同相关部门有关人员，按照企业招标代理项目评价表的内容，采取“一项一评”方式进行。

1. 每一项目评价满分 100 分，80 分（含）以上为合格，80 分以下为不合格。

2. 项目评价应严肃认真、实事求是，通过评价引导招标代理机构提升工作质量和服务水平，严禁擅自将项目评价结果透露给招标代理机构相关人员。

3. 严禁招标代理机构人员参与、干涉项目评价工作。

第 13 条　年度评价。年度评价由企业采购管理部门统一组织，以相关部门（单位）项目评价平均得分为基础，结合企业采购管理部门对招标代理机构日常管理情况进行评价。年度评价满分为 100 分，其中项目评价占 90%，企业采购管理部门组织的评价占 10%。

第 5 章　招标代理机构评价结果处理

第 14 条　项目评价考核结果处理措施如下。

1. 招标代理机构项目评价合格时，做以下处理。

（1）项目评价得分在 90 分（含）以上的，按照招标代理服务付费标准支付相应代理费用。

（2）项目评价得分在 80（含）~90 分的，项目实施部门和单位可结合项目代理服务情况对招标代理机构进行约谈警告、适当调减代理费用或暂停一个抽取轮次的代理业务。

2. 招标代理机构项目评价不合格时，做以下处理。

（1）项目评价出现一次不合格的，在全企业范围内暂停三个月代理业务；由代理机构进行整改并出具整改报告，通过采购管理部门组织的验收且暂停期满后，方可恢复代理业务。

（2）项目评价累计出现两次不合格的，在全企业范围内暂停六个月代理业务；由代理机构进行整改并出具整改报告，通过采购管理部门组织的验收且暂停期满后，方可恢复代理业务。

（3）项目评价累计出现三次不合格的，终止业务代理合同。

第 15 条　年度评价出现一次不合格的，在全企业范围内暂停六个月代理业务；由代理机构进行整改并出具整改报告，通过企业采购管理部门的验收且暂停期满后，方可恢复代理业务。年度评价出现两次不合格的，终止代理合同业务。

第 6 章　附则

第 16 条　本办法由采购部负责编制、解释与修订。

第 17 条　本办法自 ×× 年 ×× 月 ×× 日起生效。

第6章
采购谈判与合同管理

6．1　采购谈判过程管理

6.1.1　采购谈判规划

采购人员必须懂得如何进行采购谈判，而一场成功的谈判的关键在于进行合理的规划。通过合理的采购谈判规划可以明确采购谈判目的，降低采购谈判成本。采购谈判规划的内容主要有以下三个方面。

1．谈判目标及底线规划

谈判目标可分为三级，分别为最高目标、可接受目标和最低目标。最高目标是努力争取的，可接受目标是可谈判的目标，最低目标是妥协退让的底线。

2．谈判策略规划

谈判策略是采购人员为实现预期的谈判目标而采取的措施或手段。企业在进行谈判策略规划时可以根据对方的态度、实力以及谈判风格制定相应策略。

3．价格规划

在进行价格规划时，采购人员可以根据企业战略与自身实际情况选择接近市场价格、低于市场价格或高于市场价格进行定价。

6.1.2　采购谈判准备

企业在进行采购谈判前，要做好充足的准备。只有在谈判前未雨绸缪、知己知彼，才能运用正确的谈判策略，使自己在谈判活动中占据主动，将决策风险降到最低。采购谈判的准备工作主要包括以下五方面。

1．收集谈判信息

采购谈判的成败、谈判者所占据的地位，往往取决于对信息的掌握程度。掌握的信息越多，在谈判中越容易处于主动地位。通过了解和分析信息，谈判者可以对谈判双方最大的需求和让步范围、幅度等有清醒的认识。采购人员需收集的谈判信息如表 6-1 所示。

表 6-1　采购人员需收集的谈判信息

收集的谈判信息	具体要求
相关资料	◆ 谈判历史资料。了解供应商谈判技巧、供应商处理上次谈判的方式等 ◆ 产品与服务的历史资料。了解价格历史走势、物资品质历史走势等，作为谈判的筹码 ◆ 宏观环境资料。了解法律、法规、政策等，增强谈判力 ◆ 供应商情报资料。了解价格趋势、科技重要发明、市场占有率等供应商产品市场信息
议价分析	◆ 采购人员在财务部相关人员的帮助下，对物资成本进行专业分析，建立议价底线 ◆ 进行比价分析，需要分析价格和成本两个项目 ◆ 确定实际与合理的价格
双方优劣势	◆ 根据采购数量的大小、主要原材料、标准化或没有差异化的产品、利润的大小、商情的把握程度评估本企业的实力 ◆ 通过判定是否独家供应或独占市场、是否是复杂性或差异化很大的产品以及产品的转换成本等综合考察供应商的实力 ◆ 通过可替代产品的可选种类以及替代产品的差异性分析替代产品 ◆ 分析所处行业的成长性、竞争的激烈程度和行业的资本密集程度 ◆ 分析新供应商的开发资金需求的大小、供应物资的差异性和采购渠道的建立成本

2．组建谈判队伍

根据谈判任务的具体情况，采购部应组建适量规模的谈判队伍。谈判队伍一般包括以下成员。

（1）谈判首席代表，在谈判中拥有领导权和决策权。

（2）技术人员，由熟悉生产技术、产品标准和科技发展动态的工程师担任。

（3）商务人员，由熟悉商业贸易、市场行情、价格形势、财务情况的贸易专家担任。

（4）法律人员，由精通经济贸易相关的各种法律条款的专家担任。

（5）翻译人员，在采购谈判中不仅能起到语言沟通作用，而且能改善谈判气氛，增进谈判双方的了解、合作和友谊。

（6）记录人员，具备熟练的文字记录能力，并具备一定的专业基础知识。

3．制定谈判方案

采购部应根据采购项目的特点制定谈判方案，在谈判方案中应分别确定采购谈判三个目标，即最低目标、可接受目标和最高目标。企业应提前将采购谈判方案与相应资料发给参与谈判的人员，以便他们进行准备工作。

4．进行模拟谈判

模拟谈判也就是正式谈判前的"彩排"。它是商务谈判准备工作中的最后一项内容。重大采购项目必须经过谈判模拟，以便发现谈判规划中的疏漏，对谈判规划进行补充完善，提高相关人员的采购谈判技能。

模拟谈判是从己方人员中选出某些人扮演谈判对手，提出各种假设和臆测，从对手的谈判立场、观点、风格等出发，和己方主谈人员进行谈判的想象练习和实际表演。

5．布置谈判现场

谈判环境的优劣会对谈判产生重要影响。在舒适明亮、色彩悦目的房间里，人们会心平气和、思维清晰，更容易理解对方的意愿和要求，并做出恰当的反应。在阴暗的房间里，人就会烦躁不安。

谈判小组在布置谈判会场时，最好选用长方形或椭圆形的谈判桌，会场进门正对面座位或进门后右手边的座位为尊，应让给供应商。除此之外，谈判小组还要准备好采购谈判必备的文件、文具等。

6.1.3　采购谈判内容

采购谈判是指企业与供应商就购销业务的有关事项进行反复磋商，谋求达成协议，建立双方同意的购销关系的活动。采购谈判的主要内容如图 6-1 所示。

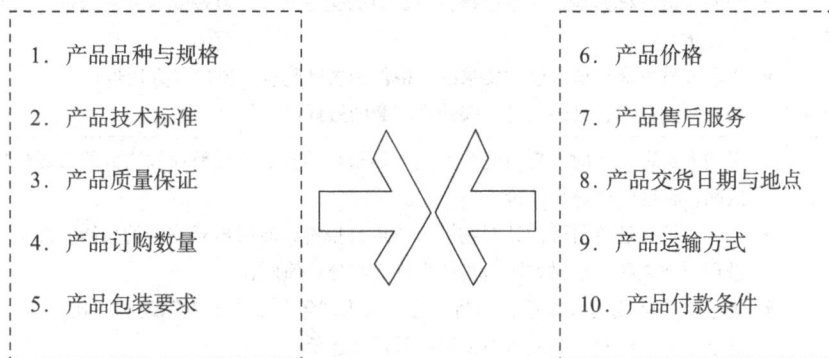

1．产品品种与规格	6．产品价格
2．产品技术标准	7．产品售后服务
3．产品质量保证	8．产品交货日期与地点
4．产品订购数量	9．产品运输方式
5．产品包装要求	10．产品付款条件

图 6-1　采购谈判的主要内容

6.1.4　采购谈判程序

在采购过程中，企业与供应商谈判是十分重要的商业行为，采购人员通过谈判不仅可以找到问题的解决方案，还可以解决企业和供应商之间的争议。采购谈判的程序与说明如表 6-2 所示。

表 6-2　采购谈判程序与说明

序号	程序	说明
1	谈判双方相互介绍，并提出各自条件	◆ 双方进行介绍，包括个人信息、企业信息 ◆ 采购人员必须充分做好功课，详细了解自己采购产品的所有资料，并且要对供应商明确地提出各方面的要求，守住自己的采购底线
2	双方对合作内容进行具体协商	◆ 合理运用谈判技巧，随机应变，达成谈判目标 ◆ 在关注价格的同时也应注重品质、交期、服务等
3	针对谈判分歧可进行多次磋商，直至双方达成一致意见	◆ 一定要与供应商的供货决定人进行谈判。有决策权的人可以提供一些他所能提供的比较大的权利和比较多的服务 ◆ 在谈判过程中，谈判小组应灵活运用谈判方案，确保能在谈判目标的范围内与供应商达成一致
4	形成谈判协议	◆ 谈判达成一致后，应根据谈判最后达成的条件制定采购谈判协议 ◆ 在谈判协议中将采购各事项交代清楚，以便于执行 ◆ 及时上报采购协议，经审核通过后草拟合同

6.1.5　采购谈判技巧

在采购谈判过程中，除了运用制定的谈判方案外，还需要用到一定的技巧，以达到采购人员的谈判目的，降低企业的采购成本。采购谈判技巧如表 6-3 所示。

表 6-3　采购谈判技巧

技巧	说明
报价技巧	◆ 报价应该坚定、明确、完整，且不加任何解释说明，以免对方对报价提出质疑 ◆ 采购人员可称其他第三方已提供更优惠的交易条件，以探知对方的低价，从而寻求更多的让步 ◆ 采购人员可提出低于己方要求的价格作为谈判起点，迫使对方让步 ◆ 在谈判过程中，采购人员需探知供应商的最低出让价
还价技巧	◆ 采购人员在还价时，要讲究弹性，根据采购预算、产品特征和物资的市场价格制定价格区间，在区间内进行还价 ◆ 采购人员在还价时可以针对物资整体进行报价，然后再对物资的品质、加工精细程度等进行详细说明，让对方明白整体报价的细分价值所在 ◆ 将小单位转化为大单位，如将"月"改为"年"或"千克"改成"吨"，使采购量在感觉上增多，给对方造成压力，迫使其接受还价 ◆ 采购人员在谈判过程中，可巧妙地暗示对方存在的危机，迫使对方接受还价，但这种方法必须点到为止，以给对方雪中送炭的感觉，使其真心诚意地合作
让步技巧	◆ 不到让步时绝不让步 ◆ 让步幅度要小，让对方感觉自己的让步很艰难，感觉获得了胜利

技巧	说明
打破僵局技巧	◆ 回避分歧，转移议题。双方对某一议题产生严重分歧时，可以换一个新的议题谈判 ◆ 准备多种方案。谈判中存在多种满足双方利益的方案，在谈判期间应准备多种方案 ◆ 运用休会策略。双方借休会冷静下来，可召集谈判小组成员，集思广益 ◆ 利用调解人，寻找一个双方都能接受的调解人，缓和双方矛盾 ◆ 应抛弃旧的传统观念，正确认识谈判中的僵局
沟通技巧	◆ 谈判开始时，要先讨论容易解决的问题，然后再讨论容易引起争论的问题 ◆ 强调双方处境的相同要比强调彼此处境的差异，更能使对方理解和接受 ◆ 强调合同中有利于对方的条件，这样才能顺利签订合同 ◆ 要有一定的耐心

6.1.6　采购价格谈判

在采购谈判中，价格谈判是重要的一环，物资的进价关乎最终的销售成本。也就是说，进价谈得好不好，对后期的销售利润有直接的影响。一般来说采购价格谈判要经历以下三个步骤。

1．报价

供应商报价时通常都会提供报价单，采购人员可以通过报价单了解产品的详细信息。同时要保证接受报价时，能把产品的基本资料收集齐全。对产品的信息越了解就能掌握越多的信息点，从而为谈判提供依据。

2．访价

企业可以成立专门的访价小组，进行市场调查，主要是采集产品价格和促销信息。采购部要对访价小组采集回来的信息进行整理分析，把握其中的问题点，确定价格谈判的策略。

3．议价

当访价结果分析出来后，采购人员可以对有意向的供应商安排谈判议价。采购人员可根据产品的成本结构进行议价，并且在议价时可以运用一定的谈判技巧。

采购价格管理作业规范，扫描下方二维码即可查看。

6.2 采购合同签订与执行

6.2.1 采购合同的拟定

在拟定采购合同时，应确定双方合作的内容和条款，保证交易的可靠有效，降低采购风险，最大限度地维护企业利益，提高经济效益。

1．采购合同的必备内容

采购人员应先拟定合同草案，之后提交相关人员审批，确定正式的合同。采购合同至少应包括以下九个方面的内容。

（1）合同签订双方的姓名、住所和联系方式。

（2）合同标的全称、价款。

（3）采购物资的数量和规格。

（4）采购物资的品质和相关技术要求。

（5）物资验收标准和验收方式。

（6）售后服务及其他优惠条款。

（7）违约责任和解决争议的方法。

（8）采购付款方式和付款时间。

（9）合同履约方式、合同期限和到货地点。

2．采购合同的审批

在采购合同拟定完成后，企业通常会成立一个小组对合同进行审查与确定，各部门的审定职责如表6-4所示。

表6-4　各部门的审定职责

审定部门	审定职责
采购部	◆ 明确企业需求、合同范围 ◆ 检查商务条款合理性 ◆ 明确需求变更及合同更改的处理 ◆ 明确统一术语的理解 ◆ 明确专利信息 ◆ 检查服务内容可行性 ◆ 检查产品相关信息
风控中心	◆ 识别合同中的风险并进行评估
法务部	◆ 明确知识产权或版权的保护 ◆ 检查法律条款的正确性

审定结束后，各部门将各自的审定内容和审定意见填写在合同审定记录表中，总结合

同模板评审结果并综合分析，发现确有不妥之处的，应责成合同拟定部门人员修改或重拟，直至确认无误后提交总经办审批。

6.2.2　采购合同的修订

草拟采购合同后，企业应与供应商进行协商、确认。当供应商不同意其中的合同条款时，可以提出修订申请。合同修订的内容主要有以下三点。

1．首部和必备条款的修订

合同首部的修订主要是"鉴于"条款内容的修订，"鉴于"条款用于陈述合同订立的目的，可以很好地起到风险防范和违约责任认定的作用。

修订合同中的必备条款时，应注意不要有遗漏。例如，"标的"的交付条款，通常会遗漏交割方式和交付标准。

2．功能性条款修订

合同中的功能性条款主要是定义条款、义务条款、担保条款以及其他约定等，企业在修订该条款时需要明确内容，防止乱用"陈述""保证"等说法。

修订功能性条款时还应注意利益平衡，放弃追求权力的绝对平等，将注意力放到假设放弃这种权利平等是否能够换取相应的商业利益上。

3．违约责任的修订

违约责任的修订内容包括对违约损失范围、违约金的具体数额或者计算方式、违约金的支付方式和期限、违约责任的认定四个方面。当违约金额与可能造成的损失不匹配或不合理，以及免责条款描述不清晰时，供应商可提出违约责任的修订要求。

6.2.3　采购合同的签订

经过多轮采购谈判后，采购双方将进入合同的签订阶段。采购双方对合同内容协商并取得一致意见后，双方在合同的指定位置上签字并盖章，采购合同即可生效。

1．采购合同的草签

采购合同的草签，即企业和供应商双方当事人在准备交易或正在交易过程中，有时需要做出一定的意思表示，该意思表示以意向为名，称之为草签。

企业可根据实际情况决定是否需要进行采购合同的草签。采购双方在自愿的情况下草签的，并且有双方签名的合同，是具有法律效力的。

若双方还需签订正式合同，则必须在草签合同中注明"以正式合同为准"的字样，以免草签合同和正式合同发生冲突，引起不必要的纠纷，给企业造成损失。

2．采购合同的正式签订

采购合同正式签订时，应注意表 6-5 所示的事项。

表 6-5　采购合同正式签订的注意事项

注意事项	具体解释
审核采购合同主要条文	◆ 签订采购合同时，一定要仔细阅读有关条款，对一些不合理或有歧义的条款内容一定要和供应商落实清楚，以免在合同实施中引起纠纷 ◆ 合同上清楚地注明企业所采购产品的名称、数量、规格、单价等内容 ◆ 采购合同上注明采购产品的质量等级和标准
明确双方应承担的义务和违约的责任	采购双方应就违约事项约定解决方式以及法律责任，以此来维护自己的合法权益，如约定在违反合同事项时支付违约金
其他事项	◆ 采购合同上供应商的签字及盖章项目应齐全、无误 ◆ 企业可根据采购合同的金额数目，采用网签或现场签订的方式

采购合同签订作业规范，扫描下方二维码即可查看。

6.2.4　采购合同的履行

合同履行是采购合同管理的重点，做好合同履行管理工作，可以有效地防范合同风险，确保采购相关工作的顺利开展。采购合同履行过程中应关注以下五个要点。

1．订单管理

合同签订后即具有了法律约束力，采购人员应及时向供应商发送订货单，以便供应商及时准备企业采购的物资。

对于需要按照样品或图纸生产的产品，若存在生产周期长的情况，应要求供应商提供进度安排，确保其能及时交货。如果供应商交付物资的速度会延缓企业的生产进度，采购部应减少在供应商处的采购数量，并与其他供应商联系，增加采购数量。

2．进货验收

采购人员应配合质量管理部做好采购产品的验收工作，当所采购产品不符合合同约定的标准时，应积极联系供应商进行处理。

企业应当建立严格的合同验收制度，成立或指定独立的职能部门进行合同验收，根据合同内容制作验收清单，确保合同所有内容得以履行。

3．货款支付

采购货款支付是采购合同履行过程的重要环节，采购人员在业务洽谈、合同确立的过程中就要与供应商谈妥付款方式，在采购项目结束后，协助财务人员按合约规定的支付条款向供应商付款，并进行跟踪。

4．违约处理

合同签订后进入执行阶段，采购人员应随时跟踪合同的履行情况，发现合同相对方可能发生违约、不能履约或延迟履约等行为，或企业自身可能无法履行或延迟履行合同，应及时报告领导处理。企业应该采取自救手段，维护自身利益。

5．注意事项

采购合同签订后，相关人员应对合同的履行过程进行严密的跟踪。合同履行跟踪的注意事项如图 6-2 所示。

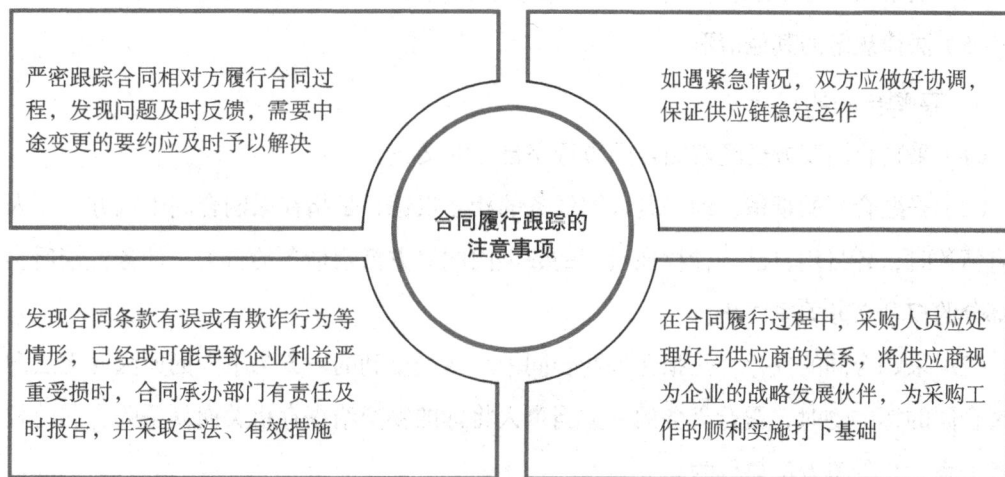

图 6-2　合同履行跟踪的注意事项

6．2．5　采购合同的撤销、中止、解除和终止

采购双方签订采购合同后，基于一定情况可以对合同进行撤销、中止、解除和终止处理，参考《中华人民共和国民法典》，总结出以下内容。

1．采购合同的撤销

当发现以下情况时，采购合同可以撤销。

（1）基于重大误解签订的合同。

（2）当事人一方以欺诈或胁迫手段，使另一方违背真实意思签订的合同。

（3）当事人一方利用对方处于危困状态、缺乏判断能力等情形，使合同有失公平的。

2．采购合同的中止

当发现以下情况时，采购合同可以中止。

（1）当事人一方经营状况严重恶化。

（2）当事人一方转移财产、抽逃资金以逃避债务。

（3）当事人一方丧失商业信誉。

（4）当事人一方有丧失或可能丧失履行合同能力的其他情形。

3．采购合同的解除

当发现以下情况时，采购合同可以解除。

（1）因不可抗力不能实现合同目的。

（2）在履行期限届满前，当事人一方明确表示或者以自己的行为表明不履行债务／合同。

（3）当事人一方延迟履行债务／合同，经催告后在合理期限内仍未履行。

（4）当事人一方延迟履行债务／合同或者有其他违约行为致使不能实现合同目的。

（5）法律规定的其他情形。

4．采购合同的终止

（1）采购合同双方已经按照合同履行完自己的义务。

（2）采购合同的抵销，即采购合同债务的相互抵销，是指在采购合同中双方当事人互相有债务时，各自用自己的债权在对等的数额内同对方抵销债务的行为。债务抵销后，抵销部分的权利义务关系终止。

（3）采购合同的提存，是指在采购合同中因享受权利的一方当事人的原因而无法向其交付合同的标的物时，履行义务的一方当事人将标的物交给提存机关而使采购合同的权利义务关系终止的单方法律行为。

（4）采购合同的债务免除，是指采购合同中的债权人免除债务人债务的单方法律行为。当债权人免除债务人的全部债务时，采购合同终止。

（5）采购合同的债权债务混同，是指在采购合同中债权人和债务人成为一个人，致使债权人与债务人之间的权利义务关系终止。采购合同的债权与债务同归于一人时，其既是债权人又是债务人，自己向自己履行债务是毫无必要的，合同的权利义务就应当终止。

采购合同变更流程，扫描下方二维码即可查看。

6．2．6　采购合同归档管理办法

企业在采购活动结束时，应将采购合同进行归档，有效地收集采购合同履行过程中有价值的材料，以便更好地管理供应商，维护企业的经济利益，降低经营风险。下面是一则采购合同归档管理办法，仅供参考。

采购合同归档管理办法

第 1 章　总则

第 1 条　目的

1．加强采购合同文档的管理工作，提高档案管理水平，逐步实现企业合同管理工作的规范化、制度化、科学化。

2．便于开展采购合同使用过程中的归档工作。

第 2 条　适用范围

本办法适用于企业所有采购合同的编号与归档工作。

第 3 条　职责分工

1．采购合同档案管理人员负责统筹、协调、组织、整理、保管采购活动中所有合同文档。

2．采购经理负责档案文件的归档、销毁的审批工作。

第 2 章　采购合同归档流程

第 4 条　基本内容检查

1．检查能证明签约方履约能力的资质证明、营业执照等材料是否齐全、是否在有效期内。

2．核对合同上所写的单位名称、法定代表人与所提供的资质证明、营业执照所标明的是否一致。

3．检查合同内容是否完善，有无缺漏。

第 5 条　确定归档逻辑

企业可根据合同种类、合同金额、合同提交部门、合同签署时间等自定义规则。可多要素同时记录，便于后期精准查找，也可结合财务中会计记账费来进行分类管理。

第 6 条　拟定合同编号

每份合同需要拟定唯一身份代码，可以是"自行编译的字母 + 数字"组合字段。此步骤可根据自身需求选取合适的编码规则。

第 7 条　合同存库

纸质合同按照归档逻辑进行存库，需严格按照归档规则进行排列，以降低后期调阅花费的时间成本。

电子合同按照归档逻辑建立数据库，因电子数据容易丢失，建议多处备份。如备份在移动硬盘与共享网盘中，可以最大限度地降低数据不小心灭失的风险。

第 3 章　采购合同编号

第 8 条　合同编号形式

合同编号由四级编码组成：××司××合〔××××〕第××号。

第 9 条　合同编号规则

1．一级编码"××司"：由企业简称表示，后缀"司"，如供应链企业为"供应链司"。

2．二级编码"××合"：合同承办部门（即责任部门）缩写。缩写规则：一般取部门名称两个字缩写，后缀"合"字。

3．三级编码"〔××××〕"：签订日期缩写。例如，在 2023 年 1 月签订的合同，该级编码为"〔202301〕"，括号用六角括号。

4．四级编码"第××号"：合同流水号。根据合同签订先后顺序编制，编号代码为三位阿拉伯数字，即从"001"到"999"止，后缀"号"字。

（续）

第 10 条　举例

供应链企业采购部于 2023 年 1 月签订的第 10 号采购合同的合同编号为：供应链司采购合〔202301〕第 010 号。

第 4 章　采购合同归档要求

第 11 条　需归档的资料

供应商资料、采购合同、履约记录、原材料质量反馈单、报价单、对账单、违约证明、联络函或其他与供应商有联系的文件资料。

第 12 条　归档时间

合同一般性附件、合同签收记录、履行情况记录等在合同履行完毕后一个月内归档，并将上年度的合同报表上报法律事务部。

第 13 条　归档的具体要求

1. 凡是有法律效用的文件材料或机密性文件，合同履行完毕后，合同主管部门经办人应对自己审查的合同办理关闭手续并进行归档，实行合同全过程的闭环管理。

2. 归档文件材料应齐全完整，按照文件的自然形成规律保持文件之间的历史联系及真实性。

3. 所有文档均要编号，并建立目录，逐项填写清楚，书写工整。

4. 所有存档文件格式统一，并且有相关部门领导签字或盖章。

5. 采购部合同要有专人、专位的保管。

第 14 条　采购合同的保存期限

采购标的在____万元以下的需保存三年。

采购标的在____万元 ~____万元的需保存五年。

采购标的在____万元以上的需永久保存。

第 15 条　采购合同的销毁

1. 采购合同保管期限已满或已失效需要销毁时，由采购部合同管理人员提出销毁意见，编制销毁清单，该清单永久保存。

2. 办理销毁手续，必须经由采购经理批准后，方能销毁。

3. 采购合同保管期已满，但其中未了结的债权债务和合同文件，应单独抽出，另行建立合同，由合同管理人员保管到结清债权债务和合同改造完毕为止。

第 5 章　附则

第 16 条　编制单位

本办法由采购部负责编制、解释与修订。

第 17 条　生效时间

本办法自 × × 年 × × 月 × × 日起生效。

第7章
采购质量控制

7.1 采购质量标准制定

7.1.1 采购质量标准要点

采购质量标准不仅要满足企业自身的采购质量要求，还应获得供应商的肯定，最好通过 ISO9000 质量认证。各类别采购物资的质量标准要点如表 7-1 所示。

表 7-1 采购物资的质量标准要点

物资类别	质量标准要点
食品、饮料、烟类	主要包括等级、用途和成分等
皮革、木材类制品	主要包括股数、经纬纱特数、原料、加工方式及程度、单位质量、厚度、尺码大小、用途、色泽等
化学品类	主要包括成分、纯度、外观形状、质量、等级、颜色、用途、生产方式及反应时间等
基本金属类	主要包括含碳量、合金的相对成分，厚度、内径、镀锌、涂漆、用途、加工方式及成分、单位质量、拉力、用途规范标准等
一般金属制品	主要包括原料、用途、尺码大小、外形等
机械设备类	主要包括用途、产量、操作方式及限度、构造等
仪器类	主要包括用途、精密度、操作方式及限度、构造等
非金属矿产品类	主要包括比重、可燃性、闪光点、纯度、用途、加工方式及程度、厚度、尺码大小等

7．1．2 采购质量标准制定流程

编制采购质量标准时，采购质量标准编制人员可在质量管理部和技术部的协助下，根据各类物资的质量评价要素确定相应的技术规格，为编制工作做好充分准备。具体编制流程如图 7-1 所示。

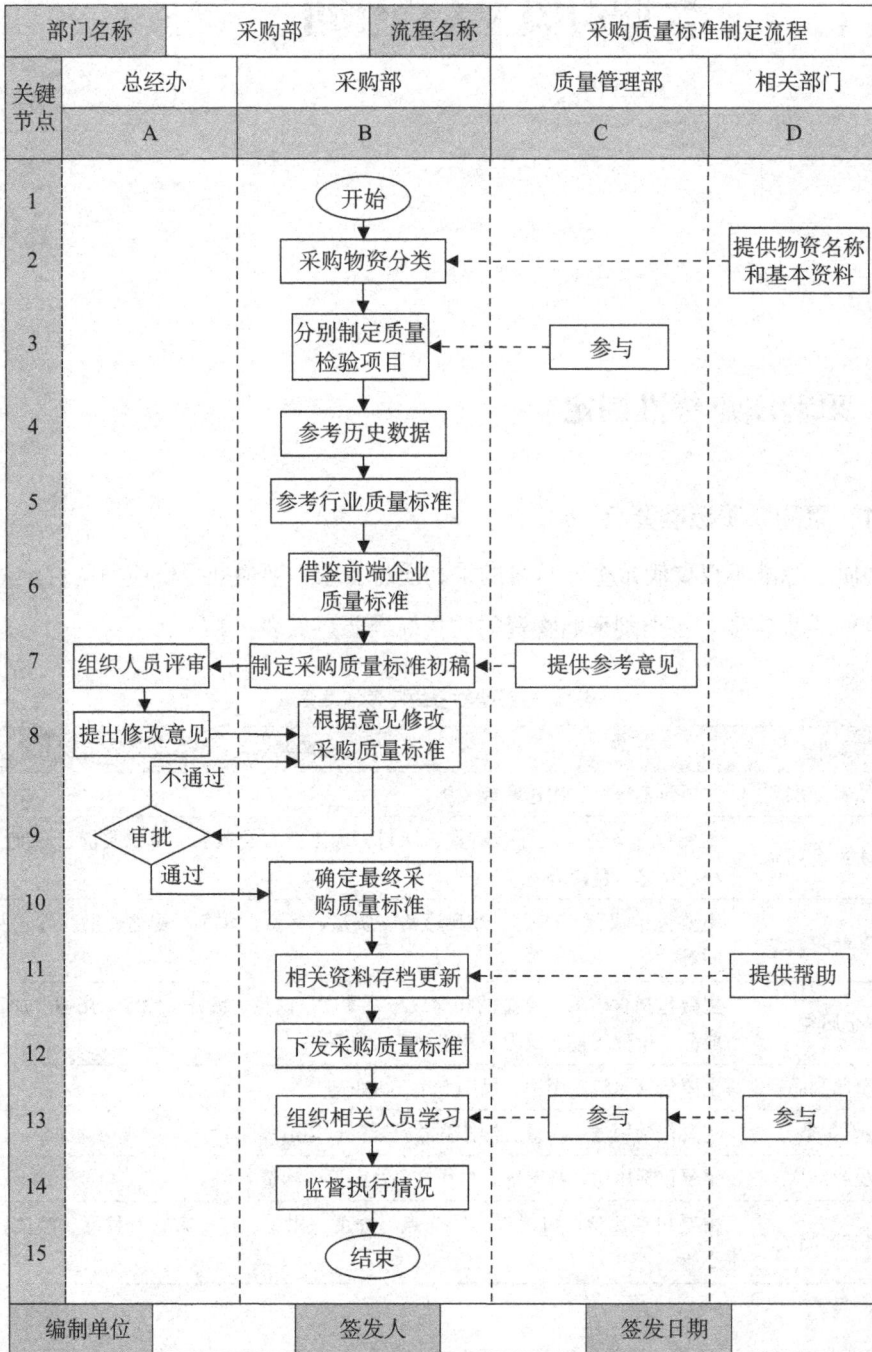

部门名称		采购部	流程名称	采购质量标准制定流程	
关键节点	总经办	采购部		质量管理部	相关部门
	A	B		C	D

1		开始		
2		采购物资分类		提供物资名称和基本资料
3		分别制定质量检验项目	参与	
4		参考历史数据		
5		参考行业质量标准		
6		借鉴前端企业质量标准		
7	组织人员评审	制定采购质量标准初稿	提供参考意见	
8	提出修改意见	根据意见修改采购质量标准 不通过		
9	审批	通过		
10		确定最终采购质量标准		
11		相关资料存档更新		提供帮助
12		下发采购质量标准		
13		组织相关人员学习	参与	参与
14		监督执行情况		
15		结束		

编制单位		签发人		签发日期	

图 7-1 采购质量标准制定流程

根据图 7-1，采购质量标准制定流程执行关键节点如表 7-2 所示。

表 7-2　采购质量标准制定流程执行关键节点

关键节点	细化执行
B3	采购人员要根据相关部门提供的物资明细分类内容，对不同物资制定采购质量标准
	制定标准时可参考企业原质量标准，也可参照行业前端企业标准
B8	采购人员制定好采购质量标准后，要提交总经办审批，通过审批后方可实施
	修改采购质量标准时，不仅要考虑总经办意见，还要符合行业标准与企业实际情况
B13	采购质量标准最终确定后，要编制成详细文件，组织相关部门人员学习
B14	采购人员要不断监督企业相关人员执行情况，确保采购质量标准的实施

7.1.3　采购质量标准编制规范

企业制定采购质量标准有利于提高产品质量，保证企业生产有节奏、有序进行，保障企业产品生产和使用环境的安全。在采购质量标准编制过程中需要按照规范执行。下面是一则采购质量标准编制规范，仅供参考。

采购质量标准编制规范
第 1 章　总则
第 1 条　目的
为了规范企业采购物资的质量管理工作，保证采购物资质量的稳定性，确保企业生产经营的顺利进行，特制定本规范。
第 2 条　适用范围
本规范适用于采购物资的采购质量标准编制工作。
第 3 条　采购质量标准编制原则
采购质量标准编制人员在编制采购质量标准时，应严格遵守以下三项原则。
1. 采购质量标准必须符合国家主管部门的标准要求，即采购物资的质量标准必须遵照政府机关颁布的安全、质量及操作标准，不可任意更改现行标准。
2. 采购质量标准必须根据技术要求编写，即采购质量标准编制人员应依据技术部和质量管理部提供的技术参数编写，以确保采购质量标准能够正确指导采购活动，保证采购物资的精确性和实用性。
3. 采购质量标准必须简明完整，即采购质量标准文件应包含日常采购的所有物资及其对应的采购参数，并要求使用规范正式的文字，以便使用人员查阅、理解和使用。
第 2 章　采购质量标准的编制
第 4 条　判断采购质量评价要素
编制采购质量标准时，应先根据采购物资类别，判断采购物资的质量评价要素。
第 5 条　确定采购质量标准编制方法
针对企业所处的不同情况，标准编制负责人应谨慎选择采购质量标准编制方法，最重要的是适应本企业具体情况。
1. 借鉴同行业经验。当企业缺乏历史资料和编制经验时，采购质量标准编制人员应先借鉴行业内优秀企业的采购质量标准，并根据需要进行修改。

（续）

2. 采用供应商的质量标准。采购人员还可参照选定供应商的质量标准，在其基础上进行整理与修改。

第6条　采购质量标准信息汇总

对汇总的采购质量标准，结合企业的实际情况，先确定共性项目，并对特殊要求进行针对性编写，有效缩短编制时间。

第7条　采购质量标准的内容

1. 物资类型、品名和编号。对采购物资进行种类划分，并明确品名和编号，以提高采购物资申请和审批工作的规范性、统一性。

2. 合格供应商名单。采购部应先对供应商资质进行审核，提供合格供应商名录，以备采购指导之用。合格供应商名录不得作为强制性要求，仅可作为指引性意见。

3. 质量要求。质量管理部应根据采购物资清单提供物资质量依据和标准；技术部应对各设备、零件类物资的型号、性能提供具体参数和描述。

4. 数量要求。采购质量标准编制人员应分析历史生产计划和使用量匹配情况，将其作为物资采购数量的确定依据。

5. 最高限价。财务部和采购部相关人员应借助历史采购记录和供应商报价水平共同商议与确定最高限价。

第3章　采购质量标准的呈现与完善

第8条　确定采购质量标准的形式

采购部汇总质量管理部、技术部及相关部门意见后，最终确认采购质量标准的内容，并选择适宜的形式，制作采购质量标准文件。

1. 表单文件，包括采购物资分类表、请购单等，通过简洁的质量要求说明和简单的形式进行采购质量标准控制。

2. 标准手册，指采用纸质书本的形式明确各部门职责及具体采购质量标准，要求体系清晰、内容详尽，有助于工作人员查阅取用。

3. 电子文件，指将文件存入计算机，并要求各相关部门通过网络来查询、提交申请和办理审批。

第9条　完善采购质量标准

采购部和质量管理部在制定物资采购质量标准后，还要及时根据国家和行业相关产品的质量标准要求，以及企业生产设备更新换代和新产品质量要求进行修改与完善。

第4章　附则

第10条　编制单位

本规范由采购部负责起草和修订。

第11条　生效时间

本规范自××年××月××日起生效。

7.2　采购质量验收标准

7.2.1　采购质量验收实施要点

企业进行采购物资质量验收时的主要工作包括清点物资数量和检验物资质量等，具体事项如下。

1．验收到货文件

企业应视不同运输方式进行到货文件的验收，并对各文件内容是否统一进行确认。到货文件主要包括供应商文件和第三方货运企业文件。

（1）供应商文件，主要包括装箱清单两份，采购订单打印件或复印件一份。

（2）第三方货运企业文件，主要包括运货单客户联、货运装箱清单两份，采购订单打印件或复印件一份。

2．查验物资外观和标识

验收人员根据企业的验收标准和规范及相应的技术协议对采购物资或设备的包装、产品外观、大小、质量等情况进行检验。

3．核对质量保证资料

验收人员应及时核对采购物资的产品质量证明书、合格证、相关的重要技术参数等相关资料是否符合企业的要求。

验收人员还应及时检查采购物资或设备的技术水平和标准是否符合企业需求，主要包括采购物资的规格、型号、使用说明书、生产技术标准、关键零件或特殊材质的机械性能及化学成分的相关检验报告等。

4．填写验收清单

验收人员应在完成物资验收后填写物资验收清单，详细记录物资实际到货时间、到货数量、接收数量及验收工作中的异常情况等内容。

5．加盖验收标识

验收工作完成后，验收人员应及时对采购物资的随货清单加盖验收标识，明确验收工作的完成情况。

7．2．2　采购质量验收管理流程

进行物资验收时，验收人员要运用规定的验收方法，按照一定的验收标准进行验收。采购质量验收管理流程如图 7-2 所示。

部门名称		采购部		流程名称	采购质量验收管理流程	
关键节点	总经办		采购部		质量管理部	供应商
	A		B		C	D

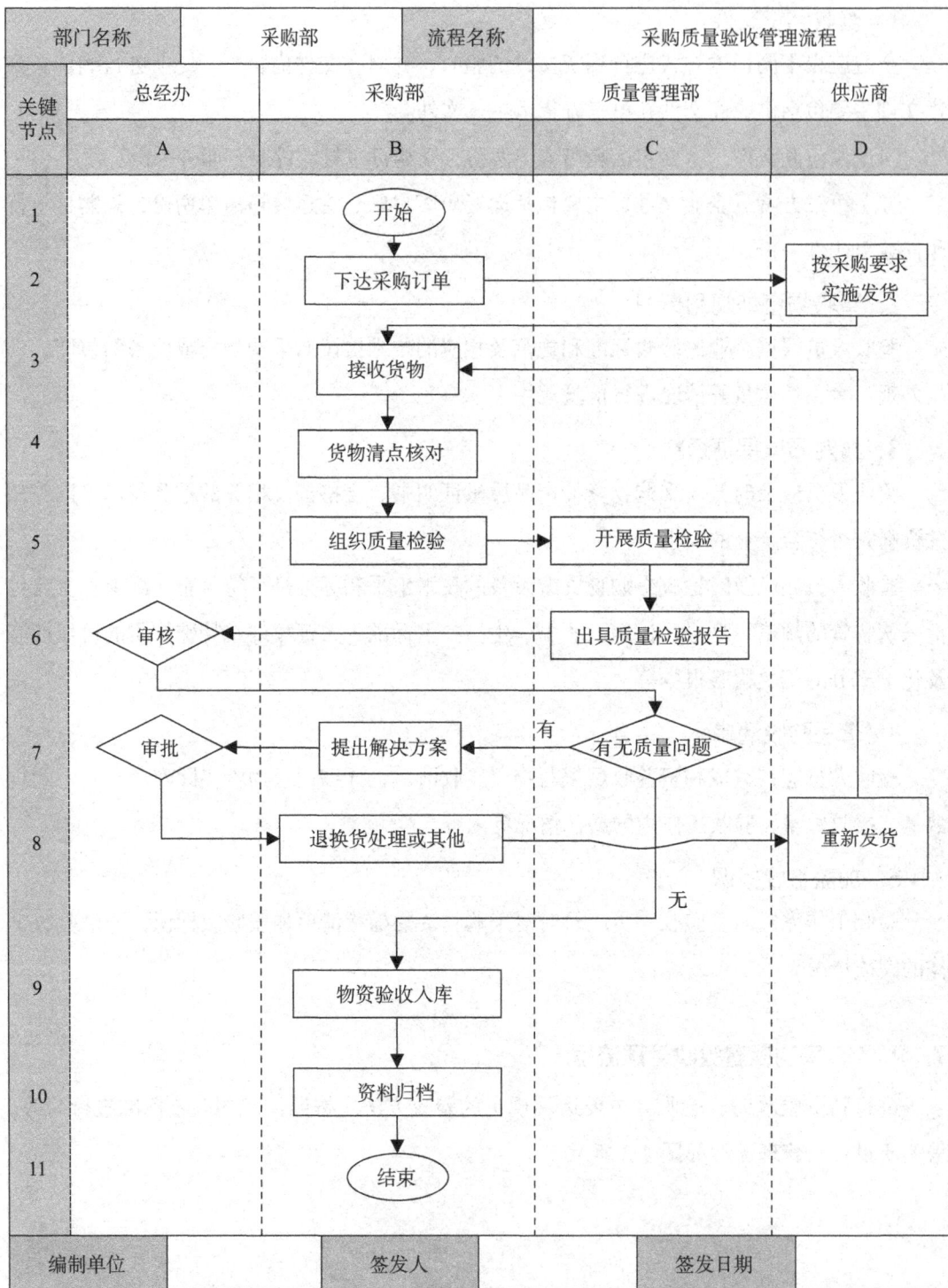

图 7-2　采购质量验收管理流程

根据图 7-2，采购质量验收管理流程执行关键节点如表 7-3 所示。

表 7-3　采购质量验收管理流程执行关键节点

关键节点	细化执行
B3	根据采购合同的相关规定，供应商按时发货，采购人员接到供应商发货通知单后准确接收物资
	采购人员依据采购合同、订单等，与供应商的送货单核对，核对项目主要包括采购物资的品种、规格、数量等
B4	清点核对后如不存在问题，采购人员组织质量管理部人员进行质量检验，看是否符合合同、订单要求及生产工艺技术要求等，质量检验完毕后质量管理部出具质量检验报告
C7	若检验报告显示物资存在质量问题，采购人员需要依据合同、订单规定提出具体解决办法，联系供应商进行退换货处理等；若在物资数量的清点核对阶段出现问题，采购人员应根据合同、订单规定提出解决办法
	经质量检验，若所购物资不存在质量问题，则需入库，采购人员填写入库单等，并与财务部协作进行账务处理

7.2.3　采购质量验收实施细则

物资入库前，需要经过严格的质量检验，检验工作需要按相应标准展开，以确保验收过程准确、无误，避免为企业带来经济损失。以下是一则采购质量验收实施细则，仅供参考。

采购质量验收实施细则

第 1 章　总则

第 1 条　目的

为了进一步做好采购质量验收工作，确保采购物资质量符合企业的采购标准、设备性能满足生产要求，杜绝不合格物资入库、投产，特制定本细则。

第 2 条　适用范围

本细则适用于企业所有采购物资的验收工作。

第 3 条　岗位职责

1. 在签订采购合同后，企业需根据采购内容成立相应的采购验收小组负责验收工作。

2. 采购验收小组一般由采购部负责组建，其主要任务是完成采购物资验收工作。

3. 采购验收小组应由采购部负责人、仓储部负责人、质量检验员和技术人员组成。

第 2 章　验收准备

第 4 条　确定物资验收标准

质量管理部应协同生产部、技术部、采购部等部门，确定采购物资验收标准。

第 5 条　明确物资验收内容

采购部应协助质量管理部确定物资验收的内容，物资验收内容应包括以下三点。

1. 核对采购订单与供应商发货清单是否一致。

2. 检查物资的外观，包括物资包装是否完整，标识、标签是否符合企业订单要求，物资是否有损坏、短缺及变质情况等。

3. 对物资进行质量检验，检查其关键指标是否符合企业质量要求。

第 6 条　选择质量检验方式

对于采购物资数量少、价值高、不允许有不合格品或企业指定进行全检的物资，选择全数检验；对于大量低值辅助性材料或经认定的免检厂采购物资，以及生产急用而特批免检的物资，选择免检；对于平均数量较多、经常性使用的物资选择抽样检验。

（续）

第7条　选择质量检验方法

常用的物资质量检验方法主要有感官检验法、物理检验法、化学检验法、微生物检验法和产品试验法五种，质量检验人员应根据采购物资的性质、检验标准等选择合适的检验方法。

第3章　验收实施

第8条　通知验货

采购人员应根据采购物资的到货时间、验收要求等，通知质量管理部验收物资。

第9条　物资清点

采购物资运到后，由采购人员检查采购物资的品种、规格、数量（重量）、包装情况，填写采购物资检验报告单，同时对该批采购物资标识"待检"。

第10条　质量检验

质量检验人员应在指定的待检区域，按照企业质量检验标准及程序对采购物资进行检验，并填写采购检验报告单。

第4章　验收结果审批与处理

第11条　质量检验结果审批

质量检验人员应将采购检验报告单交质量管理部经理审批，并将审批意见作为检验结果处理依据。

第12条　验收结果处理

1. 采购人员将已审批的采购物资检验报告单作为检验合格物资的放行通知，由库管员办理入库手续。库管员对采购物资按检验批号标识后入库，只有入库的合格品才能由库管员控制、发放和使用。

2. 对于验收中不合格的采购物资，企业应根据制定的"不合格品控制程序"进行处置。不合格的采购物资不允许入库，由采购验收小组成员移入不合格品库，并进行相应的标识。

第5章　验收争议处理

第13条　分析争议原因

若质量检验人员与供应商就验收结果发生争议，质量检验人员应及时分析、明确争议原因，并应用争议处理方法，解决争议问题。

第14条　数量验收争议处理

仓储部重新核对交货数量，确保无人工失误后，分析检验工具的适用范围、使用条件等是否对数量造成影响，如无问题，应与供应商共同点收。

第15条　检验程序争议处理

若供应商对检验程序、检验操作存在异议，质量检验人员在供应商到场后应重新按照规范化操作进行检验。

第16条　质量标准争议处理

如果供应商对企业质量标准有异议，采购部应准备好采购合同和技术质量协议等文件，与供应商沟通，协商解决措施，必要时可通过诉讼或仲裁的方式解决。

第6章　附则

第17条　编制单位

本细则由采购部负责编制、解释与修订。

第18条　生效时间

本细则自××年××月××日起生效。

不合格品处理流程，扫描下方二维码即可查看。

7.2.4　采购验收退货管理制度

为了确保企业采购物资的质量，严格防止质量不合格物资进入企业生产或销售环节，企业应制定采购验收退货管理制度，强化采购过程中对不合格物资的退货管理。以下是一则采购验收退货管理制度，仅供参考。

采购验收退货管理制度
第 1 章　总则
第 1 条　目的
为了规范不合格品的退货处理，加强采购物资质量控制，特制定本制度。
第 2 条　适用范围
本制度适用于所有质量不合格物资的退货处理工作。
第 3 条　职责范围
1. 采购部与供应商联系、协调，确定不合格品的处理方案。
2. 质量管理部负责对不合格品进行判定、标识，并跟踪、监督处理过程。
3. 仓储部负责对判定后的不合格品进行区分、隔离和保管。
第 4 条　术语解释
本制度涉及的不合格品，是指对照物资质量要求、工艺文件、技术标准进行检验和试验，存在一个或多个质量指标不符合采购合同规定的物资。
第 2 章　不合格品退货
第 5 条　不合格品判定依据
质量检验人员在进行不合格品判定时，应严格依照以下文件执行。
1. 国家标准、行业标准。
2. 企业提供的检验规范、标准或样品、物资设计指标、技术参数等。
3. 质量管理历史资料及其他参考数据。
第 6 条　判定批量物资质量不合格标准
1. 质量检验人员依据采购物资的特性、价值、运输方式和工具、供应商信誉、生产技术等因素，抽选适宜数量的物资进行质量检验。
2. 质量检验人员根据抽检物资的质量情况，做出验收结论。
（1）抽检物资的质量合格率为 100% 的，应做出批量物资合格的验收结论。
（2）抽检物资质量合格率为＿＿% 以上的，抽检此次抽选比例的＿＿倍数目进行检验，合格率达到＿＿% 的，做出批量合格的验收结论。
（3）抽检物资质量合格率为＿＿% 以下的，做出批量物资不合格的验收结论。
第 7 条　验收标记与处理
1. 发现不合格品时，质量检验人员在采购物资上标识"不合格"。
2. 仓储部将不合格品隔离。
3. 质量检验人员出具检验报告，清楚描述不合格品的类型及程度，做出批量物资验收结论。
第 8 条　确定退货数量
1. 批量不合格的采购物资需要全部安排退货，以保证批量物资质量统一。请购部门有特殊使用需求的除外。
2. 批量合格的采购物资，应安排不合格品的退货作业。
第 9 条　办理退货
1. 判定退货的不合格品，质量检验人员将物资用红色标示"退货"，并于采购检验报告单内注明退货。

（续）

2. 质量检验人员出具不合格品退货单，质量管理部主管、物资请购部门主管及采购部主管共同签字确认。

3. 采购人员收集整理采购检验报告单、不合格品退货单及采购合同或采购订单。

4. 采购人员联系供应商，办理退货事宜。

（1）供应商不按照采购合同履行退货的，采购人员上报采购经理，采购经理做出调解、诉讼或仲裁的决定。

（2）采购人员与供应商协商一致时，通知仓储部做好退货安排。

第3章　附则

第10条　编制单位

本制度由质量管理部和采购部负责编制、解释和修订。

第11条　生效时间

本制度自××年××月××日起生效。

采购退货管理流程，扫描下方二维码即可查看。

7.3　采购质量改善

7.3.1　采购质量改善实施要点

采购质量不合格会给企业的生产经营工作带来不可预估的损失，因此采购人员需要不断对采购质量进行管理与规范，改善采购质量。采购质量改善实施要点具体体现在以下五个方面。

1. 制定质量改善方案

采购部收集现有的采购质量问题，并组织分析、讨论，明确采购工作的不足之处，并据此制定采购质量改善方案，经总经理审批通过后，正式开展采购质量改善工作。

2. 建立健全采购质量管理制度

采购部应协同质量管理部制定采购质量管理制度，并不断健全、完善该制度，以明确采购质量控制管理工作相关人员职责、界定采购质量事故问题的责任，从而为采购质量考核工作提供标准，保障采购质量控制工作的顺利进行。

3. 组织人员培训

采购部与人力资源部协调合作，依照改善方案的相关规定，对采购人员进行全方位的素质培训，以提升其各方面的素质与能力。

4．提高供应商管理水平

（1）企业应加强供应商的考核评级工作，根据改善方案的要求，弥补以往供应商考核制度中存在的不足之处，全面提升供应商考核评级工作质量，对不合格的供应商进行降级或淘汰处理，优化合格供应商列表。

（2）企业应适时对合作供应商提供必要的帮助和改进建议，督促其完善自身的质量体系、提高技术水平，确保其供应物资能满足企业的需求。

5．加强采购质量控制

对于日常的采购工作，采购部应加强质量控制，从最初的供应商选择到采购物资到货检验，都应时刻做好质量把控工作，保证采购物资质量合乎标准。

7．3．2　采购质量改善实施方法

企业采购质量改善需要从两方面出发，即供应商和企业自身。企业既需要对供应商进行管理与考核，也需要对自身质量检验方案不断完善。采购质量改善实施方法如表 7-4 所示。

表 7-4　采购质量改善实施方法

方法	具体说明
供应商绩效考核	对供应商进行定期评估可以及时了解和把握供应商各方面的情况变化，以便随时对其技术能力、管理能力、供应能力及面临的各种风险做出科学的推断
进场严格检验	质量检验人员要明确相关的验收标准、方法，并掌握相关的技能，根据物资特性的不同通过化验、试验、外观检查、核对说明书等方法进行检验。质量检验人员在发现物资不合格时应立即向采购部汇报，采购部应立即与供应商沟通
采购合同明确职责	签订采购合同时要严谨，合同中必须明确所采购物资质量的特性要求、验收标准及出现不合格品的解决方法，必须预见可能出现的问题，合同中应约定的事项必须齐全
建立竞争机制	供应商选用是一个动态的过程，要建立相关的考核机制，对供应商队伍不断更新，优胜劣汰
联合制订采购质量计划	与供应商联合制订采购质量计划，计划主要包括技术、经济和管理等方面的内容
向供应商派常驻代表	企业派质量管理部相关人员常驻供应商处，向供应商提出具体的物资质量要求，了解该供应商质量管理的有关情况
定期或不定期监督检查	企业派技术人员或专家对供应商进行定期或不定期的监督检查，掌握供应商的综合情况
为供应商提供技术指导	企业向供应商传输本企业的质量管理手段和技术方法，主动地帮助、指导供应商在短时间内提高质量管理水平和技术水平，提升质量保证能力

7. 3. 3 采购质量改善实施流程

企业内部采购质量改善的实施，需要采购部、质量管理部和其他相关部门共同配合完成，实施过程中一般按照图 7-3 所示的流程执行。

部门名称		采购部	流程名称	采购质量改善实施流程
关键节点	总经办	采购部	质量管理部	相关部门
	A	B	C	D

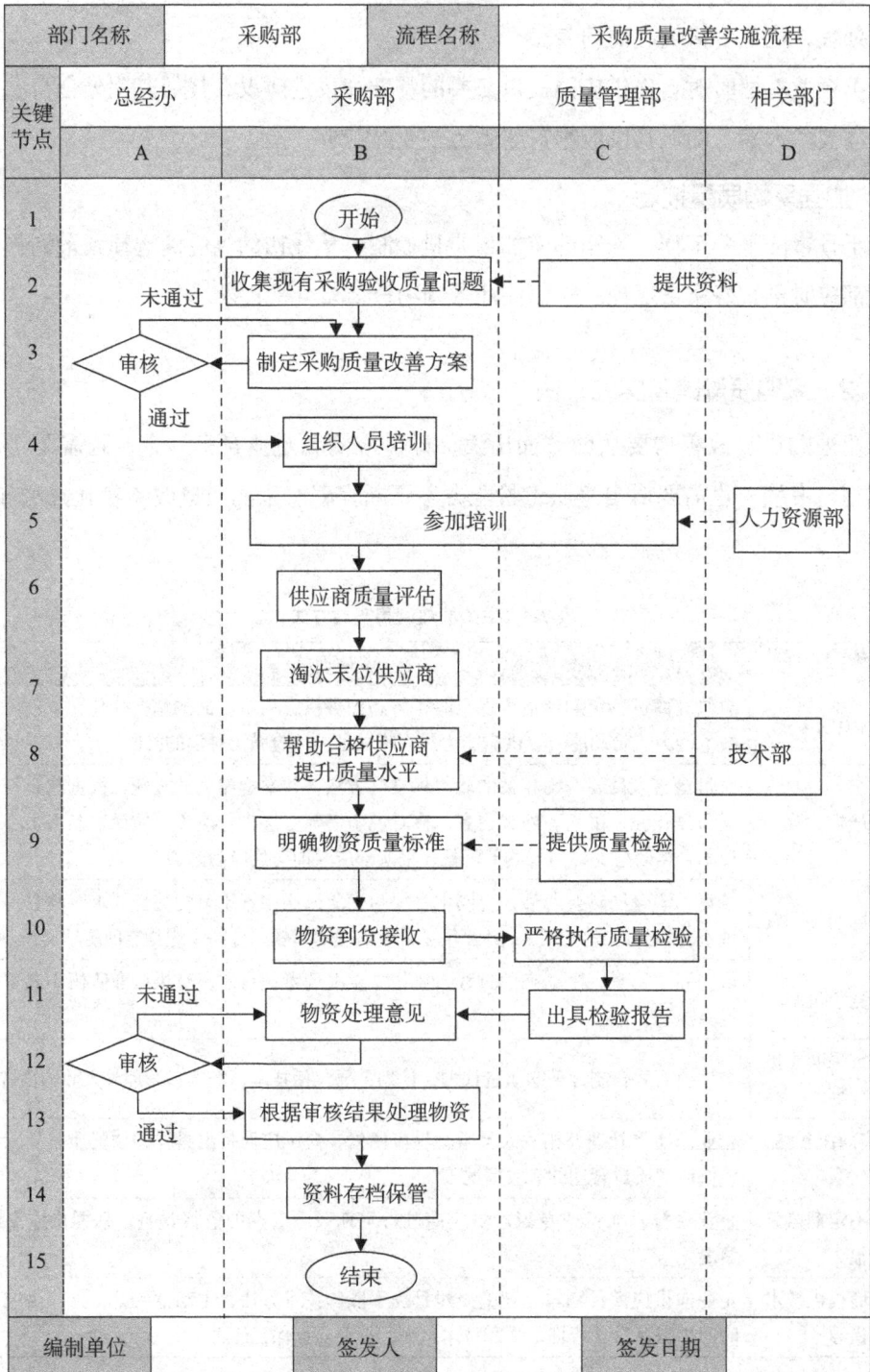

1		开始		
2		收集现有采购验收质量问题	提供资料	
3	未通过 审核 通过	制定采购质量改善方案		
4		组织人员培训		
5		参加培训		人力资源部
6		供应商质量评估		
7		淘汰末位供应商		
8		帮助合格供应商提升质量水平		技术部
9		明确物资质量标准	提供质量检验	
10		物资到货接收	严格执行质量检验	
11	未通过	物资处理意见	出具检验报告	
12	审核			
13	通过	根据审核结果处理物资		
14		资料存档保管		
15		结束		

编制单位		签发人		签发日期

图 7-3 采购质量改善实施流程

根据图 7-3，采购质量改善实施流程执行关键节点如表 7-5 所示。

表 7-5　采购质量改善实施流程执行关键节点

关键节点	细化执行
B3	采购部在收集采购验收质量问题后，对其展开分析，制定采购质量改善方案。方案中应对执行人员、执行时间、执行措施等内容做出规定
	该方案经过总经办审核通过后方可实施，并组织人员学习，采购部要及时监督检查方案落实情况
B6	采购部对现有或意向供应商展开评估，评估从供应商信用、供应商质量管理要求、供应商采购相关处罚、同行业反馈等方面展开
B9	确定供应商后，企业需制定相应的采购质量标准，且在物资检验过程中需严格按照标准实施

第8章
采购成本控制

8.1 采购成本分析

8.1.1 采购成本分析的内容

采购成本是指企业因业务发展的需要，组织相关人员进行采购活动而产生的各项费用。要深入分析采购成本，就必须先了解采购成本分析的内容。

采购成本分析的内容主要包括物资取得成本、订购成本、存储成本和缺货成本四大部分。

1. 物资取得成本

物资取得成本是指企业为获得物资而发生的一系列活动费用的总和，主要包括采购物资货款、运输费用、税金及其他手续费等。

2. 订购成本

订购成本是指企业为了完成某次采购活动而支出的各项费用的总和，主要包括采购人员的办公费、差旅费、物流费用和通信费等。

订购成本一般分为固定性订购成本与变动性订购成本。

固定性订购成本与订货次数无关，是在一定时期和一定范围内发生的相对稳定的固定性费用，如采购部分的管理费用和采购人员的基本工资等。但是，如果每次采购量很大，必然会增加临时性固定支出，所以有时固定性订货成本与采购行为有关。

变动性订购成本与订货次数成正比，包括订货差旅费、物流费用、订货手续费等。不同的采购行为直接决定变动性订购成本的发生额。

3．存储成本

存储成本是指采购物资在运输和仓库保管过程中，产生的各种费用及有形或者无形的损耗。按照与存货平均存储量之间的关系，存储成本可以分为固定性存储成本和变动性存储成本。

固定性存储成本是指那些与存货平均存储量无关的成本，如保管人员的基本工资、仓库的折旧费等。

变动性存储成本是指那些与存货平均存储量成正比的存储费用，如存货的保险费用、存货的各种耗损、货款产生的利息等。

4．缺货成本

缺货成本主要是指采购不及时造成的物资供应中断所引起的损失，主要包括安全存货成本、延迟发货成本、丧失销售机会损失及商誉损失等。

8．1．2 采购成本分析的方法

采购人员要想达到降低采购成本的目的，就必须掌握采购成本分析的方法。常见的分析方法有价格分析法、成本构成要素分析法及总成本分析法。

1．价格分析法

供应商的报价占采购成本的比例较大，所以对供应价格进行分析是一种直接分析采购成本的方法。

（1）分析影响供应价格的结构因素

供应价格是指供应商对其产品提出的销售价格。影响这一价格的因素主要有成本结构与市场结构两大方面。对于不同的产品，这两大结构因素对其供应价格的影响程度也不同，具体如表 8-1 所示。

表 8-1 两大结构因素对供应价格的影响程度分析

产品类别	成本结构为主	稍侧重于成本结构	50% 成本结构、50% 市场结构	稍侧重于市场结构	市场结构为主
原材料				√	√
工业半成品			√	√	
标准零部件		√	√	√	
非标准零部件	√		√		
成品	√	√	√		
服务	√	√	√	√	√

（2）了解供应商的定价方法和成本结构

在采购中，大多数供应商都倾向于尽可能地隐瞒自己的定价方法与成本结构。因此，采购人员的基本任务之一就是揭开供应商定价方法及成本结构的面纱。

①供应商的定价方法分析

供应商在对所供应的物资进行定价时一般会采用成本加成定价法、目标利润定价法、市价法和投标定价法。供应商的定价方法的具体内容如图 8-1 所示。

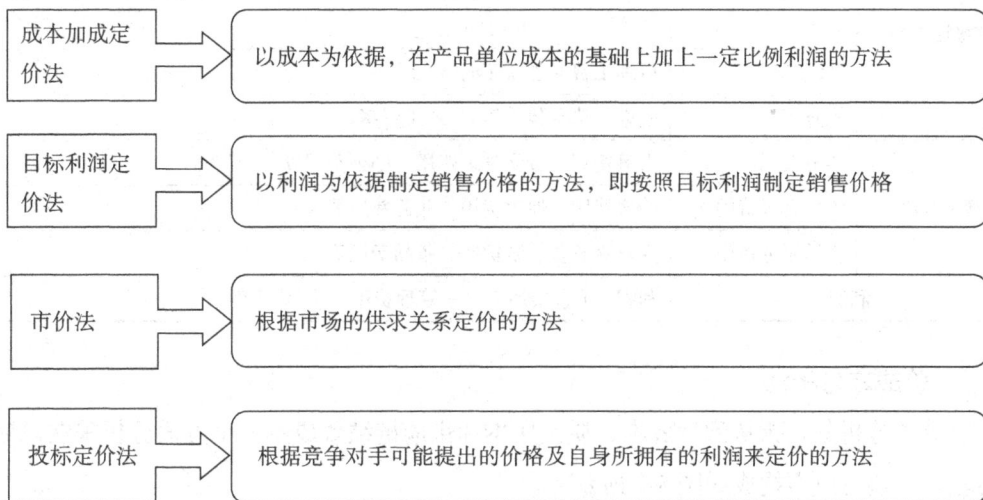

成本加成定价法	⇒	以成本为依据，在产品单位成本的基础上加上一定比例利润的方法
目标利润定价法	⇒	以利润为依据制定销售价格的方法，即按照目标利润制定销售价格
市价法	⇒	根据市场的供求关系定价的方法
投标定价法	⇒	根据竞争对手可能提出的价格及自身所拥有的利润来定价的方法

图 8-1　供应商的定价方法

②供应商的成本结构分析

对供应商的成本结构进行分析时，我们主要用到下列两个公式。

$$销售收入 = 销售数量 \times 单价$$

$$生产成本 = 固定成本 + 可变费用 = 固定成本 + 销售数量 \times 可变费用率$$

2．成本构成要素分析法

成本构成要素分析法是对采购标的主要取得成本进行分析的方法。运用成本构成要素分析法对采购成本进行分析，首先要获得材料单价信息、加工费中的人工费用信息、设备费率等。

一般来说，主要取得成本包括直接材料费、直接加工费、管理费用和利润四部分，具体内容如表 8-2 所示。

表 8-2　主要取得成本构成

构成	具体项目	计算公式
直接材料费	主料费用	主料费用＝主料单价 × 使用数量
	辅料费用	辅料费用＝辅料单价 × 使用数量
	耗损费用	耗损费用＝材料单价 × 总耗损量 × 耗损率
	不良损失	生产线发生了质量不良事故所造成的损失
直接加工费	设备工费	设备工费＝设备费率 × 工时 设备费率＝［设备取得成本 × (1+利率)^n × 折旧率］÷ 每年设备可用时间
	后续工费	后续工费＝加工工时 × 工资率
	检查工费	检查工费＝检查工时 × 工资率
管理费用	事务费用	人事费用、日常管理费用、办公费用等
	销售管理费用	广告费用、促销费用、业务费用等
	售后服务费	客户服务费、维护费、备品费用等
利润		利润＝（直接加工费＋管理费用）× 利润率

3. 总成本分析法

总成本分析法是指从到货成本、质量成本和供应链绩效成本三个方面分析采购总成本的方法。采购总成本构成如图 8-2 所示。

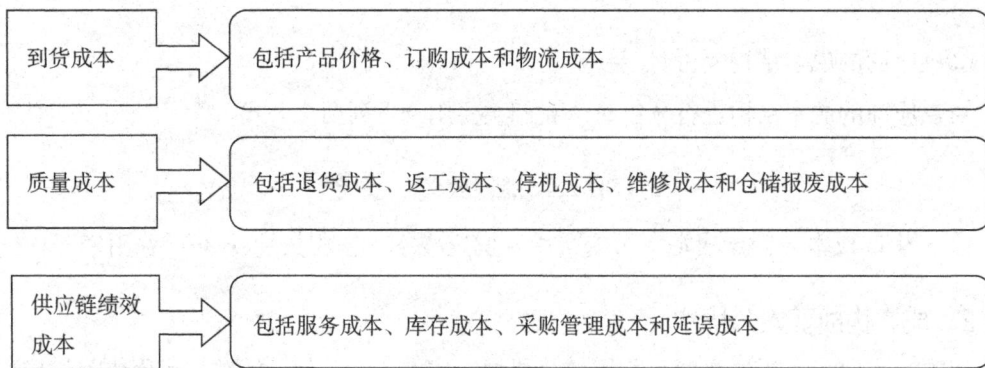

图 8-2　采购总成本构成

总成本分析法是一种常用的分析方法，存在着明显的优缺点。

总成本分析法的优点在于，在项目进行初期，企业对其将来可能要投入的成本尚不清楚的时候，提供了一种有效的成本分析方法。

总成本分析法的缺点在于，由于这种方法是单独使用的，所以它提供的是只涉及各项成本的狭窄的方法，完全不考虑利润。这就造成企业不能通过这种方法优化项目，需要对成本、收益和风险进行综合衡量之后再决定如何进行下一步。

8．1．3　采购成本分析流程

采购人员掌握采购成本分析的内容与采购成本分析的方法后，应按照图 8-3 所示的既定流程进行分析，这样可以提高工作效率，节省工作时间，得出更加准确的结果。

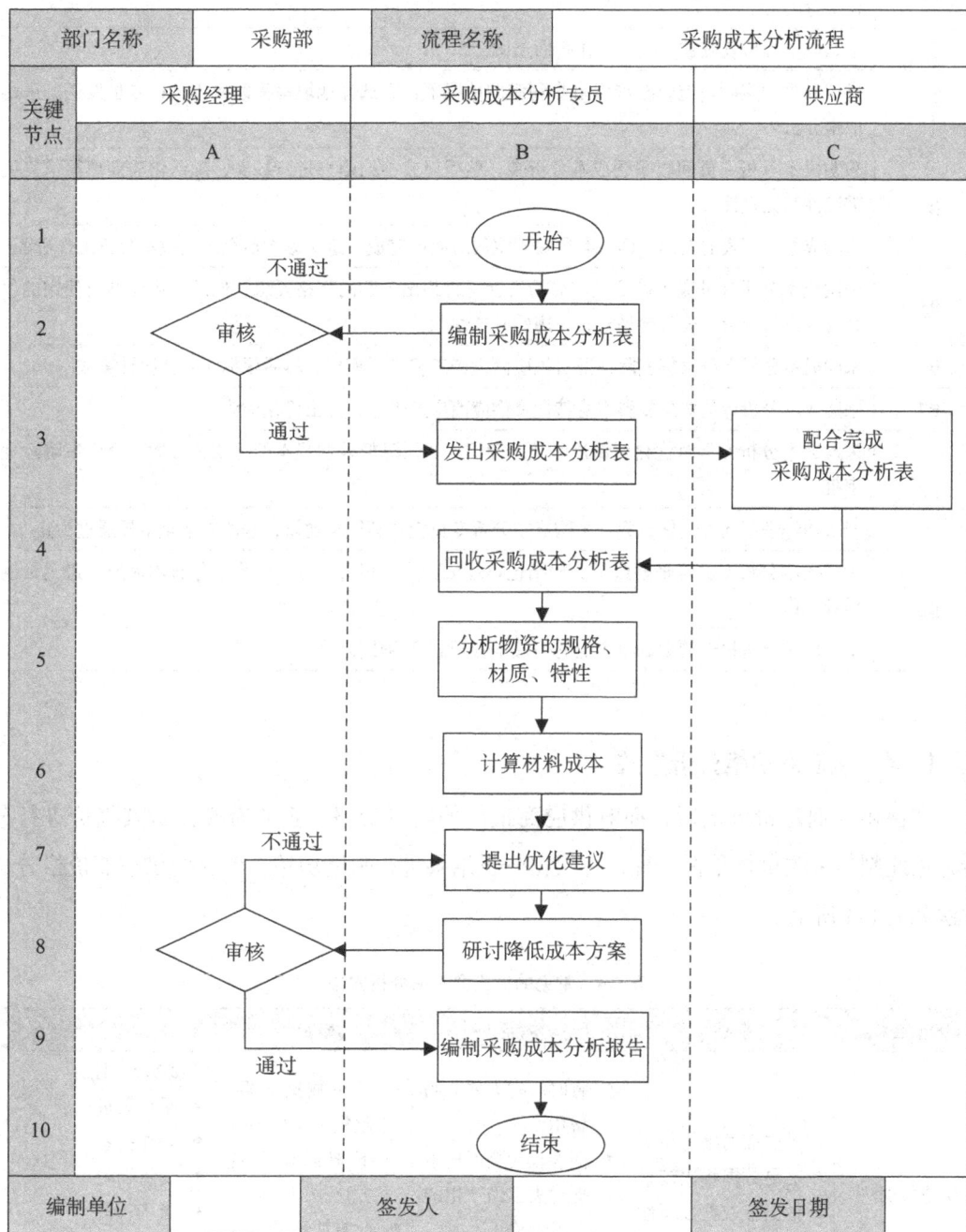

图 8-3　采购成本分析流程

根据图 8-3，采购成本分析流程执行关键节点如表 8-3 所示。

表 8-3　采购成本分析流程执行关键节点

关键节点	细化执行
B2	采购成本分析专员根据将要采购的物资的实际情况编制采购成本分析表，并报采购经理审核
	采购成本分析表的内容应包括材料成本、所需设备和工具、人工成本、制造费用、销售费用、税金等
	采购成本分析表应在＿＿＿个工作日内追回
C3	供应商根据实际情况，在确保自身利润的情况下，有选择地填写采购成本分析专员发送的采购成本分析表
B4	采购成本分析专员回收采购成本分析表，然后对表中的信息进行核实，确认供应商填写信息的准确性和完整性
	采购成本分析表的发出和回收必须在规定的时间内完成，避免影响后期采购成本分析工作进程
B5	采购成本分析专员应先确认供应商的设计是否超出采购的规格要求，然后对供应商所使用的材料特性进行分析，确认这种材料使用的必要性
B6	采购成本分析专员根据实际情况对供应商生产工艺进行审核，然后根据实际情况计算成本
B7	采购成本分析专员根据物料本身特性及供应商生产工艺，提出优化建议
B8	采购成本分析专员对优化建议进行整理归纳，探讨降低采购成本的可实施方案，交由采购经理审批
	若采购经理不同意这份方案，采购成本分析专员应重新征集建议，修改方案至审核通过为止
B9	采购成本分析专员将采购成本分析结论整理成报告，报告应在＿＿＿个工作日内完成，避免影响后续工作
	采购成本分析报告的编制以企业财务成本管理制度为依据

8.1.4　供应商价格分析方法

掌握供应商定价方法后，面对供应商报出的物资价格，企业有必要对其报价进行分析，据此判断采购价格是否合理，并根据分析结果进行采购决策。常见的供应商价格分析方法如表 8-4 所示。

表 8-4　常见的供应商价格分析方法

方法名称	概述	优点	缺点	其他
历史数据法	用供应商的报价与历史交易数据相比较来评估当下数据合理性的方法	◆ 省时、省力并节约费用 ◆ 能够较为全面地掌握过去已经产生的采购价格 ◆ 为工作的进一步开展提供基础信息	◆ 历史数据较多、收集不全的情况下难以使用此方法 ◆ 此方法不能单独使用，要与其他方法结合使用	主要影响因素： ◆ 采购数量 ◆ 合作关系 ◆ 交货期限 ◆ 市场行情 ◆ 产品质量 ◆ 付款方式 ◆ 供应商成本

（续表）

方法名称	概述	优点	缺点	其他
目标价格法	根据市场所设定的产品价格扣除企业期望达到的目标利润，即得到目标成本，通过价值工程或者价值分析分解到产成品每一个配件的目标价格，与供应商报价相比较的方法	◆ 可以对成本形成的全过程进行监控，有助于提升工作效率和效果 ◆ 能够进行事前控制并且容易将考核落实到位	◆ 要求有关部门和人员的全力合作，管理水平要求较高 ◆ 目标价格分解较为困难，一旦分解不清就容易造成内部混乱	为确保方法有效性，应遵循以下原则： ◆ 以市场竞争为基础、以客户需求为导向 ◆ 供应链参与原则 ◆ 责、权、利相结合原则 ◆ 职能控制的原则 ◆ 目标管理的原则
横向比较法	了解不同供应商之间或者供应商相似物资之间的报价，了解不同产品之间的报价差异与成本动因后做横向对比的方法	◆ 节约时间和费用，可操作性强 ◆ 时效性强，可以较快获得结果 ◆ 横向对比的对象较多，结果有较好的概括性	◆ 比较品必须是同类型的产品或者是相同属性的产品 ◆ 比较品必须处于同一时间、空间 ◆ 看不到较为完整的价格变化	使用此种方法的常见误区： ◆ 直接使用同类产品的采购价格做对比 ◆ 使用不同时期的产品报价做对比 ◆ 未注意消除成本变动的因素
应用经验法	在产品采购方面有丰富的工作经验，对产品结构、生产工艺、材料用耗、品质管理等方面十分熟悉的成本分析人员就产品进行的主观估价方法	◆ 能够在信息数据不充分或者有些因素难以量化的情况下做出预测 ◆ 操作简便，可实施性强 ◆ 市场预测快速敏捷，预测费用低 ◆ 能够使定量预测更加科学合理	◆ 单凭人脑记忆和判断，容易出现疏漏 ◆ 经验判断容易受到成本分析人员的心理、情绪、知识结构、个人素质等因素影响	运用这种方法的效用性主要取决于以下两个方面： ◆ 成本分析人员的采购经验或专业知识 ◆ 信息数据的准确性、及时性和相关性

采购成本分析作业规范，扫描下方二维码即可查看。

8.2 选择合适的采购方法降低采购成本

8.2.1 目标成本法

采购人员在采购过程中可以使用目标成本法，使采购物资价格达到企业预期，降低采购成本，实现更高的经济效益。

1. 定义

目标成本法是一种以市场为导向，对有独立的制造过程的物资进行利润计划和成本管理的方法。

目标成本法以大量市场调查为基础，根据客户认可的价值和竞争者的预期反应，估计出在未来某一时刻市场上的目标售价，然后减去企业的目标利润，从而得到目标成本。

2. 优缺点

（1）目标成本法的优点。

①目标成本法突出从原材料到产品出货全过程的成本管理，有助于提升成本管理的效率和效果。

②目标成本法是一种全过程、全方位、全人员的成本管理办法，对成本形成的全过程进行监控，以确保令人满意的利润。

③市场导向与企业利润相结合，在产品设计阶段对成本加以管理，将成本降低目标分解到各部门，责任划分清晰明确。

（2）目标成本法的缺点。

①目标成本之间的各个对象容易起冲突，通常为了保证时间进度和降低成本，企业将过大的压力转移给供应商和转包商，这样就会导致与供应商和转包商关系的疏远与破裂。

②要想达到目标成本，需要耗费大量的时间成本与劳动力成本。

③虽然目标成本可以达到，但是有可能因反复降低成本的动作导致错过产品上市时机，造成更大的损失。

3. 举例

RT企业在采购过程中运用了目标成本法来降低采购成本。

（1）进行市场调查。

RT企业采购部初期进行了大量市场调查活动，收集竞争对手物资的采购信息，制定采购策略，获取新产品主要配置的采购成本数据。

（2）预估外购总物资数量及总成本。

RT企业采购部根据初期收集到的数据，预估外购总物资数量以及总成本，初步制订物资采购计划。

（3）协助供应商达成目标成本。

RT 企业将外购零部件的目标成本和设计告知供应商，明确获得物资的途径，在获得物资的方式上采取相应措施，协助供应商达成目标成本，制订零部件采购计划。

（4）参与试制车估计成本。

RT 企业在试制车的过程中，对成本进行全面估计，从采购方面分析试制车的估计成本和目标成本差距原因。对部分外购件进行重新谈判，助力供应商达成目标成本。

（5）总结外购件成本数据。

在供应商得到新的目标成本后，RT 企业采购部确认了最终的采购价格，正式进行零部件采购。

（6）降低采购成本。

RT 企业通过目标成本法，建立起了适合自身发展的、科学的、规范的成本管理模式，迅速降低了采购成本，取得了市场竞争的先决条件。

8.2.2　付款选择法

付款方式的选择会影响企业的采购成本，因此采购人员与财务人员在进行物资付款时，应选择合适的付款方式。

1．定义

付款选择法是指采购人员通过对支付供应商款项相关活动和内容的控制与选择，来降低采购成本的方法，主要包括以下三方面的选择。

（1）支付方式的选择：包括现金支付、票据支付等。

（2）付款方式的选择：包括预付部分款项、货到付清、分期付款、延期付款等。

（3）供应商优惠政策的选择：采购人员需要根据企业的实际情况，分析供应商给出的优惠政策，选择对企业最有利的优惠方案后付款。

2．优缺点

不同的付款方式有不同的优缺点，下面主要介绍延期付款、分期付款、货到付清三种方式的优缺点，具体如表 8-5 所示。

表 8-5　三种付款方式的优缺点

付款方式	优点	缺点
延期付款	◆ 延期付款可以降低企业资金运转风险,缓解资金运转压力 ◆ 企业可以更清楚自身资金流动情况,降低采购成本,提高经济效益	◆ 经常延期付款,会失去供应商的支持,降低企业的信誉,影响与供应商的合作 ◆ 可能会掩盖企业自身管理中存在的问题,如企业的管理者经常选用延期付款,就会忽略自身资金现有情况,错过了解决资金危机的时机
分期付款	◆ 分期付款可以减轻企业资金压力,可以将剩余的资金用于其他事项,使得企业的资金使用更加灵活 ◆ 分期时间较长的情况下,企业每期需要支付的资金金额较少,可用销售产品回收的资金支付下一期资金,促进企业资金健康运转	◆ 分期付款未付清的部分,实际不仅包括未付清的剩余款项,还包括该笔资金的应付利息,因此企业所要付出的资金总额实际上要多于一次性付款的总额 ◆ 分期付款相对于其他付款方式来说周期较长,增加了供应商的风险;同时,每次付款都需经过审批,流程比较烦琐
货到付清	◆ 企业在收到货物并对其进行检验后付清货款,有助于企业把控物资质量,进而保证产品质量 ◆ 钱货两清的交易方式避免多次办理烦琐的资金审核手续,简化中间流程,提高工作效率	◆ 要求企业一次性付清所有物资购买金额,对企业来说有较大压力,可能会造成企业的资金运转困难 ◆ 企业无法控制供应商后续活动,供应商可能会不提供物资的售后服务

3．举例

RQ 企业是一家中型企业,主要经营钢材、水泥、生产工具等产品。由于 RQ 企业需同时采购较多物资,为控制采购成本,其采取了银行承兑汇票的付款方式,银行承兑汇票有六个月的期限,不需要企业投入全额的现金。这种方式使得企业利用远期付款以有限的资本购进了更多的货物,最大限度地减少了对营运资金的占用和需求。

RQ 企业利用相同资金在同一时间获得了更多的采购物资,缓解了资金运转压力,间接地降低了采购成本。

8.2.3　采购时机法

采购时机是指企业可以获得较大收益的采购时间和机会。正确的采购时机会给企业带来意想不到的收获。

1．定义

采购时机法是指采购人员抓住最佳时机,降低采购成本,给企业带来较高效益的方法。

把握采购时机应从以下三个方面入手。

（1）根据物资销售规律,确定采购时机。不同的物资有不同的销售淡旺季,采购人员应把握物资销售的淡季进行采购，以降低采购成本。

（2）根据市场竞争情况，确定采购时机。在确定物资采购时机时，还应考虑市场竞争情况。例如，某些物资先投入市场，就会获得先行优势，此类物资就应先行采购。

（3）根据企业库存情况，确定采购时机。采购时机既要保证企业有足够的物资用于生产经营，又不能让库存过多出现积压。

2．优缺点

（1）采购时机法的优点。

①大规模的物资采购可以通过对采购时机的把控，实现采购成本的降低，为企业增加经济效益。

②为企业的生产经营活动提供便利，提高工作效率，易在市场上赢得先行优势。

（2）采购时机法的缺点。

①市场形势变幻莫测，竞争激烈，企业难以准确把握采购时机。

②企业有可能为降低采购成本，超前购买大量物资，导致物资积压，降低仓库利用率。一旦后续生产经营活动发生变化，库存物资就难以处理。

③企业有可能会因较低物资价格着急采购，而忽略物资质量。

3．举例

RQ 企业为了保持经济效益，运用采购时机法来控制采购成本。

（1）RQ 企业成立专项小组，深入调查内部物资采购情况，了解哪项物资受市场影响比较大，价格波动比较大。调查发现，本企业内 B 物资的采购量较大，且有销售淡旺季，淡季为每年的 6 ~ 8 月。

（2）专项小组还发现，与本企业形成竞争关系的几家企业，通常在每年的 8 ~ 9 月采购 B 物资，若本企业在 6 ~ 8 月进行采购，与供应商签订长期合作协议，就可以先将物资投入生产，赢得市场优势。

（3）专项小组向仓储部了解现有库存情况，确认 B 物资剩余数量，以及 B 物资可存放的时间，又向生产部确认本企业年度生产计划会用到 B 物资的平均数量。专项小组结合各种数据，掌握本企业所用 B 物资的存储时间以及所需数量，既要保证企业有足够的物资用于生产经营，又不能让库存过多发生积压。

（4）专项小组在此基础上，经过研究探讨，确认每年的 6 ~ 8 月是 B 物资价格较为低廉的时间，且无竞争企业在此期间采购。因此，RQ 企业与供应商签订了合作协议，供应商在每年的 6 ~ 8 月为 RQ 企业提供既定数量的 B 物资。

（5）RQ 企业运用采购时机法，在 B 物资价格低廉的时候进行采购，达到了降低采购成本的目的。

8．2．4 新供应商法

引进新的供应商可以激发企业供应商内部的鲶鱼效应，实现供应商彼此的良性竞争，激发现有供应商活力，间接降低企业采购成本，从而使企业更好地发展。

1．定义

新供应商法是通过扩大供应商选择范围，引入新供应商，利用良性竞争，淘汰落后供应商，实现供应商体系优化升级，推动企业资源的最大化利用，以达到降低采购成本的目的的方法。

2．优缺点

（1）新供应商法的优点。

①开发新的供应商可以加强供应商之间的竞争，激发内部活力，提高物资质量与服务水平。

②可以缩短供应商的供应周期，提高供应灵活性，降低成本费用，加快资金周转。

③企业可以对多家供应商进行评估管理，有利于保证供应的连续性。

（2）新供应商法的缺点。

①经常更换新的供应商，采购双方之间处于短期合作关系，稳定性较差。

②引进新供应商的过程烦琐冗杂，增加了采购人员的工作量。

③企业可能会因经常更换供应商而失去供应商的信任，一旦企业遇到资金周转困难，供应商就很难答应与企业继续合作。

3．举例

RM 企业因使用了新供应商法，常年保持着较低的采购成本。

（1）RM 企业为满足自身的原材料采购需求，建立了一个庞大的供应商资源库，其中包括大大小小共 30 家中小型供应商，RM 企业超过 90% 的物资采购来源于该资源库。

（2）供应商资源库并非一成不变，为激发供应商之间的良性竞争，保证较低的采购成本与较高的采购物资质量，RM 企业会经常寻找新的合适的供应商，添加进供应商资源库。

（3）在增加供应商时，RM 企业从成本、物流、交货能力、持续供应能力等方面对供应商进行评估。供应商入选后，RM 企业仍要持续跟踪其状态，并同时采集其他新供应商的信息。

（4）当合作供应商难以准时交付物资或者多次评选不合格后，RM 企业迅速启动备选方案，从供应商资源库中选取新的供应商进行合作。

（5）各供应商为了赢得与 RM 企业合作的机会，在价格上、质量上都给出了最大优惠。

（6）RM 企业利用此方法，既保证了采购物资的质量，又使得采购成本常年维持在较低水平。

8.2.5　长期合约法

企业可以在所需购买物资的价格处于历史低价水平时，与供应商签订长期合约，向供应商承诺在某段时间内，会购买一定规模的物资，以这种方式来降低采购成本。

1．定义

长期合约法是指为防止物价波动导致企业未来采购成本增加，企业选择合适的价格与供应商签订长期合约的方法。

合约内容涉及物资价格、品种、规格、有效期等信息，合约的签订也是对合作双方的约束与保证。

2．优缺点

（1）长期合约法的优点。

①企业与供应商签订长期合约，是建立在双方互相信任的基础上，有利于双方建立合作共赢关系。

②可以保证未来物资的正常供应，提高物资供应的稳定性。

③长期合约的达成意味着，企业可以从供应商处获得更为详细的成本与价格信息，从而可以用较低的采购价格获得物资，节约采购成本。

（2）长期合约法的缺点。

①若签订合约后一段时间，物资价格变动较大，甚至远低于合约签订价格，那么企业物资采购价格难以变动。

②一旦供应商物资质量出现问题，企业想更换供应商就较为困难。

3．举例

RF 企业为降低采购成本，决定在物资价格较低时，与供应商签订长期合约，用以保证物资将来供应。

（1）RF 企业采购部为采购自身所需物资，对每年或者每个季度的采购数据进行分析，寻找物资价格较低的时期。

（2）RF 企业采购部在此时期之前，公开对社会招标，然后对投标的供应商进行评估，对供应商的供货能力、物资质量、过往信誉度等信息进行综合调查。

（3）根据调查结果，RF 企业初步选定综合实力较强的三家供应商，采购部分别与其联系，深入了解各家供应商的情况，确认最终合作对象。

（4）采购部与最终供应商通过一段时间的了解，建立双方的信任基础，在所需物资价格较低的时期与供应商签订长期合约，确保供应商能够长期稳定地供应物资。

（5）RF 企业通过与供应商签订长期合约，避免了寻找新供应商产生的时间成本与人力成本的浪费，确保了物资的长期供应，有效地控制了物资采购成本。

8.2.6 VMI 采购法

VMI 采购法的核心思想是供应商通过共享用户企业的当前库存和实际耗用数据，按照实际的消耗模型、消耗趋势、补货策略进行有实际根据的补货，尽可能地减少由于独立预测的不确定性导致的资金浪费，从而降低总成本。

1．定义

VMI 采购法是一种以企业和供应商双方都获得最低成本为目的，在一个共同的协议下由供应商管理库存，使库存管理得到持续改进的合作性策略及降低供应成本的方法。这种方法打破了传统各自为政的库存管理模式，体现了新的集成化管理思想，是一种新的降低成本的方法。

2．优缺点

（1）VMI 采购法的优点。

①企业与供应商可以共享物资成本与价格信息，双方可以借此达到共赢状态。

②供应商完全管理和拥有库存，对物资有看管义务，并对库存物资的损伤与损坏负责。

③供应商可以根据企业共享信息，随时监测企业库存消耗情况，自我决策、自动补充库存，维持库存运营。

④企业能更准确地确定采购数量，降低需求预测的不确定性，从而降低成本。

（2）VMI 采购法的缺点。

①VMI 采购法要求供应商与企业之间有一定的信任基础，双方应做好自我管理。

②VMI 采购法要求双方具有先进的信息技术，这样才能保证数据传递的准确性与及时性。数据传递一旦发生错误，就会影响双方生产经营。

3．举例

RK 企业是一家零售企业，长期从 B 企业采购物资，为降低采购成本，其决定采用

VMI 采购法。

（1）RK 企业首先对双方的运作方式与组织系统进行评估，确认各自的运作能力、系统整合、信息实时程度的匹配程度，据此判定出双方合作的可行性。

（2）双方在达成战略合作意向后，进一步协商合作细节，建立初步合作的范畴与对应的窗口，准备合作。

（3）双方就合作事宜展开多次讨论，并且逐步建立共有仓库、系统及信息库，其中包括补货依据、时间、决定方式等。B 企业将分散的供货车间集中到一起，并统一为 RK 企业配送物资。

（4）RK 企业在采购物资时，使用共享信息库将结余库存与补货资料等信息传送给 B 企业，B 企业对收到的信息进行整合，并与 RK 企业的销售数据进行对比，预估物资需求，产生建议订单，将其发送至 RK 企业。

（5）RK 企业在收到建议订单后，经由生产部、销售部、采购部审核，确认最终订单，将其发回 B 企业。B 企业在收到最终订单后，迅速展开供应工作。

（6）VMI 采购法的实施，简化了中间环节，减少了实体仓库的需求，实现了成本节约，使得供应链的管理更加合理。

8．2．7　合作伙伴法

合作伙伴法需要双方有共同合作的意愿，有牢固的信任基础。

1．定义

合作伙伴法是在企业与供应商相互信任、相互支持的基础上，为实现共同的价值目标，而采取共担风险、共享利益的互惠互利的方法。

2．优缺点

（1）合作伙伴法的优点。

①企业与供应商之间互利共赢，企业更容易了解供应商物资的成本底价，可以有效降低采购成本。

②双方属于利益共同体，可以最大限度地保证物资质量与交货时间，不会影响生产经营活动。

（2）合作伙伴法的缺点。

①合作伙伴可能会因一方的经营战略调整而发生改变，一旦这种改变过快，就会影响自身的经济效益。

②并不是所有的供应商都可以成为合作伙伴，建立合作伙伴关系需要花费大量的成本

与精力。

3．举例

（1）RL 企业对现有供应商重新评估，淘汰信用评分等级低的供应商。

（2）RL 企业建立供应商考评机制，选取较为优秀的供应商，建立成熟的供应商网络。

（3）在上述基础上，RL 企业依据供应商供货能力、资金实力、经营能力等情况选取三家目标供应商，加大对这三家供应商的采购量，使得供应商产生与 RL 企业合作的强烈愿望。

（4）RL 企业与供应商进行商谈，建立合作伙伴关系，签订合作协议。协议中包括价格稳定条款、质量保质期、出资条款等内容。

（5）RL 企业做到与供应商之间的信息共享，提前将生产经营计划告知供应商，供应商按照实际需求备货，并按照合作协议参与生产经营。

（6）RL 企业通过这种形式，实现了风险分担，节约了库存成本，降低了采购成本。

8.3 选择合适的采购方式降低采购成本

8.3.1 集中采购

在采购过程中，企业可以通过选择合理的采购方式来降低采购成本。采购方式有很多，其中较为有效的是集中采购。

1．定义

集中采购是指对采购目录中的物资进行统一采购，是一种采购管理集中化的趋势，是企业赢得市场、保护产权和技术、抢占先机的战略安排。

这种方式通过采购的集中来提高议价能力，获取更多的采购优惠，得到更低的数量折扣价格，从而达到降低采购成本的目的。

2．优缺点

（1）集中采购的优点。

①发挥规模采购优势。

集中采购有利于企业整合采购资源，发挥规模采购优势，获得更加优惠的价格，从而实现采购成本的降低。该方式还可以使企业避免同类物资重复采购，从而减少采购频次和供求对接成本，缩短采购时间，减少运营费用，降低采购成本，提高采购效率。

②规范采购行为。

集中采购有效将采购权力集中，将分散采购决策变为集中公开采购决策，增加采购活动的透明度，提高采购活动的规范性，减少采购人员与供应商直接接触的机会，有效降低腐败、贿赂等情况发生的可能性。

③优化供应链管理。

集中采购可以吸引更多优秀供应商，为企业资源供应、产品开发、售后服务等活动提供更有价值的支持，有助于企业与优秀供应商建立长期合作关系，有利于整合利用库存资源，减少物流和仓储成本。

④提高物资和服务质量。

集中采购有利于优化企业采购技术质量，获得具有竞争力的优秀供应商的优质物资和服务，提高采购和供应环节的准确性、及时性和匹配性。

（2）集中采购的缺点。

①采购管理僵化。

集中采购采用统一采购标准，时间较为固定，较难满足部分采购项目在时间、质量标准方面的个性化需求，失去管理弹性。

②响应时间长。

集中采购前，采购部要收集各部门的采购要求，对接的部门较多，工作量大，且所需时间较长，一旦双方发生意见分歧或冲突，不仅会延误采购时机，可能还会导致责任关系难以界定。

③灵活性差。

虽然集中采购能带来价格优惠，但是灵活性较差，一旦采购过程发生变化，各部门难以快速应对，就容易导致服务效率降低。

④不利于少量物资采购。

集中采购不利于价格低、数量少的零星物资的采购。

3．举例

RJ 企业为改变采购效率较低、采购成本较高的情况，决定使用集中采购。

（1）RJ 企业对原有的采购体系进行改革，取消了下设的五个零散采购部门，单独设立采购办公室，所有采购事宜统一由采购办公室负责。

（2）采购办公室对采购物资清单进行分类整理，形成大规模采购，使原来的分散采购变成了集中采购。

（3）采购办公室依据采购物资的不同，确定不同物资的供应商，以规模、集中的采购物资为谈判底气，与不同的供应商进行谈判，降低采购价格。

（4）这样，RJ 企业的采购管理就由扁平采购管理变成直线采购管理，实现了采购范围的扩大、供应商资源的优化整合，同时提高了采购效率，降低了采购成本。

8.3.2 联合采购

对于难以实现以大规模采购获得价格优惠的企业来说，联合采购是一种降低采购成本的方式。

1. 定义

联合采购是委托专业采购服务机构进行采购活动，或者是联合相关有共同需求的企业，将零散的项目集合起来，形成大规模采购，以此来实现提高经济效益和降低采购成本的目标的方式。

2. 优缺点

（1）联合采购的优点。

①联合采购最大的优点在于，企业之间可以互相联合，形成规模采购优势，有效弥补采购规模小、单位分散、采购经验不足等缺陷，增强了企业的议价能力。

②企业之间相互联合，建立战略合作关系，共享库存资源，节省各自前期投入，减少运输费用。

③建立框架协议，简化采购行政管理，降低交易与签约成本。同时也规范了企业采购行为，对贿赂行为有一定的抑制作用。

④各企业的采购人员具备不同的专业技能、知识和关系网络，对于特定品类的采购来说，有很大作用。

（2）联合采购的缺点。

①联合采购的手续比较复杂，前期需要投入大量成本与精力。

②联合采购的人员来自不同的企业与部门，各自之间的沟通协调可能会遇到阻碍，采购时机与条件未必符合个别人员的需求。

③联合采购的谈判与决策耗时长，易导致采购效率降低。

④大规模的联合采购容易造成联合垄断，出现恶意压价的现象。

3. 举例

RH企业是一家中型生产企业，因其所需物资采购规模较小，难以获得规模化优势，因此采用联合采购方式进行采购。

（1）RH企业经过市场调查，寻找存在相同困境的、与本企业所需物资相同或者相近的多家企业，并在其中选取六家综合实力较强的企业。

（2）RH企业派遣专业人员与此六家企业进行商谈，共同组成联合采购协会，形成较大的规模采购优势，以应对物资采购。

（3）RH 企业与联合企业签订联合采购协议，共同寻找合适的供应商，并在经过调查与谈判后，综合供应商的供货能力与优惠价格，选定最终的三家供应商。

（4）RH 企业与联合企业一起，同上述三家供应商签订联合采购框架协议，确保充足的物资供应、优惠的采购价格。

（5）RH 企业及联合企业通过此种采购方式，降低了采购成本，压缩了库存，加强了物资供应链管理，提高了资金利用率，实现了经济效益最大化，增强了在行业内的竞争力。

8.3.3 电子竞价

电子竞价是一种新型竞价交易方式，具有方便、快捷等优点。

1. 定义

电子竞价是对于标准化或者协商标准的物资采购，邀请三家以上的供应商，经过专业的采购电子平台进行电子招标、封闭电子竞价后，选择质优价廉的供应商合作以降低采购成本的方式。

电子竞价是非常直接、有效的节约采购成本的强大工具。电子竞价依托网络技术，通过加强供应商之间的竞争来实现降低采购成本的目标，以提高企业自身市场竞争力。

2. 优缺点

（1）电子竞价的优点。

①电子竞价的出现逐渐改变传统买卖模式。传统买卖模式是买方与卖方之间面对面谈判，而电子竞价是供应商之间的竞争，各供应商获得更多、更平等的机会，竞争程度加深，企业因此可以获得最优市场价格。

②将线下场所变为线上场所，依托互联网平台进行报价，供应商无须到现场竞价，降低了双方交易成本，提高了采购活动的便捷性与保密性，更有效地减少了贿赂行为发生的可能性。

③缩短商谈周期，减少时间成本，提高了采购效率。电子竞价必须在固定时间内提交报价、进行竞争、完成招标，当供应商报价失败后，竞争过程就结束了。

④电子竞价通过互联网，将生产信息、库存信息和采购系统联系在一起，可以实现实时订购，最大限度地减少库存，实现零库存管理。

（2）电子竞价的缺点。

①电子竞价在最终成交时，通常会以价格作为最终的衡量标准，这就会导致对其他因

素（如质量、交工能力等）的忽略，不适用于交易条件中非价格因素占比较大的采购。

②部分供应商在电子竞价中，为保持自身利润，可能会降低产品质量和服务质量，甚至无法提供产品，影响企业生产经营。

③由于电子竞价在国内起步较晚，尚未形成完整的竞价体系，部分电子竞价平台松散无序、缺乏统一性，这会增加企业与供应商二者的管理难度。

3．举例

RM企业是一家集煤电、机械制造、新能源等多业务的大型现代化企业集团。为了实现信息化、规范化采购管理，RM企业高层通过慎重思考，决定采用电子竞价方式进行采购。

（1）RM企业事先进行市场调查，寻找电子交易平台，了解不同平台的政策与准入门槛，综合评估平台实力，选定最终交易平台。

（2）经过调查发现，PL是国内目前最大的电子交易平台，拥有较为完整的供应商审核机制与约束原则。凭借着出色的管理体系与较为完善的供应商网络，PL电子交易平台成为RM企业的首选。

（3）RM企业最终选定PL作为电子招标投标交易平台，进行电子竞价采购。

（4）RM企业在PL电子交易平台上，发布公开招标公告，明确所需物资数量及质量。供应商在平台上经过多次的封闭电子竞价，得出最终交易价格。RM企业选定物资价格最低的供应商与其合作。

（5）电子竞价方式既保证了采购招标的透明性，又可以帮助企业找到质优价廉的物资供应商，大幅节省了采购成本，提高了采购效率，最终达到了采购管理规范化的目的。

第9章
采购库存控制

9．1 库存计划

9．1．1 库存计划模型

库存计划模型是指辅助企业管理人员确定计划期内，企业生产所需物资的合理订货批量、订货点和订货间隔时间的模型。建立库存计划模型的目的是在保证正常生产经营活动的前提下，最小化库存费用。

常见库存计划模型分为确定性库存计划模型和随机性库存计划模型。

1．确定性库存计划模型

确定性库存计划模型是指需求和订货数量都确定的库存计划模型。该模型可按允许缺货和不允许缺货、计算或不计算补充货物所需时间、有无约束条件，以及需求数量与供应价格有无关系等做进一步分类。这种库存计划模型需满足以下条件，方可使用。

（1）需求连续且均匀，需求周期是一个稳定的数字。

（2）当库存量降至零时立即得到补充，即订货周期可以近似于零。

（3）每次采购规模以及费用固定，手续费也固定。

2．随机性库存计划模型

随机性库存计划模型的需求量是随机的、不确定的，当库存量下降到某一数量时开始采购活动。这种库存计划模型需满足以下条件，方可使用。

（1）即将发生采购活动时，现有库存量是确定的。

（2）在一个周期内，采购需求量是非负随机变量，其分布函数以及密度函数已知。

（3）初始库存量为零，固定采购费用为零。

（4）最终目的是使期望总费用达到最小或者期望总收益达到最大。

9. 1. 2　库存评估指标

库存评估指标不仅反映企业现有库存情况，更关系到采购人员下一步活动的进行，因此采购人员要掌握常见的库存评估指标，便于开展后续工作。常见的库存评估指标如表9-1所示。

表 9-1　常见的库存评估指标

库存评估指标	公式	作用
库存数量指标	缺货率 = 缺货的库存项 ÷ 库存项 × 100%	反映企业库存量，用来大体衡量库存是否足够支撑销售
库存价值指标	平均库存 =（期初库存 + 期末库存）÷ 2	反映库存的金额和成本
	SWC：销售额与流动资金比率 SWC = 年销售额 ÷（应收账款 + 库存 − 应付账款）× 100%	反映库存投资的效益价值
	SIR：库存销售比率 SIR = 年销售额 ÷ 库存 × 100%	反映与库存相关的收益
	LIFR：供应比率 LIFR = 使用第一批货物完成的订单项数 ÷ 订单数量 × 100%	反映服务水平
库存周转速度指标	ITO：库存周转率 ITO = 销售的物料成本 ÷ 财务期末平均库存 × 100%	反映企业库存周转快慢程度
	DOS：库存天数 DOS = 365 ÷ 库存周转率	衡量库存水准的基本指标，库存天数太多会产生各种成本费用，库存天数太少会错失销售机会
	C2C：现金转换周期 C2C = 库存天数 + 应收账款周转天数 − 应付账款周转天数 库存天数 = 平均库存 ÷（销货成本 ÷ 365） 应收账款周转天数 = 平均应收账款 ÷（销售额 ÷ 365） 应付账款周转天数 = 平均应付账款 ÷（销货成本 ÷ 365）	企业资金使用效率和运营效率的综合体现，用来测量流动资产和流动负债产生现金的效率
库存误差指标	库存误差 =（盘点库存 − 记录库存）÷ 盘点库存	反映库存记录的真实与准确程度
库存管理指标	仓库有效面积利用率 =（仓库使用面积 ÷ 仓库内有效面积）× 100%	反映仓库利用情况
	仓库有效容积利用率 =（仓库使用容积 ÷ 仓库内有效容积）× 100%	

（续表）

库存评估指标	公式	作用
出入库服务水平指标	出库率＝（每月实际出库量 ÷ 每月计划出库量）×100%	反映物资出库情况
	供给率＝（实际出库率 ÷ 要求出库率）×100%	反映物资供给情况
	及时发放率＝（实际及时出库的数量 ÷ 要求及时出库的数量）×100%	反映物资发放的及时情况
	综合发放率＝（每月实际出库量 ÷ 每月要求出库量）×100%	反映物资每月发放情况
	物资收发差错率＝（计划期内发生收发差错的物资总量 ÷ 计划期内仓库的进出总量）×100%	反映计划期内物资收发错误情况

9.1.3 采购与零库存管理

零库存是一种特殊的库存概念，并不是绝对意义上的没有任何库存，而是指在一段时间内没有多余库存的理想状态。

零库存与采购环节息息相关，采购人员要积极探索在采购环节实现零库存的方式，以达到降低企业库存管理成本的目的。零库存的实现途径主要有以下三种。

1.关注库存状态

采购人员应随时关注库存状态，向仓储部确认物资库存数量是否满足生产经营。如果库存物资足以应对一段时间内的生产活动，采购人员就可以暂不采购物资，避免库存过多，造成成本过高。

2.委托第三方仓库存放物资

第三方仓库是一种专业化、社会化程度比较高的仓库。委托第三方仓库存放物资即将物资存放在供应商仓库中，供应商根据企业实际情况保证随时供货，双方根据实际消耗按月结算货款。对于此种模式，双方应有供货时间的限定，到货时间以不影响生产需要为底线。

这样就使得供应商与企业之间实现信息共享，供应商根据企业即时需求提供物资，使企业有效避免了库存积压。

3.按订单进行采购

在零库存状态下，企业接到新的订单时方开始进行生产，企业的一切活动都按照订单进行，包括采购在内。企业生产需要多少规模的物资，就采购相应规模的物资，这样，仓库不再是传统意义上存储物资的仓库，而是物资流通过程中的一个中转枢纽。企业按订单进行采购，有效避免了采购物资过多而造成的积压问题，从采购方面实现了零库存。

9.2 订货量

9.2.1 订货量的计算方法

为规范采购人员的采购行为,提高物资采购的效率,保证采购物资的质量,采购人员应掌握物资订货量的计算方法。采购人员常用的订货量计算方法有定期订货法和定量订货法。

1.定期订货法

定期订货法是预先确定年内各订货时间间隔,并按期进行订货,以补充库存的一种库存控制方法。

(1)基本原理。

定期订货法的决策思路是:每隔一个固定的时间周期检查盘点库存项目的库存量,根据盘点结果与预定的目标库存水平差额确定每次订货批量。

假设需求随机变化,每次盘点时的库存量都是不相等的,为达到目标库存水平 Q_0 而需要补充的数量也随机变化。

定期订货法的决策变量为:订货周期 T、目标库存水平 Q_0。企业根据订货周期、目标库存水平可计算出每次订货批量,发出订货指令,组织订货。

定期订货法库存量的变化如图9-1所示。

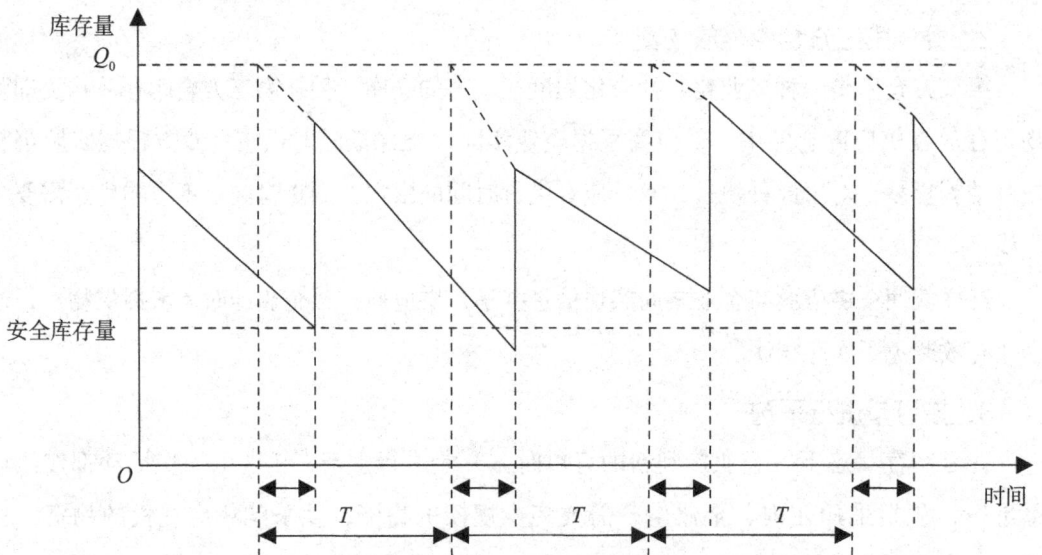

图9-1 定期订货法库存量的变化

（2）订货周期的确定。

订货周期一般根据经验确定，主要考虑制定生产计划的周期，常取月度或季度作为库存检查周期，也可以借用经济订货批量的计算公式确定使库存成本最低的订货周期。

订货周期的计算公式：订货周期 $=360\div$ 订货次数 $=360\times Q\div D$。

式中：D——年需求量；

　　　Q——每次采购的批量。

（3）目标库存水平的确定。

目标库存水平是满足订货周期加上提前期内的需求量。它包括两部分：一部分是订货周期加提前期内的平均需求量，另一部分是根据服务水平保证供货概率的保险储备量。

目标库存水平的计算公式：$Q_0=(T+L)\times R+Z\times S$。

式中：T——订货周期；

　　　L——订货提前期；

　　　R——平均日需求量；

　　　Z——服务水平保证的供货概率查正态分布表对应的 t 值；

　　　S——订货周期加提前期内的需求变动的标准差。

（4）订货批量的确定。

依据目标库存水平可得到每次检查库存后提出的订货批量，其计算公式为：$Q=Q_0-Q_t$。

式中：Q——每次采购的批量；

　　　Q_0——目标库存水平；

　　　Q_t——在第 t 期检查时的实有库存量。

2．定量订货法

定量订货法是指当库存量下降到预定的最低库存量（订货点）时，按规定数量（一般以经济批量 EOQ 为标准）进行订货补充的一种库存控制方法。

（1）基本原理。

当库存量下降到订货点 R 时，即按预先确定的订货批量 Q 发出订货单，经过交纳周期（订货至到货间隔时间）L，库存量继续下降，到达安全库存量 S 时，收到订购的物资，库存水平上升。定量订货法库存量的变化如图 9-2 所示。

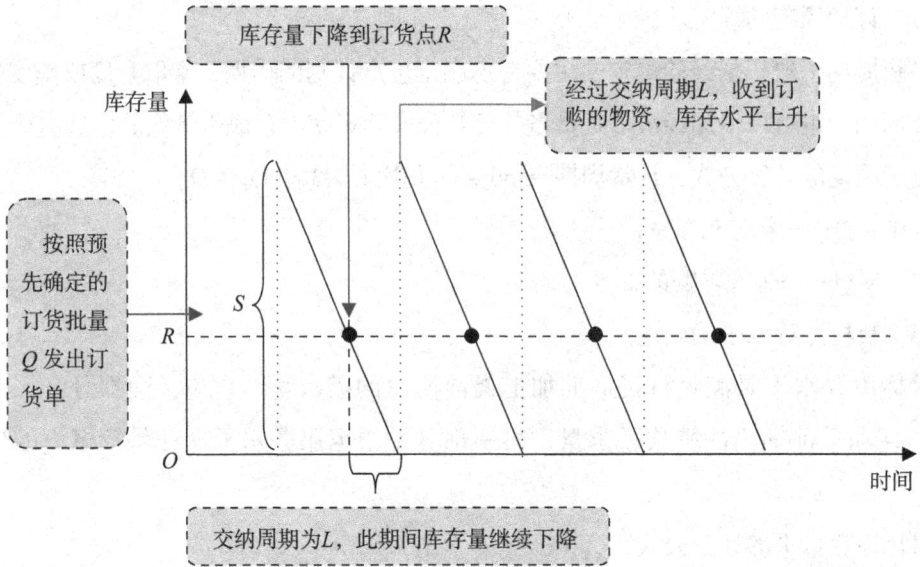

图 9-2　定量订货法库存量的变化

（2）订货点的确定。

定量订货法主要靠控制订货点 R 和订货批量 Q 两个参数来控制订货，以达到满足库存需求和降低总成本的目的。

在需求为固定、均匀和订货交纳周期不变的条件下，订货点 R 可由下式确定。

订货点 R 的计算公式：$R = L \times D \div 365 + S$。

式中：D——年需求量；

　　　　L——订货交纳周期；

　　　　S——安全库存量。

（3）订货批量的确定。

订货批量 Q 依据经济批量来确定，即总库存成本最低时的每次订货数量。通常，年总库存成本的计算公式为：

年总库存成本＝年物资成本＋年订购成本＋年持有成本＋缺货成本。

假设不允许缺货的条件下：

年总库存成本＝年物资成本＋年订购成本＋年持有成本，即 $TC = D \times P + C \times D \div Q + Q \times H \div 2$。

式中，TC——年总库存成本；

　　　　D——年需求量；

　　　　P——单位物资的购置成本；

　　　　C——每次订购成本；

　　　　H——单位物资年持有成本；

　　　　Q——订货批量。

　　经济订货批量就是使库存总成本达到最低的每次订货数量，它是通过平衡订货成本和持有成本两方面得到的。其计算公式为：$EOQ=\sqrt{\dfrac{2CD}{H}}$。

9.2.2　最小订货量

　　最小订货量是指供应商所能接受的最小订单量。当采购人员计算出的订货批量小于供应商所能接受的最小订货量时，要选择供应商能够接受的最小订货量。

　　最小订货量与供应商的成本息息相关，供应商会根据生产情况与成本情况，以及合作企业的订货量，确认最小订货量。订货批量低于最小订货量的主要原因有以下三个。

1．企业规模小，订单量小

　　企业规模较小，难以承担较大规模的订单，对物资需求较少，因此采购规模较小。这就要求采购部与供应商进行协商沟通，尽可能整合订购物资，在最小订货量下采购物资。

2．小规模补料

　　企业在生产经营活动中，可能会发生一些事故，如操作失误、机器疲劳等，造成物资损失，导致库存物资产生少量缺口。为满足生产经营活动需要，企业就需要进行小规模补料。

3．新产品开发造成小规模订购

　　企业为适应不断发展的市场，需要不断推陈出新，开发出适合市场需求的新产品。在新产品开发中以及开发后的实验阶段，有可能只需要小规模的物资，就会造成订货批量低于最小订货量的情况。

9.2.3　订货量确定管理流程

　　采购人员在掌握订货量的计算方法后，应按照图 9-3 所示的既定流程确定订货量，以确保采购后续工作能够正常进行。

部门名称	采购部		流程名称	订货量确定管理流程
关键节点	采购经理	采购专员		相关部门
	A	B		C

1	开始		
2	制订本期采购计划	收集采购信息	提出采购需求
3		采购数量预测	
4		汇总物资需求	
5		确定独立需求物资的需求数量	
6		确定相关物资的需求数量	
7		确定物资需求数量	提供资料
8	不通过	扣除现有库存及预计到货物资数量	
9	审核	制定物资数量采购方案	
10	通过	确定本期物资订货量	
11		执行采购计划	
12		结束	

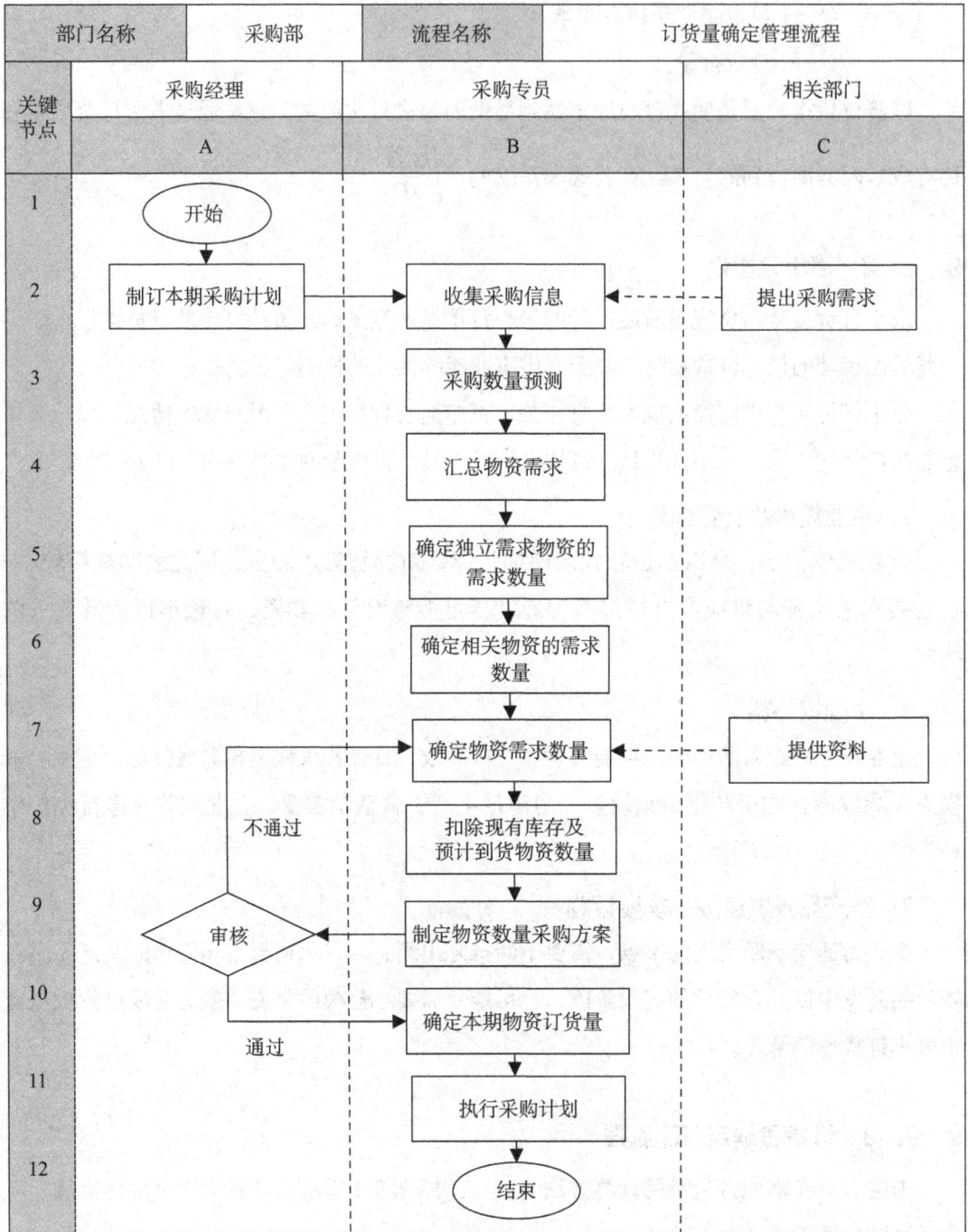

图 9-3　订货量确定管理流程

根据图 9-3，订货量确定管理流程执行关键节点如表 9-2 所示。

表 9-2　订货量确定管理流程执行关键节点

关键节点	细化执行
A2	采购经理根据企业生产经营情况制订本期采购计划
B2	采购人员收集历史采购数据、市场销售计划及生产计划等各类数据，并进行分析
B3	采购人员根据收集到的数据和其他已知因素，运用科学合理的方法对采购数量做出预测
B3	在预测采购数量时，应考虑客户订单及销售预测，切忌没有依据就做出预测，避免采购预测编制不合理
B4	采购人员汇总相关部门提出的采购需求，并编制物资需求汇总表
B4	采购人员在汇总采购需求时，要防止出现物资需求申请重复的现象，避免物资采购过多，造成库存积压
B7	采购人员根据相关数据，采用净需求量扣减现有库存和预计到货的物资数量的方式，确定物资需求数量
B7	在确定物资需求数量时，不能只考虑独立需求物资或只考虑相关物资的需求数量，避免因考虑不全而影响物资需求计划的制订
B9	采购人员根据物资需求数量编制物资数量采购方案，交由采购经理审核
B9	在编制物资数量采购方案时，注意扣除现有库存及预计到货物质数量，避免采购数量方案编制不准确

9.3　库存周转

9.3.1　加快库存周转的步骤

库存周转是指企业为了完成产品流转计划，保证市场正常供应，根据产品销售任务、产品流通环节与速度，保持一定数量的周转需要的产品库存。库存周转关系着企业流动资金的多少，库存周转加快意味着流动资金的有效使用。

采购人员可以按照图 9-4 所示的步骤，加快库存周转。

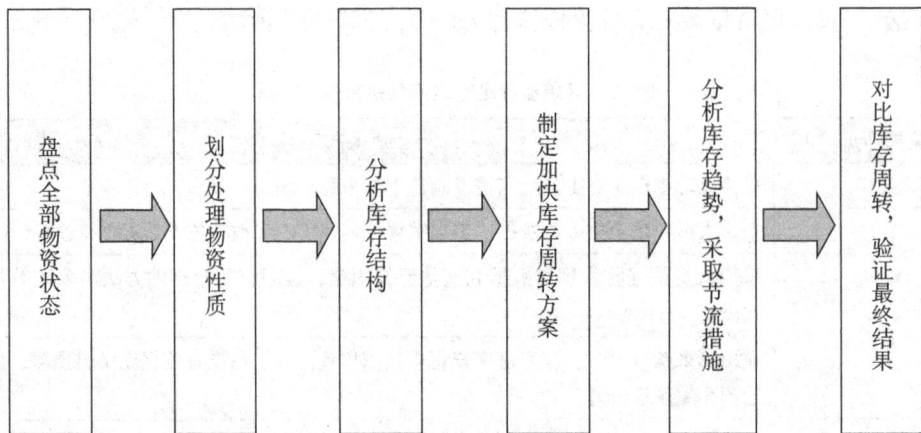

图 9-4　加快库存周转的步骤

1．盘点全部物资状态

采购人员协助仓储人员对仓库内现有库存进行全面盘点，不仅盘点物资数量，还要核实质量状态。注意盘点过程中一定要遵循物资存储与盘点规范，避免对物资造成损伤，影响企业生产经营活动。

2．划分处理物资性质

结合库存的质量状态与库龄，将物资分为呆滞品与正常品，将呆滞品单独存放并整理相应数据。同时对呆滞品处理流程进行优化，加强跨部门沟通。

3．分析库存结构

呆滞品处理完后，再对正常品所占金额比例进行分析，确定每种物资所占金额比例与实际需要是否匹配。

4．制定加快库存周转方案

要达到库存周转加快的目的，就要制定相应方案。为了降低库存，加快库存周转速度，就应从库存金额占比较大的物资下手。降低这类物资库存，能减少总体的库存金额，加快库存周转。

5．分析库存趋势，采取节流措施

在制定加快库存周转的方案后，采购部与仓储部协同合作，按照方案执行。在方案实施后，对库存情况进行分析，及时调整，采取节流措施，确保库存水平得到有效控制。

6．对比库存周转，验证最终结果

实施上述步骤后，对每次库存周转情况进行记录，每隔一段时间，将整体数据进行对比，判断库存周转次数是否明显增加，就可以验证最终结果。

9. 3. 2　库存周转速度优化方案

库存周转速度优化方案可以提高库存的周转速度，提升库存管理的效率，减少存货量及存货损失。以下是一则库存周转速度优化方案，仅供参考。

库存周转速度优化方案

一、目的

为了达到下述目的，特制定本方案。

1. 合理控制库存物资数量，减少库存占用资金，降低物资存储成本。

2. 加快库存周转，缩短周转周期，减少资金积压，确保资金快速流动。

二、准备工作

（一）掌握库存周转速度

1. 库存周转速度一般情况下可以用库存周转天数及库存周转次数表示。

2. 本方案所指库存周转速度，是指库存周转次数，表示在给定的期限内，库存循环使用或周转次数的平均值。

（二）收集库存周转信息

1. 仓储人员收集同行业的库存周转信息及本企业前期的月库存量、月初库存、月末库存等信息，以便后期进行周转速度的对比分析。

2. 仓储人员应随时记录物资的出入库数据，了解企业的库存状况，收集计算库存周转率的数据，包括月初库存、月末库存、每月的出库量及全年的出库总量。

（三）计算库存周转速度

仓储人员需计算企业的库存周转次数，了解现在的库存周转速度，具体的计算公式如下，企业可以结合实际情况，合理使用。

库存周转次数＝期内出库总量÷［（期初库存＋期末库存）÷2］。

（四）周转速度对比分析

1. 仓储人员将计算的库存周转速度与同行业库存周转速度进行比较，或与企业内部的其他期间数据进行比较，判断企业的库存周转速度是否合理，找出库存周转速度不合理的根本原因。

2. 库存周转速度不合理的主要原因包括没有设定合理的库存存量、物资采购安排不合理、没有规范化的库存管理制度等。

（续）

三、制定与实施库存周转速度优化措施

（一）采购措施

1. 合理安排订购频次，如企业库存周转过慢可采取少量多次的订购策略；库存周转过快，形成物资短缺耽误生产时，可采用多量少批订购策略。

2. 准确进行采购批量预测，使订购物资能够准时用于生产，减少库存周转天数。

3. 尽量压缩物资订购周期和生产周期，缩短物资的采购周期，加快库存周转速度。

（二）库存措施

1. 采用先进先出的库存策略，减少物资积压等现象，减少呆废料，以便物资进行正常周转。

2. 在保证企业营运顺利的情况下，可设定合理的每月安全库存量，使库存周转正常进行。

四、考核与总结

1. 设定库存周转速度控制目标。仓储人员在实施库存周转速度优化措施的过程中，需设定合理的库存周转速度控制目标，以便对库存周转速度优化方案执行情况进行考核。

2. 考核评价。仓储主管对仓储人员的实施情况进行考核评价，检查库存周转次数是否达到预定的目标。

3. 总结。仓储人员应及时对实施过程中的经验和难点进行总结，以便后期进行库存管理工作。

五、注意事项

1. 本方案在执行过程中需要仓储部与采购部协同执行，如一方遇到问题，应双方协商解决。

2. 库存周转速度也不是越快越好，如果企业过度追求更快的库存周转速度，过分减少库存，那么一旦市场发生变化，就可能会影响企业的未来经营。

3. 对库存周转速度进行对比时，应注重与竞争对手的横向对比。由于各行业性质不同，跨行业进行库存周转速度对比意义不大，只有与竞争对手或者同行业的库存周转速度进行对比才有效。

库存周转率计算方法，扫描下方二维码即可查看。

9．4　呆滞品处理

9．4．1　呆滞品处理方法

呆滞品是指当前库存物资在未来一定时间内不能使用或者没有需求的库存物资。呆滞品又分为两种：一种是多余物料，是当前能够使用，但是未来一段时间内用不完的；另一种是淘汰物料，是现在或者将来一段时间内不可能用到的，完全被淘汰的。

呆滞品会对企业造成较大危害，直接影响企业经营，造成经济效益下滑，所以应及时处理呆滞品库存。一般情况下，企业要将原材料呆滞品库存金额占原材料库存金额的比例控制在 3% 以内，将成品呆滞物资库存金额占总成品库存金额的比例控制在 1% 以内。

一旦出现呆滞品，企业就需要及时进行处理，常见的方法如图 9-5 所示。

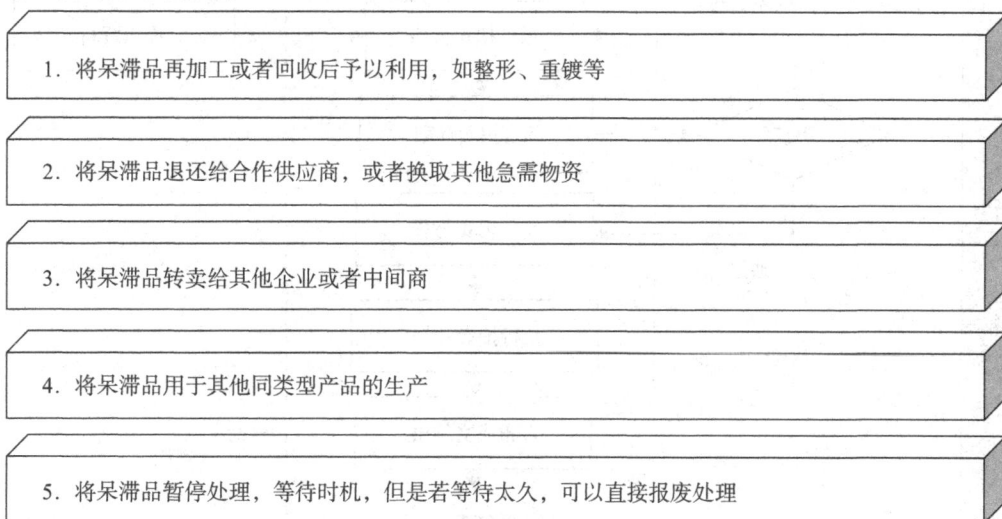

1. 将呆滞品再加工或者回收后予以利用，如整形、重镀等

2. 将呆滞品退还给合作供应商，或者换取其他急需物资

3. 将呆滞品转卖给其他企业或者中间商

4. 将呆滞品用于其他同类型产品的生产

5. 将呆滞品暂停处理，等待时机，但是若等待太久，可以直接报废处理

图 9-5　呆滞品处理方法

9．4．2　呆滞品拍卖流程

为了降低呆滞品给企业带来的负面影响，提高仓库利用率，节约呆滞品处理时间，企

业应安排专业人员按照图 9-6 所示的既定流程对呆滞品进行处理。

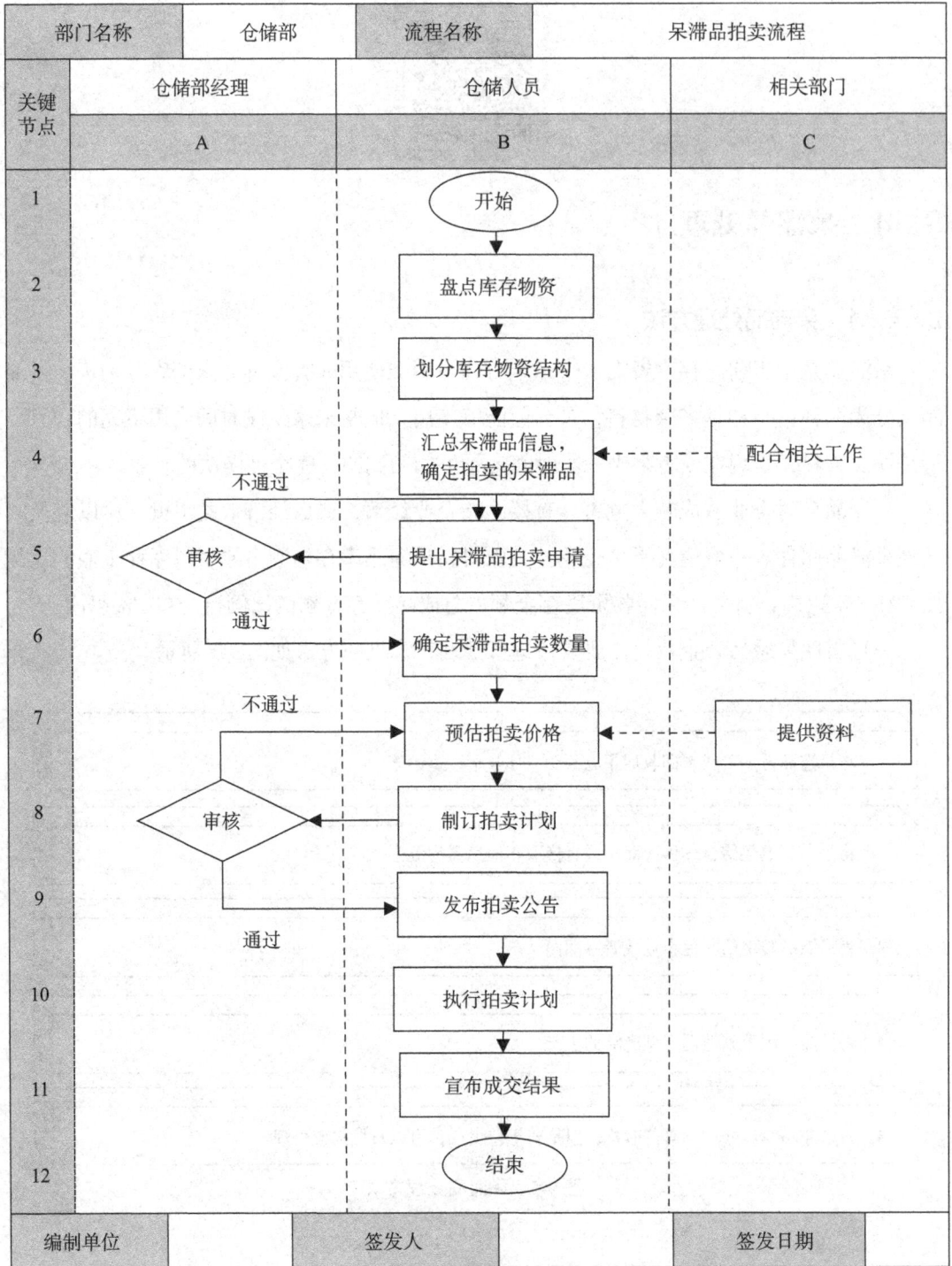

部门名称	仓储部	流程名称	呆滞品拍卖流程

关键节点	仓储部经理	仓储人员	相关部门
	A	B	C

1		开始	
2		盘点库存物资	
3		划分库存物资结构	
4		汇总呆滞品信息，确定拍卖的呆滞品	配合相关工作
5	审核 不通过	提出呆滞品拍卖申请	
6	通过	确定呆滞品拍卖数量	
7	不通过	预估拍卖价格	提供资料
8	审核	制订拍卖计划	
9	通过	发布拍卖公告	
10		执行拍卖计划	
11		宣布成交结果	
12		结束	

编制单位		签发人		签发日期	

图 9-6 呆滞品拍卖流程

根据图 9-6，呆滞品拍卖流程执行关键节点如表 9-3 所示。

表 9-3　呆滞品拍卖流程执行关键节点

关键节点	细化执行
B2	仓储人员对整体库存物资进行盘点，盘点时要注意物资的库存时间与现有库存质量
B3	仓储人员根据物资库龄及现在使用情况，将物资划分为正常品与呆滞品
B4	仓储人员在相关部门的配合下，详细汇总呆滞品信息，并确定哪些呆滞品需要拍卖
	呆滞品信息包括原购买价格、现存数量、现在状态等
B5	仓储人员向仓储部经理提出呆滞品拍卖申请，仓储部经理根据企业实际情况进行审批
B8	仓储人员制订呆滞品拍卖计划，并交由仓储部经理审核
	呆滞品拍卖计划中应包括呆滞品拍卖数量、拍卖价格，以及拍卖规则等
B9	仓储人员向企业或者中间商发布呆滞品拍卖公告，邀请有物资需求的企业或者中间商参加拍卖会
	拍卖公告中一定要表明拍卖呆滞品种类、数量及质量等情况

第10章
采购风险、内控、合规与审计

10.1 采购风险

10.1.1 采购风险识别

采购风险通常是指采购过程中可能出现的一些意外情况。采购过程包括采购计划、采购预算、供应商选择、采购价格管理、合同签订与执行、物资验收、付款结算、成本核算等诸多环节，各个环节由于受各种因素的影响，所以存在不同的采购风险。

采购过程中存在的主要风险包括以下七种。

1. 超支风险

由于采购过程中存在各种增加支出的因素，完成一项采购活动所需的最终采购支出比预期的采购支出更多，所以采购面临着超支风险。

2. 延迟交货风险

延迟交货风险是指供应商没有严格按照合同所规定的时间完成交货任务，而是在合同规定的交货期后一段时间才履行交货义务。在实际业务中，不按时交货特别是延迟交货被视为违约行为。

3. 质量不符风险

质量不符是指供应商提供的物资质量不符合采购企业物资质量的标准或采购合同的要求。物资质量不符存在的风险取决于供应商，同时也取决于企业内部控制的完善程度。

4．合同风险

合同风险是指因为供应商与采购方的各种事由，采购合同无法正常履行，而给企业带来损失的风险。影响合同风险的因素主要包括采购人员知识结构、供应商履约能力、合同的内容等。

5．预付款风险

预付款风险是指在采购方提前付款的情况下出现的中止采购退款难、采购质量难保证、虚假承诺难兑现、采购变更难履约、携款逃逸难追款等风险。

6．存货风险

企业通过采购取得的原材料或辅料构成了存货，存货是企业开展生产经营活动的物资基础。企业在进行存货管理的过程中存在许多风险，主要有库存过高风险、库存过低风险、物资损坏变质风险、库存周转过慢风险、库存价格下跌风险、库存信息不畅风险。

7．道德风险

道德风险是指从事采购活动的采购人员与供应商在最大限度地增加自身利益的同时，做出不利于他人的行动带来的风险。采购过程中具体存在的道德风险主要有采购信息收集不全面、收受供应商贿赂、收取采购回扣、采购合同签订暗箱操作、采购事宜未按采购合同执行。

10．1．2 采购风险管理步骤

为了加强对采购风险的控制，减少企业损失，企业应结合采购管理的实际情况，制定风险管理流程，规避采购风险问题，具体执行步骤如图 10-1 所示。

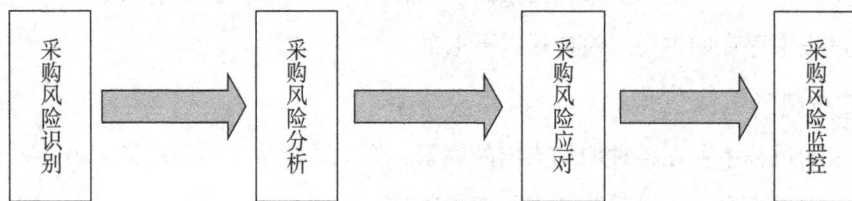

图 10-1 采购风险管理步骤

1．采购风险识别

对企业面临的各种潜在风险进行归类分析，从而加以认识和辨别，即确定何种风险可能会对企业产生影响，并以明确的文档描述这些风险及其特性。

2．采购风险分析

评估已识别风险可能的后果及影响。风险分析可以选择定性分析或定量分析方法，进一步确定已识别风险对企业的影响，根据其影响对风险进行排序，确定关键风险项，并指导风险应对计划的制订。

3．采购风险应对

针对企业面临的风险，开发、制订风险应对计划并组织必要的资源着手实施，以有效控制风险，避免风险失控演变为危机。

风险应对计划包括企业当前及未来面临的主要风险类别，针对各类风险的主要应对措施，每个措施的操作规程（包括所需的资源、完成时间及进行状态）等。风险应对计划形成之后，企业应通过风险管理体系确保计划启动时所必需的人力、物力等资源。

4．采购风险监控

在风险管理全过程中，跟踪已识别的风险，监控残余风险及识别新的风险，确保风险应对计划的执行，评估风险应对措施对降低风险的有效性，并形成风险监控报告。

在企业经营过程中，风险不断变化，可能会有新风险出现，也可能有预期风险消失。

采购风险控制办法和采购风险管控措施，扫描下方二维码即可查看。

采购风险控制办法　　　　　　　　　采购风险管控措施

10.2　采购内控

10.2.1　采购内部控制关键点分析

一个企业的内部控制工作能否做好，主要看其关键控制点是否设置到位。控制采购风险，主要从完善制度、优化组织结构、优化流程、加强督导等关键点入手，建立完善的内部控制机制，从宏观层面和业务经营层面共同防范内部控制风险。

对采购内部风险进行总体控制，应从表 10-1 所示的关键点入手。

表 10-1　采购内部控制关键点

序号	关键点	简述
1	形成良好的风险控制理念	企业应高度重视，将内部控制规范转化为企业的领导理念和管理思想，将其作为一项持之以恒的目标来落实，形成自上而下的良好风险控制氛围
2	风险识别	通过深入调研，利用系统的、科学的方法对各类风险进行识别和分析，建立一套风险识别、风险评估、风险预警、风险应对和风险监控的风险管理体系

（续表）

序号	关键点	简述
3	制定内控策略	制定企业的内部控制策略，设定内控目标，梳理优化流程并明确流程的关键控制环节，确定主要控制点
4	制定内部控制规范	建立内控管理架构，完善内控环境，建立企业内控信息沟通渠道；进一步制定企业内部监督控制制度和风险防范行为规范，推进内控规范的落实
5	建立岗位分离控制机制	权限分配应实行分级管理，可以设置四个等级 ◆ 普通级别拥有查阅的权限 ◆ 一般级别拥有录入和新增数据等日常业务权限 ◆ 重要级别拥有一般级别不能操作的修改重要基础数据的权限 ◆ 审核级别有对数据录入和修改进行最终审核及确认的权限
6	梳理企业运营流程	◆ 企业应梳理各种运营流程，通过对业务各个流程中各个节点的全程控制，将风险管理及应对策略落实到企业的决策、制度、流程、组织职能中 ◆ 把业务流程、工作程序、权限控制、授权批准等内部控制的具体规定设置在业务系统程序中，不符合内部控制规定的经办行为无法在业务系统内操作
7	加强内控中的督导工作	◆ 有效地监督内控体系运行，有助于企业管理层判断内控体系是否持续有效运行，及时反馈内控工作中的问题，进而解决内控中的问题，并且督促各岗位人员恰当地履行其职责 ◆ 在业务系统中增加内控功能模块，借鉴审计的办法将部分审计软件纳入内控功能模块之中，通过数据逻辑分析检查业务运行情况，实行有效监控

10.2.2 采购内部控制规范

为了达到采购内部控制的要求，实现采购内部控制的目标，企业应对采购内部控制的实施流程做出具体规范，具体可参照以下内容。

采购内部控制规范

第1章 总则

第1条 为了加强企业对采购业务的内部控制，规范请购与审批、采购与验收、付款等行为，防范采购过程中的差错和舞弊，根据国家有关法律法规和《企业内部控制基本规范》，特制定本规范。

第2条 本规范所称采购，主要是指企业外购物资并支付价款的行为。请购是指发生采购行为前的申请购置行为。企业外购服务并支付价款的控制，可以参照本规范执行。

第3条 企业在日常经营活动中，至少应关注涉及采购业务的下列风险。

1. 采购行为违反国家法律法规，可能遭受外部处罚、经济损失和信誉损失。

2. 采购未经适当审批或超越授权审批，可能因重大差错、舞弊、欺诈而出现损失。

3. 请购依据不充分、不合理，相关审批程序不规范、不正确，可能导致企业资产损失、资源浪费或发生舞弊。

4. 采购行为违反国家法律法规和企业规章制度的规定，可能受到有关部门的处罚，造成资产损失。

5. 验收程序不规范，可能造成账实不符或资产损失。

6. 付款方式不恰当、执行有偏差，可能导致企业资金损失或信用受损。

（续）

第 2 章　职责分工与授权批准

第 4 条　企业应建立采购业务的岗位责任制，明确相关部门和岗位的职责、权限，确保办理采购业务的不相容岗位相互分离、制约和监督。

第 5 条　企业应建立采购业务的授权制度和审核批准制度，并按照规定的权限和程序办理采购业务。各分企业、子企业应尽量集中采购职责权限，以提高采购效率，堵塞管理漏洞，降低成本。

第 6 条　企业可以根据具体情况对办理采购业务的人员定期进行岗位轮换，防范采购人员利用职权和工作便利收受商业贿赂、损害企业利益。

第 7 条　企业应按照请购、审批、采购、验收、付款等规定的程序办理采购业务，并在采购与付款各环节设置相关的记录、填制相应的凭证，建立完整的采购登记制度，加强请购手续、采购订单或采购合同 / 协议、验收证明、入库凭证、采购发票等文件和凭证的相互核对工作。

第 3 章　请购与审批控制

第 8 条　企业应建立采购申请制度，依据购置物资或服务的类型，确定归口管理部门，授予相应的请购权，并明确相关部门或人员的职责权限及相应的请购程序。

第 9 条　企业采购需求应与企业生产经营计划相适应，具有必要性和经济性。需求部门提出的采购需求，应明确采购类别、质量等级、规格、数量、相关要求和标准、到货时间等。

第 10 条　对于预算内采购项目，具有请购权的部门或人员应严格按照预算执行进度办理请购手续；对于超预算和预算外采购项目，应由审批人对请购申请进行审批。

第 11 条　对于超预算和预算外采购项目，应明确审批权限，由审批人根据其职责、权限及企业实际需要对请购申请进行审批。

第 4 章　采购与验收控制

第 12 条　企业应建立采购与验收环节的管理制度。

1. 对采购方式确定、供应商选择、验收程序及计量方法等做出明确规定，确保采购过程的透明化及所购物资在数量和质量方面符合采购要求。

2. 企业应建立供应商评价制度，由企业的采购部门、请购部门、生产部门、财会部门、仓储部门等相关部门共同对供应商进行评价，包括对所购物资的质量、价格、交货及时性、付款条件及供应商的资质、经营状况、信用等级等进行综合评价，并根据评价结果对供应商进行调整。

第 13 条　企业应根据物资或服务等的性质及其供应情况确定采购方式。

1. 非约定品牌代理商供应的大宗物资或服务等的采购应采用招投标方式并签订合同 / 协议。

2. 一般物资或服务等的采购可以采用询价或定向采购的方式并签订合同 / 协议。

3. 小额零星物品或服务等的采购可以采用直接购买等方式。企业应对紧急需求、小额零星采购等特殊采购处理程序做出明确规定。

第 14 条　企业应明确采购价格形成机制。

1. 大宗物资或劳务采购等应采用招投标方式确定采购价格，并明确招投标的范围、标准、实施程序和评标规则。

2. 其他物资或劳务的采购，应根据市场行情制定最高采购限价，不得以高于采购限价的价格采购。以低于最高采购限价进行采购的可以适当方式予以奖励。

3. 企业应根据市场行情适时调整最高采购限价，委托中介机构进行招投标的，要加强对中介机构的监督。

第 15 条　企业应充分了解和掌握有关供应商信誉、供货能力等方面的信息，由采购、使用等部门共同参与比质比价，并按规定的授权批准程序确定供应商。

1. 对单价高、数量多的物资采购，企业应制定严格的比质比价采购制度。

2. 小额零星采购也应由经授权的部门事先对采购价格等有关内容进行审核。

（续）

> 第16条 企业应根据规定的验收制度和经批准的订单、合同/协议等采购文件，由专门的验收部门或人员、采购部门、请购部门及供应商等各方共同对所购物资或服务等的品种、规格、数量、质量和其他相关内容进行验收，出具检验报告、计量报告或验收证明。
>
> 第17条 对验收过程中发现的异常情况，负责验收的部门或人员应立即向采购部门或请购部门和财会部门报告；相关部门应查明原因，及时处理。
>
> **第5章 付款控制**
>
> 第18条 企业采购部门在办理付款业务时，应对采购合同/协议约定的付款条件及采购发票、结算凭证、检验报告、计量报告和验收证明等相关凭证的真实性、完整性、合法性及合规性进行严格审核。
>
> 第19条 企业应建立预付账款和定金的授权批准制度，加强预付账款和定金的管理。
>
> 第20条 企业应加强应付账款和应付票据的管理，由专人按照约定的付款日期、折扣条件等管理应付款项。
>
> **第6章 附则**
>
> 第21条 本规范由采购部负责编制、解释与修订。
>
> 第22条 本规范自××年××月××日起生效。

10.3 采购合规

10.3.1 采购合规管理要点

企业在日常运营过程中，存在一系列风险，如管理者的内部交易、关联交易，员工的收受回扣、操纵数据，供应商的开虚假发票、行贿员工等。为了保证利益相关方对企业的信心，企业必须具备相应的合规管理规定，具体合规管理要点有以下五点。

1. 供应商的筛选与调查

（1）供应商资格的审查。

对供应商的股权结构、信用情况、经营情况、是否涉及采购纠纷、是否具有本企业相关合规制度、是否受过相关处罚等进行审查。

（2）供应商的尽职调查。

供应商的尽职调查主要通过查看供应商自我声明、要求供应商填写调查问卷和材料清单、对供应商进行公开渠道检索、对供应商进行现场调查和委托第三方对供应商展开调查这五种方式进行。

2. 招标过程管控

（1）企业需要对必须招标及依法不可招标的采购项目范围做出规定。

（2）企业需要对采购招标的具体实施流程与实施条件做出规定。

（3）企业需要了解招标过程中的常见违规风险与常见投标舞弊风险，并对其做出处理规范。

（4）企业需要在招标过程中建立健全招标管理制度，完善对招标文件的审查机制。

3．采购合同审订

企业需要对采购合同的主要条款及审查要点进行严格审订，采购合同的审查和批准通常由业务部门和法务部门配合完成。

4．违规行为调查与处理

（1）供应商违规行为调查。

企业进行供应商违规行为调查时可以按照组建调查团队、制订调查计划、开展调查、撰写调查报告的步骤进行。

（2）供应商行为评价。

企业应当结合自身的实际情况，制定供应商行为评价标准，并通过对供应商行为的实时评价实现供应商动态监管。

（3）供应商违规处理。

当供应商出现违规行为时，企业应及时反应，对违规行为进行调查、处罚，以防止违规行为再次发生，同时增强供应商的合规意识。企业可建立供应商黑名单，对供应商的违规行为设置处罚机制。

5．合规管理体系建设

企业要加强合规管理体系建设，展开对管理层、普通员工与供应商的培训，加大合规管理文化宣传力度。

10.3.2　反贿赂管理办法

为了加强企业内部的道德文明建设，推进防腐体系融入采购管理，确保供需双方合法利益得到保障，企业应制定反贿赂管理办法。以下是一则企业反贿赂管理办法，仅供参考。

反贿赂管理办法
第 1 章　总则
第 1 条　为了加强企业合规建设，杜绝员工在采购业务中发生收受贿赂、拿回扣的现象，避免企业经济损失，维护企业信誉，提高企业经济效益，结合企业实际情况，特制定本办法。
第 2 条　本办法适用于所有与采购相关的部门和人员。
第 2 章　加强内部监察
第 3 条　为加强对采购业务的监督管理，企业应成立内部监察小组，实行内部监察制度。
第 4 条　监察人员在企业总经理的授权下实施监察、审计工作。
第 5 条　监察人员对在采购业务交往中收受贿赂、拿回扣的人和事进行调查、审计，若发现违规现象，根据情节轻重给予当事人经济处罚，情节特别严重的，建议移送司法机关，依法追究法律责任。

第6条　检查审计的内容主要有以下五点。

1．检查实物、凭证、账册及有关资料。

2．索取有关证明材料。

3．进行必要的调查取证。

4．对正在进行的违法乱纪行为提出处理意见。

5．对阻挠、破坏监察和审计工作及拒绝提供有关资料的当事人，经企业总经理批准，采取必要的临时措施，追究其责任。

第3章　加强采购内容规范管理

第7条　企业严格进行合同管理、严禁收受贿赂和吃拿回扣。

第8条　各相关人员需严格执行企业的合同管理制度，重大采购项目的谈判（＿＿＿万元以上）需经企业主要领导主持洽谈，并及时向企业总经理汇报洽谈结果。

第9条　采购业务谈判前，采购人员必须认真调查市场行情，明确价格底线，至少与两家以上供应商比价。

第10条　企业大型业务应尽量采取招标、议标的形式进行。

第4章　加强奖惩管理

第11条　采购业务中，若供应商有回扣或其他形式的馈赠，一律上缴企业，不准私自截留，否则一律作为贪污受贿处理。

第12条　贪污受贿的惩罚措施如下。

1．金额达＿＿＿元给予＿＿＿元（＿＿＿倍）罚款，并降级处理。

2．金额达＿＿＿元以上者除了给予＿＿＿倍罚款外，一律开除。

3．金额达＿＿＿元者，除给予＿＿＿倍罚款外，一律移送司法机关追究法律责任。

4．若受贿为实物，按市场价格折算金额。

5．凡因吃拿回扣受到处理的都将在企业局域网上予以通报。

第13条　发生下列恶意情况之一的，需按照实际情况予以严惩。

1．在采购中故意选择质次价高的产品和劣质的服务。

2．故意以长期合作为由，索要回扣。

3．与供应商串通欺骗企业。

4．在业务中故意隐瞒信誉良好的供应商。

5．拖延时间，打时间差欺骗领导。

6．在业务工作中未积极寻找好的合作伙伴，未认真向对方提出合理的要求，未考虑企业利益，业务谈判马虎，致使企业蒙受损失。

第5章　附则

第14条　本办法由采购部负责编制、解释与修订。

第15条　本办法自××年××月××日起生效。

10.3.3　采购合规管理规范

采购合规的管理主要在企业建立内部控制制度的基础上，执行相关采购政策，制定相关采购流程；在识别风险的基础上，进行相关控制活动，日常管理中主要根据流程控制点进行自测与改善。采购合规管理规范如下。

采购合规管理规范

第 1 章　总则

第 1 条　为了确保企业采购行为依法合规，根据相关法律法规、监管规定的要求，结合企业的实际情况，特制定本规范。

第 2 条　本规范适用于企业内部各级采购合规管理。

第 3 条　企业采购部应在采购流程中贯彻落实合规管理制度，确保采购合规；企业合规主管部门应当对采购活动进行指导、监督和检查。

第 4 条　参与采购活动的员工如与供应商之间存在利益冲突，且无法采取合理措施消除利益冲突的影响，则该员工应予以回避。利益冲突包括下列情形。

1. 参与采购的人员在供应商企业担任职务或曾经担任职务，或与其任职人员存在较为密切的关系。

2. 参与采购的人员持有供应商股票、债券等。

3. 其他可能影响采购人员对采购事宜的客观判断的情形。

第 2 章　采购合规管理要求

第 5 条　采购部应保证采购活动遵循公平、公正原则，除法律法规、企业规章制度另有规定外，企业的采购工作应当公开进行。

第 6 条　采购部或人员如对重大、复杂的合规问题存在疑问，应及时向本单位或上级合规主管部门咨询。

第 7 条　采购部或人员如发现供应商在采购活动中存在不合规行为，应及时报告采购部负责人及本单位合规主管部门，经批准后取消供应商的合作资格。

第 8 条　参与采购活动的人员不得出现下列行为。

1. 对于依照法律法规和各单位的采购制度应进行招标的采购，通过各种形式规避招标。

2. 以各种方式限制、影响供应商的公平竞争。

3. 与一个或数个供应商私自协商或恶意串通。

4. 以非正当理由对供应商实行歧视待遇或差别待遇。

5. 在投标截止期后要求或允许投标方修改投标文件，或在投标完成后要求折扣。

6. 要挟、暗示供应商必须分包部分项目给指定的分包商才能合作。

7. 与供应商私下接触，接受或索取贿赂或不当利益。

8. 隐匿、销毁应保存的招标文件或其他相关文件，伪造、变造投标文件。

第 9 条　任何采购均应对供应商进行尽职调查。采购部应向供应商发放调查问卷，并要求其签署供应商合规申明。

第 10 条　合规尽职调查应至少包括以下内容。

1. 供应商所在国家及地区、合同履行或项目开展所在国家及地区的营商环境。

2. 供应商背景资料，包括其最终受益人、董事等。

3. 供应商内部及外部推荐人（包括银行及政府部门）的信息。

4. 从公开渠道中获得与供应商相关的合规信息。

5. 供应商过去一年内未决诉讼案件，是因腐败、欺诈、串谋或其他罪名被指控或调查。

6. 从供应商过往合作中得出的供应商在市场上的声誉。

第 3 章　采购合规风险管理

第 11 条　采购部在完成供应商合规尽职调查后，应对供应商的风险级别进行划分，采购合规风险划分级别如下。

1. 特定级别风险包括以下内容。

（1）供应商或其关联企业、个人曾被联合国或其他国际组织列为恐怖组织。

（续）

（2）供应商或其关联企业的现任股东或高级管理人员存在严重刑事犯罪行为。

（3）供应商拒绝配合完成合规尽职调查。

（4）与上述风险程度相当的其他风险。

2．第一级别风险包括以下内容。

（1）供应商或其现任股东、高级管理人员、关联企业，涉嫌腐败、欺诈、垄断、串谋、逃税、漏税、洗钱等非法行为，或因此受到指控。

（2）供应商被股份公司列入禁止合作名单。

（3）与上述风险程度相当的其他风险。

3．第二级别风险包括以下内容。

（1）供应商是自然人且合同涉及金额超出一定额度。

（2）供应商为企业但存续期短暂、治理体制不完善、临时经营或一人经营。

（3）项目或合同履行地所在国家或地区在国家发布的当年高风险国家或地区名单中。

（4）项目涉及的部门或管理人员指定或推荐该供应商。

（5）供应商是为了该投标而新设的公司或合伙企业。

（6）供应商不具有组织资源或充足员工以完成协议中要求的产品或服务。

（7）供应商缺乏相关的产业／技术经验或长时间未从事业务。

（8）供应商索要的价格大幅超过其提供的产品或服务所在地平均水平。

（9）供应商要求采用非常规付款方式。

（10）供应商要求以合约之外的付款方式进行付款。

（11）与上述风险程度相当的其他风险。

4．第三级别风险，是指供应商存在或潜在的其他可能导致企业遭受法律制裁、监管处罚、重大财产损失或声誉损失及其他负面影响的风险，其危险性低于上述特定级别、第一级别和第二级别风险。

第12条　针对不同级别的采购合规风险，企业及采购部应当履行以下审批程序。

1．供应商风险属于特定级别风险的，企业均不得与其签订合同或开展业务合作。

2．供应商风险属于第一级别风险的，企业原则上不应与其签订合同或开展业务合作。除非特殊情况或在已采取了适当措施减轻影响的情况下，且获得总经理及以上领导批准。

3．供应商风险属于第二级别风险的，企业与其签订合同或开展业务合作，须获得副总经理的批准，并按季度报总经办备案。

4．供应商风险属于第三级别风险的，企业与其签订合同或开展业务合作前，须获得采购总监的批准，并按季度报总经办备案。

第13条　除上述禁止合作名单外，企业应按现行有效的规章制度要求，建立并定期维护合格供应商名册。

第14条　采购部应根据企业相关合规管理工作的规定系统、及时地记录、分类、整理和归档各类尽职调查过程及结果文件。

第4章　附则

第15条　本规范由采购部负责编制、解释与修订。

第16条　本规范自××年××月××日起生效。

10.4　采购审计

10.4.1　采购审计内容

采购审计是对从采购规划到合同管理的整个采购过程所进行的系统审查活动，其目的是找出可供本项目其他采购合同或实施组织内其他项目借鉴的成功经验，从而改善企业内部的采购管理。其审计内容主要有以下六项。

1．采购计划

企业需要审查采购计划是否已进行可行性论证、采购计划合理与否，这会直接影响企业的预期效益，不合理的采购计划会造成资源浪费。企业还需要审查采购计划是否履行了相关审批手续、资金是否落实、有没有对采购价格进行市场调研等。

另外，企业需要对采购物资的成本进行合理测算，以确定采购价格。

2．采购时间

企业需要审查采购时间是否得当，采购部是否对企业相关部门提出的采购计划进行合并、分类，尽量做到集中采购。

3．采购方式

企业需要审查采购方式是否得当，是否根据当次采购需求做到灵活采购，以合理的价格完成此次采购目标。

4．招投标过程的合法性

企业需要审查招投标过程是否出现违法行为，包括是否存在抬高或压低报价、是否存在报价泄露、是否存在额外补偿等行为。

5．合同审查

企业需要在正式签订合同前，对采购合同草本的合法性、严密性进行审查，这是内部审计的重要环节。

合同是获得合理采购价格的法律保障，对其审查的主要内容有：审查采购合同标的物是否明确，内容是否合法，是否符合国家有关政策法规；审查采购合同的各种数量标准是否明确；审查供需双方职责与违约责任是否明确等。

6．验收和结算

企业需要审查采购标的数量、质量是否符合采购合同的要求，与供应商的资金结算是否符合合同规定，该保留质量保证金的项目是否按规定保留等。

10．4．2　采购审计流程

在采购日常管理中需要根据流程控制点自测与减小采购风险，采购审计人员需要定期进行监控审查，并配合企业审计工作，具体审计流程如图 10-2 所示。

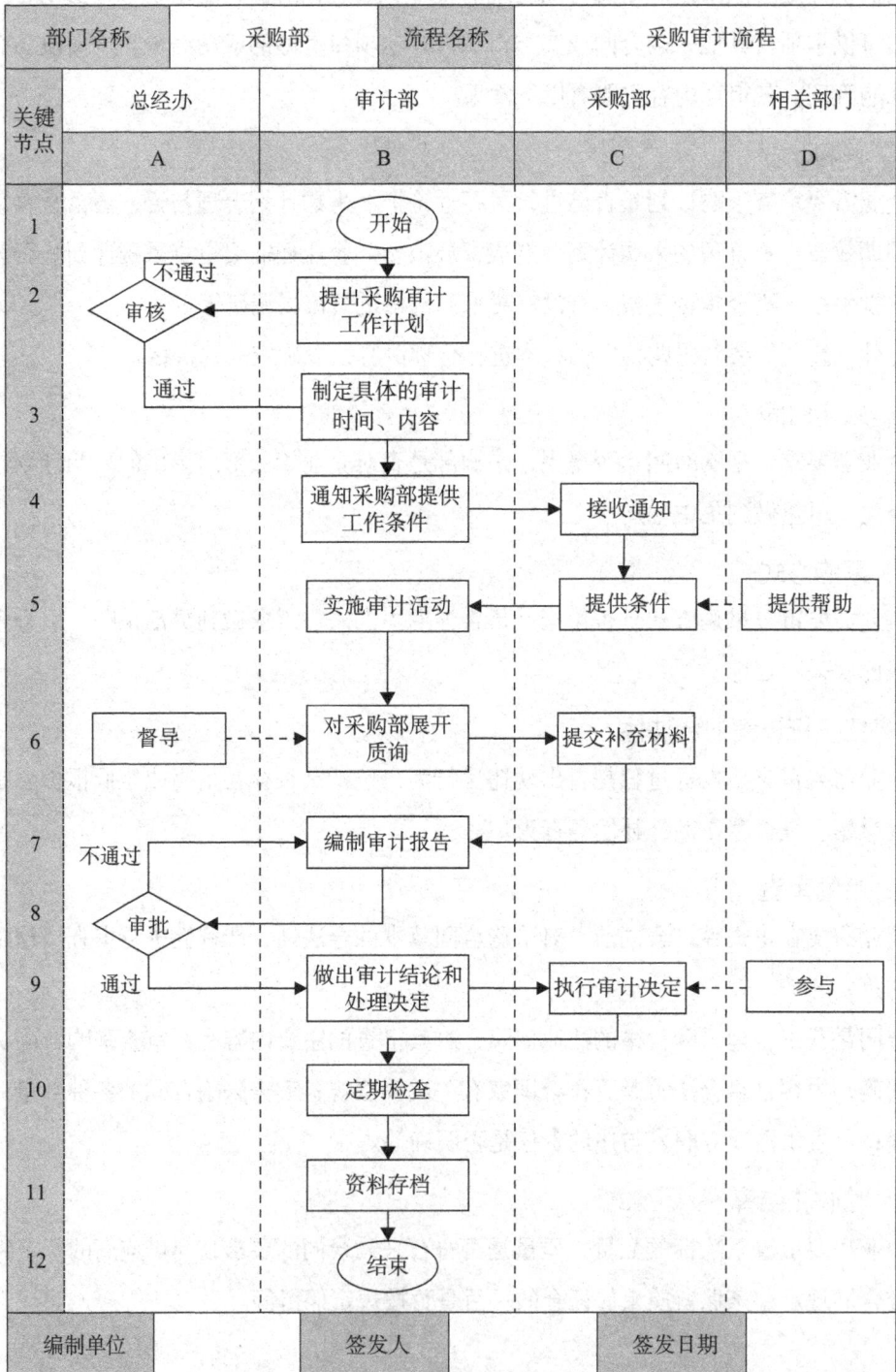

部门名称		采购部	流程名称		采购审计流程

关键节点	总经办	审计部	采购部	相关部门
	A	B	C	D
1		开始		
2	不通过　审核	提出采购审计工作计划		
3	通过	制定具体的审计时间、内容		
4		通知采购部提供工作条件	接收通知	
5		实施审计活动	提供条件	提供帮助
6	督导	对采购部展开质询	提交补充材料	
7	不通过	编制审计报告		
8	审批			
9	通过	做出审计结论和处理决定	执行审计决定	参与
10		定期检查		
11		资料存档		
12		结束		

编制单位		签发人		签发日期	

图 10-2　采购审计流程

根据图 10-2，采购审计流程执行关键节点如表 10-2 所示。

表 10-2　采购审计流程执行关键节点

关键节点	细化执行
B2	审计部制订采购审计工作计划。审计工作计划应包含审计目标、审计程序、执行人及执行日期等内容
	审计工作计划完成后提交审计部总经办审核
B7	采购审计负责人根据审计实际情况，编制审计报告，与采购部交换意见完成补充后，报审计部经理审核、总经理审批
B10	根据审计部经理和总经理的批示，审计部对采购部的审计情况做出审计结论和处理决定，并监督和定期检查采购部的执行情况

10.4.3　采购审计管理办法

采购审计管理办法规范了物资采购过程中各人员、各环节的审计工作，有利于降低物资采购的风险，保护企业的合法利益。以下是一则采购审计管理办法，仅供参考。

采购审计管理办法
第 1 章　总则

第 1 条　目的

为了规范物资采购管理，降低物资采购风险，堵塞物资采购管理过程中的漏洞，保护企业的合法权益，特制定本办法。

第 2 条　适用范围

本办法适用于对企业物资采购各人员、各环节进行独立监督和评价工作。

第 2 章　采购审计执行要点

第 3 条　审计内容

1. 物资采购计划的编报和管理。

2. 物资采购合同的合法性、严密性，以及合同条款履行的可行性、完整性等。

3. 物资招标资格、条件、方式、程序等。

4. 物资采购核算情况。

第 4 条　物资采购计划审计要点

1. 物资采购计划是否根据各部门提出的需求申请进行编报。

2. 重点物资采购计划的执行情况。

第 5 条　物资采购合同审计要点

1. 物资采购合同当事人签约资格及名称。

2. 产品数量和计量单位，按法定计量标准执行，对交货数量的正负尾差、合理磅差、运输损耗，应按相关要求明确规定。

3. 产品的交货单位、交货方法、运输方式、到货地点、接货单位或提货单位、交货期限，在合同中应予以明确。

4. 结算方式，按银行结算办法签约。

5. 违约责任，应明确当事人双方或一方有违约行为时，责任承担的方式和标准。

（续）

第6条 物资采购资金管理审计要点

1. 物资采购资金预算达成情况。

2. 财务部门对资金使用情况的监督和审核情况。

第7条 物资采购招标审计要点

1. 投标方的资格、条件审查。

2. 招标范围、方式、程序和文件。

3. 招标条件、招标纪律等。

4. 评标、定标的公平合理性、合法性、真实性。

第8条 物资运输审计要点

1. 按运输企业资质管理办法审查运营企业资质。

2. 物资运输的可行性研究及费用的审查。

3. 运输合同的审查。

第9条 物资采购会计核算审计要点

1. 核算设置的账簿、会计科目等的正确性、完整性。

2. 不同结算方式下账务处理的合规性。

3. 物资采购成本核算的真实性、正确性。

第3章 采购审计程序

第10条 编制年度采购审计工作计划

1. 审计部门结合采购部的具体情况确定年度采购审计工作计划，报请总经理批准后实施。

2. 在实施审计工作计划时应拟定审计方案、审计范围、审计内容、审计方式和时间，并通知采购部提供必要的工作条件。

第11条 实施审计

1. 在采购审计过程中，必须做好工作底稿的保存，记录审计过程，确保各种旁证材料齐全，做好调查记录并应有相关人员的签名盖章。

2. 审计中如有争议应如实反映给相关领导，必须依法有据，实事求是地提出解决办法，切忌主观、武断。

第12条 编制审计报告

1. 每项审计工作结束后，不得超过____天提出审计报告。

2. 审计报告要求：事实清楚、数据确实、依法有据、建议恰当。

3. 审计报告编制完成后，报送总经理批示，做出审计结论和处理决定，通知被审计部门执行。

第13条 审计结果的执行

1. 采购部必须执行审计报告，审计人员必须定期以书面形式向总经理报告执行结果。

2. 审计报告出具后若出现情况变化和新的重要数据，事实查明后，采购部应向审计人员报告，同时向总经理报告，由其做出原审计报告的修改或继续执行的决策。

3. 每个审计报告及工作底稿附件等，必须在一个月内整理装订成册，归档备查。

第4章 奖惩

第14条 采购奖励

对采购审计工作成绩显著的工作人员，以及在揭发检举中有功的人员，给予表扬和奖励。

第15条 采购惩罚

1. 在采购审计中，如有审计人员泄露机密，有以权谋私或者舞弊的行为，应给予其行政处分，情节严重而构成犯罪的提请司法机关依法追究其刑事责任。

2. 对打击、报复、检举、揭发的人员不论其职位高低，根据情节严重情况给予行政处分或经济处罚，情节特别严重的，报有关部门处理，直到依法追究法律责任。

（续）

第 5 章　附则
第 16 条　编制单位 本办法由采购部负责编制、解释与修订。 第 17 条　生效时间 本办法自 × × 年 × × 月 × × 日起生效。

采购审计报告，扫描下方二维码即可查看。

第11章
采购绩效评价

11.1 采购绩效评价的导向

11.1.1 效率导向绩效评价

效率导向绩效评价是一种传统的评估采购绩效的方法，主要强调采购成本与采购部门的经营效率。

采购成本主要关注物资的采购成本是否降低、经营成本是否减少、采购效率是否提高。物资的采购成本主要包括物资的价格、物资的库存成本、物资的运输费用等。采购成本的降低，可以直接降低产品和服务成本，提高企业的经济效益。

采购时间是指从接到采购要求到安排采购的这段时间。用效率导向绩效评价采购的企业，可以制定确切的、量化的、与效率相关的具体目标。例如，企业可以要求采购部在一个月或一年内将某种特定材料的价格降低，或者减少经营费用达到多少万元，或者缩短采购周期，将某种材料的采购周期由以前的周改成天等。

这种评估方法简单明了，可以直观地了解采购部的绩效情况。但是，正是因为量化的指标太绝对，忽视了其他一些影响具体目标的定性指标。

11.1.2 实效导向绩效评价

实效导向绩效评价强调采购部门对利润的贡献、与供应商的关系、对供应商的服务质量及客户满意水平。在这一绩效评价体系中，重点是降低采购材料的价格。更重要的是，在这种绩效评价体系中，可以直接或间接地评估采购部对利润的贡献水平。

采购企业的效益可以来自降低经营成本或材料成本，提高其他绩效。如提高材料质量以减少次品数量，使客户满意；再如缩短供货提前期，使客户认为物超所值，从而提高销售额以增加利润。

实效导向绩效评价认为净利润是企业的整体目标，而不仅仅是采购部的目标。将目标价格和实际支付价格或目标节约成本和实际节约成本进行对比，就可以为绩效评价提供有效建议或者意见。

在采购过程中，企业要对采购部提供给供应商的服务质量进行评估和测量，以此强调以客户为中心的采购服务，达到增强市场竞争力的目的。

11．1．3　复合目标绩效评价

复合目标绩效评价是以上两种评价方式的结合，兼顾了效率和实效的评估。这种评估体系将定量的标准和定性的标准相结合，为决策层提供了客观的依据。

但是，这种评价体系存在明显缺陷，即所结合的两个目标——效率和实效常常冲突。

11．1．4　自然绩效评价

自然绩效评价即一种完全顺其自然的采购绩效评价方式，由于现在很多中小型企业并没有建立属于自己的采购绩效评价体系，就暂时采用这种方式。但是这种方式没有具体的目标，也没有绩效评估和反馈，容易造成不能及时总结工作、不能激发采购人员的最大活力等问题。

11．2　采购绩效评价体系的构建

11．2．1　采购绩效评价的内容

采购绩效评价的内容依据企业采购绩效评价目标不同而有所差异，但总体上来说有其共同之处，具体内容如图 11-1 所示。

1. 采购预算的准确性、落实性和时效性

2. 采购计划的规范性、准确性和完整性

3. 采购意向的规范性、完整性和公开透明性

4. 采购需求的规范性、完整性和公开透明性

5. 组织采购的规范性、落实性和时效性

6. 采购质量的规范性、时效性和科学性

7. 采购内控管理的规范性和科学性

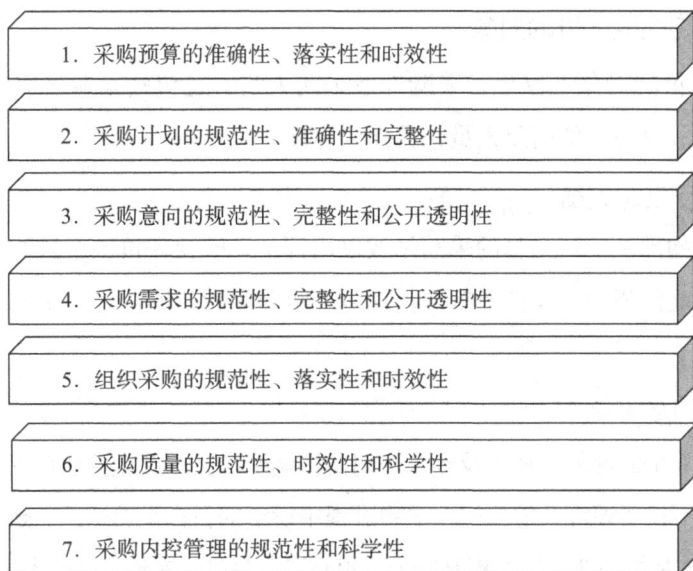

图 11-1　采购绩效评价内容

11.2.2　采购绩效评价的目标

企业对于采购绩效评价想要达到的目标，可以表述为确保采购目标的实现、提供提高绩效的依据、提高采购活动经济效益，具体内容如下。

1．确保采购目标的实现

各企业采购目标有所不同，如政府采购的采购单位偏重"防弊"，采购作业要保证"按期、按质、按量"；民营企业的采购单位要注重经济效益的实现，除了进行正常采购活动外，还要重视采购成本的降低。因此，企业应对采购人员进行采购绩效评价，借此督促采购人员实现企业的采购目标。

2．提供提高绩效的依据

采购绩效评价为采购活动提供一个客观标准，用以衡量采购目标是否达成，同时也可以衡量采购人员的工作表现。合理规范的绩效评估，有助于企业发现采购工作的缺点，进行改进，以实现采购目标。

3．提高采购活动经济效益

合理规范的采购绩效评价，依据公平、公正、公开的奖惩措施，激励采购人员的士气，促进整个部门团结协作，形成合力，更好地提高企业活动的经济效益，促进生产经营活动的进一步开展。

11．2．3 采购绩效评价的对象

采购绩效评价的对象不仅限于采购部及采购人员，还包括采购环节中涉及的相关需求、质检、仓储、财务等部门及人员，具体内容如下。

1．采购部及采购人员

企业应对采购部及采购人员的采购绩效做出评价，既要评价整个采购部的采购目标实现情况、采购战略的规划适应情况等部门绩效，也要评价采购经理、采购主管、采购专员的个人绩效。

2．其他部门及人员

采购过程中除采购部外，还涉及多个部门的协调配合，因此企业也应对其他部门及人员做出绩效评价。不仅要评价其他部门在采购过程中设定的目标是否达到，还要评价参与采购过程的其他部门人员的绩效，以约束其行为，提高工作效率，实现企业的人员效益最大化。

11．2．4 采购绩效评价的指标

采购绩效评价指标不仅对自身产出与效益做出评价，还对社会效益、生态效益做出评价。常见的采购绩效评价指标有采购业绩评级指标、管理质量指标、效益指标等，具体内容如表 11-1 所示。

表 11-1 常见的采购绩效评价指标

指标	内容		意义
采购业绩评价指标	效率指标	规模效率＝当年采购总额÷采购次数	规模效率反映采购活动中每次采购的平均额，受采购种类、采购方式、采购规模等多种因素影响。通常，平均每次采购数量越大，采购资金越少，越能发挥采购的规模效率
		人员效率＝当年采购总额÷采购人员数量	人员效率反映在采购活动中，平均每位采购人员分担的采购额大小，主要受采购人员素质的影响。通常，人均采购额越大，说明人员效率越高；反之，人均采购额越小，说明人员效率越低
	成本指标	从事采购活动所需要耗费的资源数量，包括当年人员经费总额、人员经费比例	成本指标也可称为投入指标，主要反映为采购活动投入的成本高低及资源利用情况
	产出指标	采购工作所产生的物资或者服务的数量	与成本指标共同反映采购的工作成果。这一指标越高，说明采购对生产经营的影响越大
管理质量指标	投诉发生率	投诉发生率＝投诉次数÷采购人员采购次数	供应商在采购过程中，认为采购文件、采购过程、中标和成交结果等损害了自己的合法权益时，会向采购人员直接提起投诉。投诉发生率反映了采购的规范化程度

（续表）

指标		内容	意义
管理质量 指标	采购文件 合格率	采购文件合格率＝合格文件数÷纳入评价范围的文件总数	是指合格采购文件占全部文件的比率，反映了采购的规范化程度
	采购信息 公开程度	采购信息公开程度＝已公开采购信息权重÷应公开采购信息权重	是指采购活动向社会公开信息占全部采购信息的权重，反映了采购活动的公开化程度
效益指标	经济效益	采购活动中所有支出与所得之间的对比关系	是采购活动中最基本的评价指标之一，用来衡量采购活动的经济效益情况
	社会效益	采购单位对采购活动的评价，包括对采购的及时性和效果的评价	主要是采购单位的自审、自评、自查行为，反映采购活动是否及时，采购效果是否达到预期
		外界对采购活动的评价，包括采购项目的目标是否充分、所遵循的法律规章是否恰当	是指外界对采购活动的评价，反映了外界对采购活动规范化的认同程度

11. 2. 5　采购绩效评价的实施

采购绩效评价的实施是按照既定的、合理的、规范的采购绩效评价体系，遵循一定的步骤，对采购活动进行评价的一种活动。其具体步骤如下。

1. 确定评价内容

明确采购项目评价的具体对象、目标、目的及具体要求，提出关于采购绩效评价的具体问题，确定采购绩效评价的内容。

2. 筹划准备

采购绩效评价的准备工作一方面包括建立评价小组，以负责评价工作的指导、审批、评估；另一方面包括制订详细的采购项目评价计划，将采购项目评价的流程与工作内容相结合，确保采购绩效评价工作的顺利进行。

3. 进行评价

评价小组根据采购活动的进行与完成情况，建立采购绩效评价体系，收集相关资料和数据，记录采购项目的相关信息，并在此基础上深入调查，通过检查、测评、考核、会议等方法对采购活动进行评价。评价过程中要坚持公开、公正、客观的原则，坚决杜绝徇私舞弊行为。

4. 出具采购绩效评价报告

评价小组将最终评价结果进行整理和汇总分析后，编制采购绩效评价报告，并交总经理，由总经理进行公示。

11.2.6 采购绩效评价的应用

采购绩效评价可以用于企业的采购活动，按照预先制定的标准和评价程序，运用科学的评价方法，按照评价的内容和标准，对评价对象的工作能力、工作业绩进行定期或者不定期的考核与评价。

采购绩效评价的结果可以作为企业安排采购预算、完善采购政策和改进采购管理的重要依据，除此之外，还可以作为采购人员绩效奖金的发放、薪酬调整、岗位调整等方面的依据。

11.3　采购绩效评价的方法与报告

11.3.1 采购绩效评价方法

采购绩效评价方法会直接影响评价计划的成效和评价结果的正确与否，常见的评价方法如表 11-2 所示。

表 11-2　常见的采购绩效评价方法

方法	含义	优点	缺点
直接排序法	根据绩效实际表现情况，按照从好到差的顺序为采购人员排序	◆ 比较容易识别绩效好与绩效差的采购人员 ◆ 按照要素进行细分评估，可以看到采购人员某一方面的不足之处 ◆ 适合人数少的组织和团队	◆ 不适合人数较多的采购绩效评估工作，较为烦琐 ◆ 严格的名次界定会影响采购人员对企业的忠诚度
两两比较法	在某一绩效标准的基础上，将某个采购人员与其他采购人员进行对比，选择更好的一方，并记录比较次数，根据获得更好次数的多少，给采购人员排序	◆ 操作简便、省时，便于提高工作效率 ◆ 用途较广，可以用来处理大量变量	◆ 只能得到顺序数据，因此不能对各等级之间的差距进行测量 ◆ 有一定局限性，个人取得业绩相近或者相同时，很难进行排列 ◆ 采购人员难以借此获得关于自身优点或者缺点的反馈
等级分配法	按事先拟订的评估项目、等级标准及其分配比例，将员工的绩效划分到相应的等级中	◆ 简便易行，可操作性强，评估成本较低 ◆ 应用范围较为广泛，受限制情况少	◆ 每个评价指标带有一定的主观性与随意性，不可避免地会造成一定的错误 ◆ 如采购人员提出异议，评价人员很难给出有力的证据，从而导致评价结果公信力不足

采购绩效评价方案，扫描下方二维码即可查看。

11.3.2　采购绩效评价报告

采购绩效评价报告是对采购工作及采购活动中采购人员行为的一次总结回顾，既提出了考核结果及考核过程中遇到的问题，也提出了下一阶段的工作目标，有利于企业采购工作的改进与提高。下面是 RH 企业采购绩效评价报告，仅供参考。

RH 企业采购绩效评价报告

一、采购项目简介

RH 企业采购部于 20×× 年 5 月 1 日发布采购招标公告，公开进行供应商招标活动，共有五家企业参与此次活动，最终中标企业为 TK 有限企业，中标金额为 95 万元，合同签订时间为 20×× 年 7 月 1 日。

二、采购绩效评价目的、对象和范围

1. 评价目的：了解采购项目资金使用及效益情况，进一步规范采购活动的项目管理，提高采购资金使用效率。

2. 评价对象和范围：RH 企业采购部及其消防器材采购项目完成情况。

三、评价指标体系、原则及方法

1. 评价指标体系：此次采购活动评价指标体系从合规性指标（采购方式、采购程序、合同签订、采购资料存档）、经济性指标（采购成本、物有所值）、效益性指标（质疑及处理、采购时效、采购质量）和满意度指标四个方面设定评价指标及评分标准。

2. 评价原则及方法：按照科学规范、公正公开、分级分类、绩效相关、重点核查原则，采用比较法、因素分析法、公众评判法等开展绩效评价。

四、采购绩效评价结论

根据采购评价指标体系及评分标准，通过前期调研、访谈、现场核查，对此次采购活动开展资料收集、分析后进行独立客观的评判，最终评分结果如下：总体得分 90 分（总分 100 分），绩效评级为"优"。

（续）

五、存在的问题及原因分析

1. 采购需要未按照规定公开公示。RH 企业采购部在消防器材公开招标期间，未按照规定在相关网站及平台对采购需求进行论证和公示。

2. 采购项目验收工作不到位。采购项目于 20×× 年 12 月组织验收，但截至评价日，采购项目实质性验收工作不到位，验收报告未对验收情况、履约质量等明确表态，验收结果未向公众公开。

3. 采购合同签订不及时。此次采购项目中标时间为 20×× 年 6 月，但实际合同签订时间为 20×× 年 7 月 1 日，未在中标通知书发出之日起 10 个工作日内，完成合同签订工作。

4. 采购资料存档不健全。此次采购项目资料档案不够健全，缺少招标公告及投标文件原件等。

六、有关建议

1. 按照规定公开采购需求。严格按照采购规定，在企业采购网站及平台上发布采购需求公告，且公示期不得少于三天。

2. 及时签订采购合同。在中标通知书发出之日起 10 个工作日内签订采购合同。

3. 规范采购验收行为。进一步规范采购验收工作，确保采购质量及服务水平，并及时将验收结果向有关公众公开。

4. 加强采购档案管理。对采购活动中形成的资料及时整理归档，做到有始有终，有据可查。

采购绩效评价专项小组

20×× 年 12 月 31 日

采购绩效改进管理办法，扫描下方二维码即可查看。

第12章
采购平台的使用与管理

12.1 采购平台的使用

12.1.1 采购平台使用注意事项

电子商务的迅猛发展，深刻影响着采购行业的发展，不仅为采购方带来了诸多的便利，也为供应商提供了客源。采购平台成为连接供应商和采购方的工具，但是采购方在使用采购平台时应注意四方面事项，具体如表12-1所示。

表 12-1　采购平台使用注意事项

注意事项	具体内容
平台方面	确定采购需求后，要选择采购平台。在搜集采购平台的信息时，要综合衡量多个采购平台，查看采购平台的资质、规模、口碑、信用等，从中挑选几个符合条件的采购平台
供应商方面	采购平台选定后，在相应的采购平台上搜集需采购的物资信息，对符合采购要求的多名供应商进行调查，包括供应商的资质、供货能力、售后评价、物资质量、财务能力、管理能力等，选择合适的供应商
价格谈判方面	与选定的供应商进行价格谈判。采购方可就大批量或者集中采购，与供应商进行谈判，获取价格优惠，或者与供应商建立长期的战略合作伙伴关系，获取相对的价格优势与长期合作的机会
采购方面	◆ 物资信息。确定需要采购的物资的基本信息，包括规格、型号、数量、质量、价格、包装等内容 ◆ 运费问题。与供应商协商运费的支付方，协调达到一定的条件的话，获取一定的运费优惠 ◆ 运输问题。与供应商协商是供应商送达、第三方送达，还是自提；选择什么运输方式，如陆运、海运、空运等 ◆ 支付方式。确定货款或者运费的支付方式及支付时间 ◆ 交期问题。确定物资的交期问题 ◆ 售后问题。确定售后的服务范围及服务期限

12．1．2 采购平台使用暂行办法

制定采购平台使用办法有助于规范采购人员在使用采购平台过程中的各种行为，保证采购的安全性和准确性，提高采购效率，降低采购成本，保护企业账户和资金安全。以下是一则采购平台使用暂行办法，仅供参考。

采购平台使用暂行办法

第1章　总则

第1条　为了规范采购平台的使用，提高采购效率，保证采购物资的准确性和实用性，特制定本办法。

第2条　本办法适用于使用采购平台进行采购工作的管理。

第2章　平台账号管理

第3条　由采购主管在采购平台上为所有采购专员申请所属企业的账号和密码。采购主管负责分配采购专员的账号。

第4条　采购主管负责监督采购专员的采购行为，采购经理定期检查采购专员的采购订单。

第5条　采购专员的账号出现异常，应及时联系采购主管进行处理。

第6条　采购主管及采购专员应保护好相关账号和密码，不得将账号和密码传播、出借或转让给他人使用，由此造成的损失由相关人员承担相应责任。

第7条　采购专员不能在采购平台随意进行采购，不能利用账号购买私人物品，一经发现，立刻取消采购权限并进行处罚。

第8条　若有采购专员调动部门或者离职，采购主管应将账号收回，并及时对账号及密码进行修改，以防止信息泄露。

第3章　供应商管理

第9条　挑选供应商的时候，要选择与有一定规模、实力雄厚、口碑良好、供应能力强、售后服务质量优的供应商合作。可在采购平台查看供应商的资质，搜索供应商的售后评价，与供应商进行线上交流。

第10条　管理采购平台上合作过的供应商，根据线上订单对供应商进行评估、分级，将优质的供应商列入合格供应商名单中，与优质的供应商建立长期的战略合作伙伴关系，信息互通、共享。

第11条　评估供应商的绩效，主要从供应商供货的质量、供货的价格、交期、售后的及时性，以及合作的可持续性等方面进行评估。

第4章　订单管理

第12条　采购订单下达后，采购专员要催促供应商尽快发货，要时刻监督采购订单的物流情况，确定物资到达时间，及时通知仓储部做好接货准备。

第13条　采购主管定期对采购专员的订单进行检查和监督，对照各部门的采购需求，查看采购订单是否符合采购需求，是否多订或者少订，订单的出错率为多少。

第14条　将采购数据从采购平台内导出，定期对采购订单进行数据分析，如分析采购的频率、采购偏好、供应商、采购支出等。

第15条　对采购订单进行保密管理，采购专员只能看见自己的采购订单，采购主管只能看到自己下属的采购订单，采购经理有权限看到所有的采购订单。

第5章　在线采购管理

第16条　采购申请经过批准后，由采购专员在采购平台进行搜索，对多家供应商的物资进行比质比价，经过比价后，综合考虑质量、价格、交货期、运费、运费险等条件，选择最优的供应商。

第17条　在与供应商交流中，要明晰一些事项，如物资的规格型号、物资的材质、物资保质期、物资的退换货条件、运输费用、付款方式等。

第18条　采购供应商及采购价格确定并且审批通过之后，采购人员需根据审批手续向财务部办理请款手续。

（续）

第 19 条　对于采购数量较多、金额较大的物资，采购专员可以先在采购平台上购买部分物资进行检验，验收合格后按照所需采购物资。

第 20 条　采购订单形成后，在线支付前要认真确认采购的物资数量、金额、规格型号、地址、联系方式、收件人，是否购买或者供应商赠送运费险，协商的运费是否正确等。

第 21 条　在采购过程中，物资存在瑕疵或者发生损坏的，要及时联系供应商进行退换货处理，在付款时要特别注意运费险及运费由谁支付的问题。

第 6 章　在线支付管理

第 22 条　采购物资的供应商确定以后，要提交相关订单进行支付处理，要选择企业规定的付款方式，支付成功后，确认订单是否交易成功。

第 23 条　在线支付出现问题的，要及时将问题上报，保证资金安全。

第 24 条　在线支付是存在风险的，要注意防范基础信息及账号和密码的泄露，不要点击非法链接，要通过正规渠道进行网络支付，要注意防止资金被盗，威胁账号安全。

第 7 章　附则

第 25 条　本办法由采购部负责编制、解释与修订。

第 26 条　本办法自 ×× 年 ×× 月 ×× 日起生效。

12．2　采购平台的管理

12．2．1　采购平台管理的内容

为了加强对采购平台的管理，分析采购行为，评估供应商的服务水平，保证企业信息和资金安全，进一步提升采购水平，企业需要加强对采购平台的管理。采购平台管理内容如表 12-2 所示。

表 12-2　采购平台管理内容

管理内容	具体描述
平台信息管理	◆ 企业在采购平台为采购人员注册账号时，要使用企业身份注册账号，方便企业对采购账号进行统一管理 ◆ 及时对企业信息进行更新，及时关闭完成的招标活动
供应商管理	◆ 管理采购平台上所有合作过的供应商，为供应商建立档案，档案内容主要包括供应商的资质、供货质量、服务水平、售后服务评价等 ◆ 根据供应商档案对供应商进行评级和考核，将优质的供应商加入合格供应商名单中，建立长期的合作伙伴关系
在线支付管理	◆ 加强对采购人员在线支付的管理，规范采购人员在线支付的流程，对采购人员的操作设备进行病毒和木马查杀，保护企业的信息及资金安全 ◆ 严格规范采购人员的请款手续，明晰每一笔支出的去向与明细，防止采购人员挪用资金或收取差价
平台数据管理	◆ 根据采购平台的数据分析采购行为，为之后的采购指明方向，降低采购成本，节省采购时间 ◆ 加强对采购数据的管理，对采购数据进行加密处理，并规定可以查阅数据的岗位，防止采购数据泄露

12.2.2 采购平台数据安全管理办法

为了避免采购平台上的数据泄露和丢失，防范数据外泄给企业带来的风险，企业需要对采购平台的数据进行管理，以保护企业的合法权益与数据安全。以下是一则采购平台数据安全管理办法，仅供参考。

采购平台数据安全管理办法

第1章　总则

第1条　为了加强对采购平台数据的管理，保证企业采购数据的安全，确保采购业务的正常进行，特制定本办法。

第2条　本办法适用于企业采购平台上所有采购数据安全工作的管理。

第2章　平台数据保护

第3条　每台操作设备仅限采购人员本人使用，未经采购人员本人同意，其他采购人员或者外来人员不得操作相关设备。

第4条　采购部及采购人员应在某固定操作设备上建立文件夹或者文档资料，不得随意在操作设备上建立文档。

第5条　操作设备仅限在工作时使用，不得在工作时间浏览与工作无关的网页、资料，严禁利用操作设备进行与工作无关的活动。

第6条　严禁利用操作设备浏览非法网站、不健康的网站，严禁打开不明来源的文件。

第7条　禁止在操作设备上安装与工作无关的软件，不得在非指定渠道下载应用软件，对于已经安装的要及时卸载。

第8条　不得在操作设备上使用未经杀毒的U盘、硬盘。外来的磁盘要经过相关杀毒软件检测，没有病毒的方可接到操作设备上。

第3章　平台数据备份

第9条　对采购平台的数据进行备份，确定备份的周期、时间。

第10条　采购人员在进行数据备份时，要核实备份数据的有效性，确保备份数据的正确性和完整性。

第11条　对于重要的采购数据、电子采购合同等，必须进行加密处理并进行备份存储，避免操作设备丢失、损坏而导致采购数据的丢失。

第12条　当操作设备需要送到专店维修时，要将重要数据进行备份，并要求信息部将操作设备上的重要资料删除，防止数据外泄。

第13条　当操作设备出现故障需要信息部进行维修时，要对相关文件及数据进行备份存储，避免数据丢失。

第4章　平台数据保密

第14条　对操作设备及设备上的重要文件进行加密处理。

第15条　信息部应采取积极有效的防范措施，防止数据被非法使用、窃取、篡改和破坏，充分保证采购平台的数据安全。

第16条　存放采购平台数据的设备需要调拨、转让、废弃或销毁时，应履行审批、登记和交接手续，防止数据泄露。

第5章　采购人员规范

第17条　采购人员应当妥善保管本人使用的操作设备，出现故障时要及时报告，并通知信息部及时进行维修、处理，确保操作设备正常使用。

第18条　采购人员在使用操作设备前，要经过相关的培训，熟练掌握采购平台的操作流程，按照相关操作规范进行。

（续）

第 19 条　采购人员应定期或不定期对操作系统进行更新，升级平台上的杀毒软件，做好各种数据的备份。采购人员要懂得简单的操作系统维护方法。

第 20 条　采购主管负责对采购人员使用操作设备的违规行为进行劝阻和制止。如果因为部门主管疏于管理造成严重后果的，部门主管要负连带责任。

第 21 条　采购人员在外出、午休、下班时，要及时关闭操作设备。

第 6 章　附则

第 22 条　本办法由采购部负责编制、解释与修订。

第 23 条　本办法自 × × 年 × × 月 × × 日起生效。

第 13 章
采购业务数据分析与应用

13.1 采购业务数据分析

13.1.1 采购业务数据分析方法

在采购过程中，数据分析具有极其重要的战略意义，是优化供给链和采购决策的关键。因此，数据分析是采购过程中重要的环节之一。采购业务数据分析方法有以下三种。

1．趋势分析法

趋势分析是指通过对采购数据进行长期跟踪，对物资价格、供应商数据、市场需求等因素进行简单的分析。

在进行趋势分析的时候需要明确几个概念：环比、同比、定基比。

环比是指本期统计数据与上期比较，环比可以表明最近的变化趋势，但是会有些季节性差异。为了消除季节差异，产生了同比的概念，即相邻两个年份同月份之间的比较。定基比就是和某个基点进行比较。

2．对比分析法

对比分析就是给孤立的数据一个合理的参考系。一般而言，对比的数据是数据的基本面，如行业的情况、供应商的情况、购买情况等。

对比分析可人为设置对比的基准，也就是 A/B test。对比分析最关键的是 A/B 两组只保持单一变量，其他条件保持一致，只有这样才能得到比较有说服力的结果。

3. 细分分析法

在得到一些初步结论的时候，需要对其进行进一步细分，因为在一些综合指标的使用过程中，会忽略一些关键的数据细节，而对于指标本身的变化，也需要分析变化产生的原因。

13.1.2 采购业务数据分析维度

企业的采购业务可通过对时间、物资、区域和供应商等维度进行分析，根据分析内容对采购管理做出更加准确的判断。采购业务数据分析维度如表 13-1 所示。

表 13-1　采购业务数据分析维度

分析维度	数据分析应用
时间维度	通过年、月的选择，对不同时期的物资采购及其供应商采购的情况进行联动筛选过滤，企业可了解该时期的物资的采购金额所占比例、不同供应商的采购占比、物资采购的分布、供应商采购明细、物资采购情况及其明细
物资维度	通过对物资的筛选查看，企业可快速了解该物资的采购供应商个数、金额、数量等数据指标明细，还可了解该物资各年月的价格走势、物资价格占比、供应商占比、不同供应商平均采购价格趋势等
区域维度	从区域维度对销售数据进行分析，可以对混合物资进行交叉区域快速筛选，了解物资销售收入、排名等销售情况
供应商维度	可通过供应商的筛选，直观看到各个时期物资的采购价格趋势、占比及其明细等情况

13.1.3 采购业务数据分析步骤

采购业务数据的细分种类繁多，在开展数据分析工作前，应先确定分析的目的和主题，一是为了确定后续的数据分析范围、分析对象、研究的关键问题等，二是为了避免数据分析偏离方向。确定好目的和主题后就需要对数据进行收集与分析，具体分析步骤如图 13-1 所示。

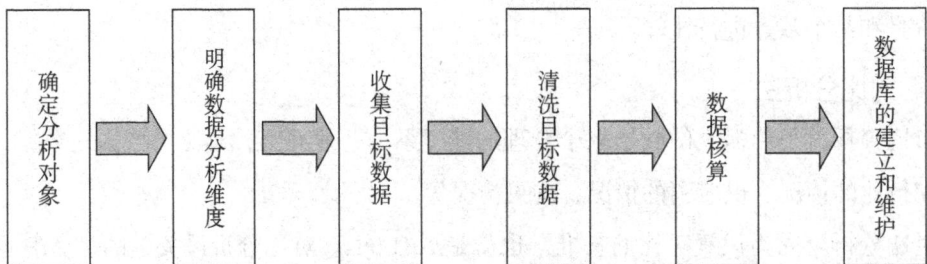

图 13-1　采购业务数据分析步骤

1．确定分析对象

企业采购的目标就是适时、适质、适量、适价、适地地从供应商手中购买所需物资。不同的企业、不同的供应商、不同的采购过程，采购数据分析的对象也是不同的，因此首先需要明确数据分析对象。

2．明确数据分析维度

进行数据分析时，有的分析维度是金额，有的分析维度是产品，还有的分析维度是供应商，不同的分析维度所呈现的最终结果有很大差距。因此，要确定数据分析的维度。

3．收集目标数据

企业需要收集的目标数据主要来源于供应商和采购数据库，采购人员邀请供应商线上或线下填写数据，存储在系统中，作为数据分析的分析源。

4．清洗目标数据

这一步主要针对的是纸质收集数据，需要对目标数据进行筛选、审查，清洗出有效数据。线上收集数据可以跳过这一步，系统会自动清洗筛选出符合条件的数据。

5．数据核算

采购人员对清洗完成的数据进行分析核算，常用的目标数据主要有到货及时率、到货合格率、报价平均值、最大和最小值等，部分数据无须人工核算，可通过系统直接计算。

6．数据库的建立和维护

企业在完成数据分析后，可对收集到的资源再次整理分析，对数据库进行维护，以便再次利用。

13．2 采购业务数据应用

13．2．1 采购战略决策中的应用

对采购业务数据进行分析，不仅能提高合作方的合作效率，而且能提高合作方的利益。应用采购业务数据可以对供应商进行统一有效的管理，制定一套共同执行的标准，为企业战略决策提供支持。其具体应用体现在以下四个方面。

1．供应链管理

利用大数据分析法，进行供应链管理，提高企业的采购效益。供应链管理是围绕把供应商、制造商、仓库、配送中心和渠道商有机结合成一体这个问题来展开的，因此它包括企业许多层次上的活动，包括战略层次、战术层次和作业层次等。

2．需求分析

企业可以利用大数据准确地预测未来的销售情况，将企业的销售和库存数据及时收集分析，保证销售预测的波动能被控制在合理的范围内。

3．协同生产

每当产品售出，生产部门就要和计划部门对接，对售出产品的数据做出响应。根据售出产品的相关数据，生产计划经理进行分析并做出决策。对这些信息汇聚、统筹、分析后，还可预测下一时期内的产能供应水平，使企业产能达到最大。

4．协同采购

针对大规模企业，由于采购频率较高、采购品类较多、采购范围较广，因此为了降低采购成本，就需要尽可能多地询价、比价。基于此，企业可以建立一套采购数据系统，不断优化供应商成员、完善价格体系，使企业以合理的价格购买质量合格的产品。

13．2．2　采购成本与预算中的应用

应用采购业务数据中所提供行业的历史数据，编制采购成本与采购预算，可以提高采购成本与预算管理工作的准确性和真实性。

1．采购成本中的应用

采购价格在采购过程中处于浮动的状态，因此在计算采购成本时，企业可以利用采购业务数据建立完善的采购物资价格数据库，提高价格透明度，为成本计算提供便利，有效控制采购成本。

同时，在采购成本计算过程中，企业可借助历年采购业务数据对其进行预测，也可通过分析供应商的采购成本与利润，更加精准地分析采购成本。

2．采购预算中的应用

在编制采购预算的过程中，企业可通过提取采购业务数据获取信息，并以此为根据，寻找合适的原材料供应商。例如，通过获取全年采购量与采购频率数据，确定本年度采购方式；通过获取价格走势数据，确定本期价格，并确定是否可下调成本。

同时，企业还可通过采购业务数据分析，对下级部门采购预算的合理性进行评价，正确地指导企业的全面预算管理工作。

13．2．3　采购定价中的应用

采购价格作为招标采购中的重要指标，直接影响着投标人群体报价水平及招标人的经济利益。

企业可通过对供应商贡献度、供应商产品成长曲线、谈判绩效、产品铺货程度、产品品类等内容的分析，深入了解供应商情况，做到"知己知彼"。

13.2.4 采购谈判中的应用

在谈判过程中，企业可充分运用准确的数据分析，如销售额分析、市场份额分析、品类表现分析、毛利分析等，进行横向及纵向的比较。

企业可通过对供应商贡献度、供应商产品成长曲线、谈判绩效、产品铺货程度、产品品类等内容的分析了解供应商情况，做到知己知彼。

企业只有做好历史价格、成本对比及成本结构分析，才会有依据地与供应商讨论成本的合理性。

13.2.5 供应商管理中的应用

分析掌握供应商的各方面能力和特点是企业有效调整采购策略的重要前提。应用采购业务数据可以实现供应商的科学聚类排序、各项指标的展示对比，完善采购和供应商管理制度，为相应管理人员提供有针对性的管理决策支撑。

基于采购全流程积累的供应商多维度信息，企业可以构建供应商能力画像模型。通过对供应商能力画像进行数据分析，企业可以将供应商在供应链不同环节的多维度信息进行归纳整合。

在供应商采购评审阶段，企业运用采购业务数据横向对比各供应商在技术、商务、价格方面的差异，可以整合形成技术竞争能力、商务竞争能力、供应商报价行为等要素。

采购结束后，企业对中标供应商在生产制造、安装调试、物资供应、运行维护等方面的数据进行收集与分析，以持续对供应商画像信息进行迭代更新。